chaque jour les Ecritures

1ère année

GENÈSE À JOSUÉ

6e Edition revue

BIBLES
ET PUBLICATIONS CHRÉTIENNES.
LA BONNE SEMENCE
30 rue Châteauvert F-26000 Valence

ISBN 2-900319-46-3

Dépôt légal: 2ième trimestre 2003
N° d'impression: 99-0225
Imprimerie BasseDruck à Hagen (Allemagne)

« Ils reçurent la Parole avec toute bonne volonté, examinant chaque jour les Ecritures » (Act. 17. 11).

Avant-Propos

L'objet de cet ouvrage n'est pas de remplacer les études substantielles que nous avons le privilège de posséder sur les diverses parties des saintes Ecritures. Notre seule intention a été de donner pour chaque jour de l'année un court commentaire pratique sur une portion de la Bible, conduisant à faire de celle-ci une lecture suivie.

Dans le ch. 24 de l'Evangile de Luc, nous voyons le Seigneur Jésus ressuscité se joindre à deux de ses disciples sur le chemin d'Emmaüs et, « commençant par Moïse et par tous les prophètes », leur expliquer, « dans toutes les Ecritures, **les choses qui Le regardent** ». Qu'il veuille ainsi, et pendant que nous cheminerons dans sa compagnie, nous faire faire des progrès dans la connaissance de **lui-même**, avec le même effet que sur les deux disciples : **faire brûler nos cœurs** !

J.K.

LECTURE DE LA BIBLE ENTIÈRE EN CINQ ANS

« Chaque jour les Ecritures »

1ère année	:	Genèse à Josué.
2ème année	:	Juges à Esther.
3ème année	:	Job ; Psaumes 1 à 41 ; Proverbes, chap. 1 à 15 ; Esaïe. Matthieu. Jérémie ; Lamentations de Jérémie. Marc.
4ème année	:	Psaumes 42 à 89 ; Ezéchiel ; Luc à 2 Corinthiens.
5ème année	:	Psaumes 90 à 150 ; Proverbes chap. 16 à Cantique des Cantiques ; Daniel à Malachie. Galates à Apocalypse.

Votre distributeur ou libraire habituel pourra vous procurer chaque volume séparément ou la série dans les deux présentations :

— brochée couverture couleurs

— reliée pleine toile

(Les séries brochées ou reliées des cinq volumes sont présentées en coffret.)

La Bible version J. N. Darby a été utilisée pour toutes les citations. Les passages sont donnés avec la référence au livre, au chapitre et au (ou aux) verset(s). Par exemple, Jean 17. 3 signifie : évangile selon Jean, chapitre 17, verset 3.

1 janvier

Avant que rien n'existe de tout l'univers actuel, Dieu qui n'a pas de commencement est présent. Et il nous permet d'assister au déroulement de son travail de création. Quand nous voulons fabriquer un objet quelconque, nous avons d'abord besoin d'un certain matériel. Mais à Dieu il suffit de parler pour que tout soit fait à partir de rien. **Il dit**, et voici que surgissent le ciel, la terre, la lumière, les nuées, les mers, « le sec », le firmament avec ses luminaires : le soleil, la lune, les étoiles innombrables, l'infiniment grand et l'infiniment petit, la prodigieuse variété des plantes et des animaux. Ce récit, à la fois majestueux et simple, apporte une réponse définitive à la grande question que les hommes, depuis toujours, n'ont cessé de se poser : « Qui a mesuré les eaux... réglé les cieux... pesé les montagnes... ? Qui a créé ces choses... ? (Es. 40. 12, 26 ; Prov. 30. 4). Oui, qui a dessiné la forme parfaite des cristaux de neige, conçu l'extraordinaire structure de l'insecte le plus ordinaire, choisi la couleur et le parfum de la fleur la plus commune ? Hébr. 1. 2, 3 nous donne la réponse : Jésus, l'auteur de notre salut, est également le Créateur de toutes ces merveilles (voir aussi Prov. 8. 27 à 31).

2 janvier

Genèse
1. 20 à 31

Une pendule témoigne de l'habileté de l'horloger qui l'a construite. Ainsi « les cieux racontent la gloire de Dieu, et l'étendue annonce l'ouvrage de ses mains » (Ps. 19. 1). « Regardez aux oiseaux du ciel... étudiez les lis des champs... », invite le Seigneur Jésus (Matth. 6. 26, 28). Hélas ! combien restent aveugles à ces beautés de la nature, ne savent pas y discerner « sa puissance éternelle et sa divinité » (Rom. 1. 20). A ces versets si clairs, les incrédules ont cherché à substituer leurs théories sur les origines de l'univers et de la vie. Mais ne craignons pas de voir jamais les spéculations de l'esprit humain ou les découvertes géologiques ébranler la moindre des déclarations divines. Rappelons-nous que dans ce domaine ce n'est pas la **science** qui peut instruire ni l'**intelligence** qui peut comprendre. C'est la **Parole** qui instruit et la **foi** qui comprend (lire Hébr. 11. 3). — Quel contraste maintenant avec le v. 2 ! Là où régnaient les **ténèbres**, Dieu a fait luire la **lumière**. D'une scène de **désolation**, il a fait un monde ordonné et habitable. Mais la terre est encore **vide**. Et « le Dieu qui a formé la terre... ne l'a pas créée pour être vide », mais « pour être habitée » (Es. 45. 18). Par un dernier acte souverain il crée l'homme et le fait **à son image**, son représentant, chef sur toute la création.

3 janvier

« En six jours l'Eternel a fait les cieux et la terre, et le septième jour il s'est reposé, et a été rafraîchi » (Ex. 31. 17). Il est lui-même réjoui de la joie qu'il a préparée à sa créature. – Dans la création, nous admirons la **puissance** de Dieu, capable de disposer des milliards d'étoiles dans l'immensité des cieux, d'imposer des limites à la mer, de contrôler les forces de la foudre et du vent, capable aussi de former un homme avec un peu de poussière. Nous admirons également sa **sagesse** qui a mesuré les temps et les saisons, déterminé un équilibre de toute la nature, donné des lois aux plantes et des instincts aux animaux (Ps. 104. 24). Mais admirons aussi sa **bonté**. Il a fait les cieux, étendu la terre sur les eaux, établi de grands luminaires..., « car sa **bonté** demeure à toujours » (Ps. 136). Avec la tendresse d'une mère qui a préparé d'avance tout ce qui sera nécessaire à l'enfant qu'elle va mettre au monde, Dieu place l'homme dans des conditions idéales. Il l'installe dans un jardin de délices où il pourra participer au repos de son Créateur. En soufflant dans ses narines « une respiration de vie » (v. 7), Dieu en fait (à la différence de la bête) une âme vivante et impérissable, responsable devant Lui.

4 janvier

Genèse
2. 15 à 25

Dieu a placé l'homme au centre de sa belle création pour l'administrer comme un gérant. Il ne lui a défendu qu'une chose : manger du fruit de l'arbre de la connaissance. Cette mise à l'épreuve de son **obéissance** correspond à sa position de créature responsable. L'homme n'est pas comme l'animal soumis à des impulsions irraisonnées. Il est créé libre, donc tenu d'obéir à son Créateur. Nous assistons au premier acte de l'administration d'Adam : attribuer des noms aux êtres vivants. Ceux-ci sont là pour servir l'homme, mais quel que soit leur degré d'intelligence, aucun ne correspond à ses facultés supérieures, ni non plus aux exigences de ses affections. Or la solitude ne convenait pas pour l'homme ; il lui fallait quelqu'un pour partager ses pensées, jouir avec lui des dons divins, et rendre grâces avec lui à Celui qui les avait accordés. L'amour de Dieu comprend ce besoin et y répond en donnant à l'homme une femme, aide intelligente et douée d'affections comme lui. — En même temps nous avons là le mystère de l'**Eglise**, épouse d'un Christ entré dans le sommeil de la mort et qu'il reçoit maintenant de la main de Dieu pour la nourrir et la chérir (Eph. 5. 29...). « Ce mystère est grand », s'écrie l'apôtre : « nous sommes membres de son corps, de sa chair et de ses os ».

Genèse
3. 1 à 13

5 janvier

Le bonheur de l'homme en Eden aura été de courte durée. Sous la forme du serpent, le diable s'introduit dans le jardin et capte la confiance de la femme en même temps qu'il insinue dans son cœur la méfiance envers Dieu. Celui-ci ne vous aime pas — souffle-t-il — puisqu'il vous prive d'un si grand avantage. Non seulement vous ne mourrez point, mais « vous serez **comme Dieu** » (v. 5). Le Menteur excite ainsi l'orgueil et l'envie dans le pauvre cœur humain (lire en contraste Phil. 2. 6). — « La convoitise, ayant conçu, enfante le péché... » (Jacq. 1. 14, 15). L'homme a été trompé : la connaissance du bien et du mal ne lui a donné aucune force pour faire le bien et pas davantage pour éviter le mal. Son premier effet a été de lui donner conscience de sa nudité : ce qu'il est par nature, un état dont il a honte. Et la ceinture de feuilles de figuier qu'il s'est fabriquée ne fait qu'illustrer les vains efforts de l'humanité pour cacher sa misère morale. Mais « toutes choses sont nues et découvertes aux yeux de celui à qui nous avons affaire » (Hébr. 4. 13). « Où es-tu ? » (v. 9). « As-tu mangé de l'arbre ? » (v. 11). « Qu'est-ce que tu as fait ? » (v. 13), autant de terribles questions qui excluent les faux-fuyants et les excuses.

6 janvier

Genèse
3. 14 à 24

Dieu apprécie la responsabilité de chacun des coupables et rend sa triple sentence. Au serpent est prédit le fait que « la descendance de la femme » (Christ), brisera sa tête, autrement dit détruira sa puissance. Aussitôt que le péché est entré dans le monde, Dieu fait ainsi connaître le remède qu'il avait par devers lui. A la femme sont réservées les souffrances de la maternité ; quant à l'homme le travail pénible sera son lot jusqu'à ce que s'accomplisse pour l'un comme pour l'autre la sentence inéluctable « car le salaire du péché, c'est la mort » (Rom. 5. 12 et 6. 23). La foi dans le Rédempteur annoncé permet à Adam de répondre à cette condamnation à **mort** en appelant sa femme Eve : **vivre**. A son tour, l'Eternel répond à cette foi en remplaçant la ceinture des ressources de l'homme par des vêtements de peau qui nous enseignent cette vérité capitale : la seule justice dont l'homme puisse se parer est celle dont Dieu lui-même l'a revêtu. Mais, de même que ce vêtement de peau était la dépouille d'une victime, la justice dont Dieu couvre le pécheur est celle de Christ, l'Agneau mis à mort. — Combien il est consolant de constater que Dieu ne chasse pas l'homme du jardin avant de lui avoir révélé ses pensées de grâce et de salut !

7 janvier

Dès l'enfance de l'humanité, deux races se dessinent. **Caïn**, premier homme né sur la terre, est l'ancêtre de tous les propres justes. Satisfait de lui-même et de ses œuvres, inconscient du péché et de ses conséquences, il se présente devant Dieu avec le fruit de son propre travail, fruit d'un sol maudit. Comment Dieu pourrait-il y avoir égard ? **Abel**, le second homme, est le chef de la lignée de la foi ; il ouvre la liste d'honneur du ch. 11 des Hébreux (v. 4). Le sacrifice qu'il offre est « plus excellent » que celui de Caïn parce qu'il est présenté avec l'intelligence de la pensée de Dieu. — Après le péché de l'homme contre Dieu (ch. 3), nous avons ici son péché **contre son prochain**. Caïn tue son frère. Et la Parole qui discerne les pensées et les intentions du cœur met son motif à nu : **la jalousie**. « Pour quelle raison le tua-t-il ? Parce que ses œuvres étaient mauvaises et que celles de son frère étaient justes » (1 Jean 3. 12). Quand plus tard le Seigneur Jésus vint sur la terre, les Juifs le mirent à mort pour le même motif. Sa perfection faisait ressortir leurs propres mauvaises œuvres. Ils ont versé le sang du vrai Juste, et leur châtiment est aujourd'hui celui de Caïn : ils sont dispersés et persécutés sur la terre.

8 janvier

Genèse
4. 17 à 26

Caïn, condamné à être errant et vagabond, cherche à éviter le sort que Dieu lui a assigné et s'installe dans le monde d'une manière confortable. Il construit une ville pour lui et ses descendants, et chacun y trouve une occupation de son choix. Mais le « progrès social » ne corrige pas la nature humaine. La race de Caïn ressemble à son chef. La violence et l'esprit de provocation du premier meurtrier de l'histoire se retrouvent chez son descendant Lémec. Ce tableau nous offre déjà un raccourci du monde actuel qui a mis à mort Jésus, le vrai Abel. Tout continue comme si rien ne s'était passé, comme si la croix n'avait pas eu lieu. On s'est organisé pour vivre sur la terre le plus agréablement possible. Rien n'y manque : sciences, arts, industrie et même religion. Jésus seul en est presque toujours absent. — Mais parallèlement à cette dynastie de Caïn, une autre race fait discrètement son apparition à la fin du chapitre. **Seth** prend la place d'Abel, et c'est alors qu'on commence à invoquer le nom de l'Eternel. La vie du juste mis à mort se perpétue en figure dans la lignée de la foi, nous montrant comment Christ, le second Homme, s'est acquis une **famille** portant son nom, et vivant dans la crainte de Dieu.

Genèse
5. 1 à 20

9 janvier

Après la faillite de la lignée de Caïn, c'est comme si Dieu reprenait l'histoire de l'homme à son commencement (v. 1, 2). Nous avons ici la succession des noms qui forment ce qui a été appelé « le fil d'or de la foi » à travers les âges, celui qui conduira au Messie : la « descendance de la femme » promise après la chute. Il n'est pas question dans cette famille-là de beaucoup d'activité comme dans celle de Caïn. Le passage de l'homme de Dieu sur la terre ne laisse guère de trace. Il ne contribue pas beaucoup aux progrès du monde et l'histoire n'a pas grand'chose à dire de lui. Il naît, sert humblement son Dieu, a des enfants et meurt. Oui, la **mort** est là, conséquence du péché, et le bref résumé de la longue vie de chacun de ces patriarches se termine par ces mots inexorables : « et il mourut » (huit fois). Satan, le menteur, avait affirmé : « vous ne mourrez point certainement » (3. 4) mais Dieu a commandé : « tu retourneras à la poussière » (3. 19), et ce chapitre 5 nous en apporte une solennelle confirmation. Toutefois Adam et ses premiers descendants ont atteint des âges records. De ce fait, avant l'existence de l'écriture, la vérité se transmettra oralement par aussi peu d'intermédiaires que possible (à peine sept entre Adam et Moïse).

10 janvier

Genèse
5. 21 à 32

Ce chapitre contient une exception étrange et remarquable à la loi de la mort. **Hénoc** vit 65 ans, marche ensuite avec Dieu pendant 300 ans, puis Dieu le prend. Aucun détail n'est donné ni sur cette marche avec Dieu ni sur l'enlèvement qui en est en somme le dernier pas. Mais quel beau résumé d'une vie ! — Savons-nous ce que c'est que de marcher avec Dieu, même pendant un seul jour d'une seule année ? Par sa marche qui est celle de la **foi**, Hénoc a sa place dans la liste des brillants témoins du ch. 11 des Hébreux (v. 5). Son nom signifie « instruit », et comme eux, enseigné par Dieu, au-delà des choses présentes, il contemple par la foi le Seigneur venant régner « au milieu de ses saintes myriades » (Jude 14). Cette vision le maintient séparé de ceux qui vont être jugés. — Bientôt comme Hénoc, tous les croyants vivants seront enlevés de la terre sans passer par la mort, quand selon sa promesse le Seigneur Jésus viendra chercher les siens (1 Thess. 4. 17). Chacun de nos lecteurs est-il **instruit** de cette vérité, bienheureuse pour ceux qui sont prêts, solennelle pour ceux qui ne le sont pas ? — Remarquons que Dieu n'envoie pas son jugement sur le monde sans avoir d'abord donné des promesses de bénédiction : Noé signifie **consolation** et **repos**

Genèse
6. 1 à 12

11 janvier

Pierre et Jude font l'un et l'autre allusion à ce temps d'avant le déluge où des anges « n'ont pas gardé leur origine », et en subissent les conséquences (2 Pier. 2. 4 ; Jude 6. 7). Les hommes se sont multipliés sur la terre et avec eux le mal sous ses deux formes : corruption et violence (v. 11). L'humanité est-elle meilleure de nos jours ? Tout nous montre que non. Et l'Ecriture nous prévient : « les hommes méchants... iront de mal en pis » (2. Tim. 3. 13). Aujourd'hui comme alors, la gloire des hommes vaillants et de renom (fin du v. 4) : héros, champions sportifs, vedettes..., peut aller de pair avec la pire corruption. Or c'est **au cœur** des hommes que l'Eternel regarde, non à leurs prouesses (1 Sam. 16. 7). Le v. 5 nous fait connaître le résultat tragique de cet examen : l'imagination de leurs pensées n'est que méchanceté en tout temps. « Le cœur des fils des hommes est plein de mal, et la folie est dans leur cœur », confirme le Prédicateur (Eccl. 9. 3 ; voir aussi Jér. 17. 9). — Alors l'Eternel **se repent** d'avoir fait l'homme. Il va sans dire que Dieu ne fait jamais d'erreur. Mais la méchanceté de l'homme l'oblige à changer de dispositions. — Dieu décide donc de faire disparaître sa créature de dessus la terre, à l'exception de Noé, le seul qui marche avec lui.

12 janvier

Genèse
6. 13 à 22

Bien que Noé soit appelé un homme « juste », « parfait » par rapport à ceux de son temps (v. 9), ce n'est pas son mérite, mais la **grâce** seule qui va l'épargner (v. 8). Le moment est venu pour Dieu de lui faire connaître ses pensées et de lui donner ses instructions. Il est facile de se faire entendre et comprendre de quelqu'un qui marche avec vous. A ces communications, Noé répond par la foi. « Par la foi, Noé, étant averti divinement... craignit et bâtit une arche pour la conservation de sa maison » (Hébr. 11. 7). Il n'a rien d'autre que la parole de Dieu pour lui montrer que le jugement va venir. Mais elle lui suffit. Il bâtit l'arche et par elle **condamne** le monde. Chaque coup de son marteau rappelle à ses contemporains que le jugement approche. Et tant que dure la construction, la patience de Dieu attend (1 Pier. 3. 20). Mais combien en profitent ? En dehors de la famille du patriarche, apparemment personne ! Aux fidèles avertissements du « prédicateur de justice » n'ont répondu qu'indifférence et moqueries. Aujourd'hui aussi, nombreux sont les moqueurs qui ne croient ni au retour du Seigneur ni au jugement (2 Pier. 2. 5 ; 3. 3 à 6). Ils ignorent **volontairement** ce que la Bible dit du déluge et considèrent ce récit comme une légende.

13 janvier

Noé a obéi non seulement en construisant l'arche, mais en la faisant, dans tous les détails, comme Dieu le lui avait commandé (ch. 6. 22). Il obéit maintenant pour y **entrer** au moment où l'ordre lui en est donné (v. 5). C'est dans l'obéissance à Dieu qu'est notre sûreté. Noé, homme pieux, va faire littéralement l'expérience du Ps. 32. 6. — Le v. 16 nous rappelle qu'une autre porte, celle de la grâce, est encore ouverte aujourd'hui, mais pour combien de temps ? « **Et la porte fut fermée** » annonce solennellement Matth. 25. 10. Lecteur, de quel côté de cette porte serez-vous ? **Dedans**, avec Jésus et les siens ? Ou **dehors** avec tous ceux qui frapperont en vain et auxquels le Seigneur devra répondre : « Je ne vous connais pas » (Luc 13. 27) ? Remarquons que c'est **par l'Eternel** lui-même que la porte de l'arche est fermée sur Noé, les siens et tous les animaux. Noé ne pouvait plus l'ouvrir à qui que ce soit même s'il l'avait voulu. Maintenant que Dieu a fourni un moyen de salut, mis les siens à l'abri, fermé la porte de l'arche, il peut ouvrir les écluses des cieux. — Sous l'angle prophétique, Noé et sa famille représentent le résidu d'Israël. Après l'enlèvement de l'Eglise représenté par celui d'Hénoc, il traversera sain et sauf la grande tribulation finale et sera introduit dans le monde nouveau du millénium.

14 janvier

Genèse
7. 17 à 24 ; 8. 1 à 5

La longue patience de Dieu a pris fin. Les flots de son jugement se déversent sur la terre. A part l'arche qui se construisait, rien ne le laissait prévoir. Tout semblait aller pour le mieux. Le monde continuait son train joyeux. On mangeait et on buvait, on se mariait et on donnait en mariage. Ils ne connurent rien — dit le Seigneur — jusqu'à ce que le déluge vint et les emporta tous (voir Matth. 24. 37 à 39). Un sort aussi terrible que subit atteint tous ceux qui étaient restés sourds aux appels de la grâce. Et ce récit consigné dans la Parole de Dieu constitue de la bouche même du Seigneur Jésus, le plus solennel des avertissements pour se mettre en règle avec Dieu. Chacun aujourd'hui est invité à prendre place dans l'arche, autrement dit à trouver en Christ un abri contre la colère de Dieu. Mais si nous possédons en lui cette place de parfaite sécurité, n'oublions jamais que lui a traversé à notre place les eaux terribles du jugement divin. « Toutes tes vagues et tes flots ont passé sur moi » (Ps. 42. 7). — Au milieu de ce cataclysme qui n'a jamais eu son égal, Noé et les siens jouissent d'une paix parfaite. Que les eaux se renforcent ou qu'elles diminuent, l'arche ne fera pas naufrage... ni non plus le croyant qui demeure en Christ.

Genèse
8. 6 à 22

15 janvier

Sans moyen de propulsion et sans gouvernail, l'arche que Dieu conduit d'une main sûre s'est posée sur les montagnes d'Ararat. Il semble que Noé pourrait sortir. Mais il attend, et bien des jours s'écoulent encore. **Entré** dans l'arche au commandement de Dieu, il ne va en **sortir** que sur un autre ordre divin. La colombe qui ne peut se poser nulle part et retourne à l'arche est une image de l'Esprit de Dieu qui n'a pas sa place dans **un monde jugé**. Mais lorsque Jésus paraîtra, l'Esprit pourra enfin se poser sur lui sous cette forme pure d'une colombe (Matth. 3. 16). Et il en est ainsi aujourd'hui du croyant, possédant le Saint Esprit : il ne trouve dans ce monde aucune nourriture, rien pour satisfaire son cœur. Au contraire, l'homme naturel s'y trouve à l'aise, à l'image du corbeau, oiseau impur selon Lév. 11. 15 qui se nourrit de chair corrompue. — Noé sort enfin de l'arche au commandement de l'Eternel. La première chose qu'il fait est d'offrir un sacrifice. Dieu a les premiers droits sur cette terre lavée de sa souillure, et il en monte vers lui une **odeur agréable**. — N'avons-nous pas, nous aussi, connu souvent dans notre vie de petites ou de grandes délivrances ? Ne manquons jamais de rendre grâces ! Et en premier lieu pour « **un si grand salut** » (Hébr. 2. 3).

16 janvier

Genèse
9. 1 à 19

La terre a été balayée des conséquences du péché. Mais la source du mal est toujours là, **dans ce cœur** humain que toute l'eau du déluge ne pouvait nettoyer. — Dieu bénit le patriarche et sa famille, et leur confie le gouvernement de la terre. Comment les descendants de Noé répondront-ils à cette divine bonté ? De la même manière que Caïn au ch. 4 : par du **sang versé** ! Dieu l'annonce : la violence reparaîtra. Oui, le sang du Fils de Dieu lui-même sera versé, et ce sera ce sang qui seul pourra laver le cœur humain. — La terre est livrée à l'homme qui depuis y domine durement. Sous son joug « toute la création ensemble soupire et est en travail jusqu'à maintenant » (Rom. 8. 22). — Comme signe de son alliance Dieu donne **l'arc** dans la nuée. Son apparition au moment d'une averse est aujourd'hui encore une marque de sa grâce, un rappel de la promesse du v. 15. — Dans le sens spirituel, il en est ainsi pour le chrétien. A travers tous les orages d'ici-bas, il a le privilège de lever les yeux de la foi vers un Dieu fidèle à ses promesses. La présence de Christ à Sa droite (Hébr. 9. 12 ; 10. 12), parlant mieux que l'arc, est le constant rappel qu'un jugement plus terrible que le déluge est à jamais passé pour l'enfant de Dieu.

17 janvier

Les plus belles expériences de la puissance et de l'amour de Dieu n'ont pas le pouvoir de rendre l'homme meilleur (ch. 8. 21). Etabli pour gouverner la terre, Noé donne la preuve qu'il ne sait pas se gouverner lui-même. Cham « qui se moque d'un père » (Prov. 30. 17) et s'amuse du péché, comme fait le monde aujourd'hui, attire la malédiction sur ses descendants **les Cananéens**. Nous verrons qu'en effet plusieurs nations issues de Cham et mentionnées dans ce chapitre deviendront les ennemies du peuple de Dieu : Babylone (Shinhar), l'Egypte (Mitsraïm), Ninive, les Philistins et les Cananéens dont le pays sera donné en possession à Israël. Sem et Japheth ont honoré leur père et prospéreront sur la terre (Eph. 6. 2, 3). – Ce ch. 10 révèle l'origine des nations du monde (lire Deut. 32. 8). Pour connaître et apprécier une chose sous son vrai caractère, il faut remonter à sa source. Babel (Babylone) et Assur (l'Assyrie) ont comme point de départ le royaume de **Nimrod**. Le nom de cet homme signifie « le rebelle », ce que confirment ses actes. Avec lui nous voyons l'homme commencer à saccager la terre, y faisant régner la peur et la souffrance en tuant, pour son plaisir et pour affirmer sa puissance, les animaux que Dieu avait donnés pour sa nourriture (ch. 9. 3).

18 janvier

Genèse
11. 1 à 26

Nous assistons ici à la fondation de Babel (ou Babylone) qui, à travers toute l'Ecriture, représente le monde avec son orgueil et sa convoitise. Nous y discernons aussi déjà les **prétentions à l'unité** qui seront celles de la Babylone religieuse, la fausse Eglise d'Apoc. 17 et 18. L'homme veut tenir tête à Dieu en unissant ses forces, travailler à sa propre gloire. « Faisons-nous un nom... » (contraste avec Ps. 148. 13). Mais voyez en une autre occasion la réponse de Dieu à la provocation ridicule des hommes assemblés contre lui : « Celui qui habite dans les cieux se rira d'eux, le Seigneur s'en moquera » (Ps. 2. 4 ; voir aussi Es. 8. 9). L'Eternel confond le langage des hommes de Babel et les disperse (v. 7, 8). — En contraste, le Nouveau Testament nous présente « l'Assemblée du Dieu vivant », fondée par Christ et formée par le Saint Esprit (1 Tim. 3. 15 ; Matth. 16. 18). A la Pentecôte, des langues furent données aux apôtres pour faire entendre en grâce à toutes les nations jadis dispersées « les choses magnifiques de Dieu » (Act. 2. 11). Et dans le ch. 5 de l'Apocalypse la foule des rachetés qui entoure le trône de l'Agneau est composée « de toute tribu et langue et peuple et nation ». — Les v. 10 à 26 établissent la lignée de Sem que nous retrouvons dans la généalogie du Seigneur Jésus (Luc 3. 35).

En ces temps d'après le déluge, l'idolâtrie a fait d'effrayants progrès (lire Jos. 24. 2). Dieu laisse cette fois le mal suivre son cours, mais il appelle un homme à s'en séparer. « Par la foi, **Abraham**, étant appelé, obéit... ; et il s'en alla, ne sachant où il allait » (Hébr. 11. 8). « Abraham partait les yeux fermés, mais le Dieu de gloire le conduisait par la main » (J.G.B.). (Act. 7. 2). L'ordre de Dieu, accompagné d'une septuple promesse (v. 2, 3), lui suffit pour se mettre en route. L'obéissance nous est naturellement contraire, même quand nous connaissons la raison de ce qui nous est demandé. Mais pour obéir **sans comprendre**, partir sans connaître sa destination, il faut **la foi**, autrement dit une entière confiance **en celui qui a donné l'ordre**. Abraham est dans l'Ecriture le modèle de la foi. Ce qui caractérise celle-ci, c'est l'abandon de choses visibles pour un but invisible (2 Cor. 4. 18). En contraste avec les bâtisseurs de villes sur la terre (Caïn, les hommes de Babel...), Abraham porte ses regards vers la Cité céleste « de laquelle **Dieu** est l'architecte et le créateur » (Hébr. 11. 10). Et cette attente fait de lui un étranger sur la terre. Il n'aura dorénavant que **sa tente** et son **autel** (v. 8), témoignant de ce double caractère de **pélerin** et d'**adorateur** qui est celui de l'homme de foi dans tous les temps.

20 janvier

Genèse
12. 9 à 20 ; 13. 1 à 4

Abram est entré au pays de Canaan avec Lot son neveu. Mais la famine survient et, sans attendre cette fois les instructions divines, le patriarche descend en Egypte. Voyez à quoi aboutit ce manque de dépendance : il renie sa femme et se place par son mensonge dans une situation critique. Par cette triste page de son histoire, nous apprenons de quoi est capable le croyant le plus pieux quand il quitte la place où Dieu l'a mis. Il peut être amené à **renier sa relation avec le Seigneur**. Pierre en fit la pénible expérience. Ayant recherché la compagnie des ennemis de son Maître, il avait perdu tout courage pour confesser son nom (Matth. 26. 69...). Et nous, rachetés du Seigneur, n'avons-nous pas quelquefois honte de dire que nous lui appartenons ? (comp. 2 Tim. 2. 12, 13). — Désastreuse pour l'homme de Dieu, son attitude équivoque est-elle au moins profitable au monde ? Même pas ! La présence de Saraï dans le palais du Pharaon n'attire que des plaies sur ce dernier et sur son peuple. Après que le monde lui a jeté un « **va-t'en** » bien différent de celui que lui avait commandé l'Eternel au v. 1, Abram revient en Canaan à son point de départ. Il retrouve l'autel, autrement dit les relations avec Dieu dont il n'avait pu jouir pendant son séjour en Egypte.

21 janvier

Le temps qu'Abram a passé en Egypte a été du temps perdu et les richesses qu'il y a acquises deviennent une cause de soucis pour lui. Ce sont elles qui amènent la séparation d'avec Lot. Des querelles entre « frères » se produisent en présence des habitants cananéens du pays (v. 7), ce qui est particulièrement fâcheux pour le témoignage (lire 1 Cor. 6. 6 ; Jean 13. 35). Abram laisse à Lot le choix du lieu où il ira. Quel esprit de douceur et de renoncement il montre là ! Puissions-nous l'imiter chaque fois que nous sommes portés à faire valoir nos droits ! Lot choisit ce qui **lui** plaît, ce qui attire son cœur mondain (et la plaine du Jourdain ressemble à l'Egypte — v. 10). Tandis qu'Abram laisse en fait **l'Eternel** décider à sa place (Ps. 47. 4). Or Dieu ne déçoit jamais ceux qui se confient en lui. « Nos pères... se sont confiés en toi, et ils n'ont pas été confus » (Ps. 22. 4, 5). En effet la possession du pays de la promesse est à présent confirmée à Abram. Dieu lui dit : « Lève **tes yeux** » (v. 14), puis : « Lève-**toi**, et promène-toi » (v. 17). Canaan est pour nous une figure du ciel que Dieu nous invite non seulement à contempler mais à parcourir par la foi. Et comment arpenterons-nous « en long et en large » le domaine céleste ? En sondant et en méditant les merveilles de la Parole.

22 janvier

Genèse
14. 1 à 12

En contraste avec Abram l'homme de foi, Lot est l'exemple d'un croyant marchant par la vue. Il avait longtemps suivi son oncle par imitation... comme font beaucoup de jeunes en s'appuyant sur la foi de leurs parents ou de leurs aînés. — Mis à l'épreuve, Lot a manifesté ce qu'il y a dans son cœur. Après s'être peu à peu approché de Sodome (ch. 13. 12), il y habite à présent (v. 12). Une fois engagé volontairement sur un chemin glissant, on n'est plus maître de s'arrêter. Comme conséquence de cette fausse position, il est mêlé à une guerre qui ne le concerne pas et se retrouve prisonnier avec les habitants de Sodome. La fréquentation de personnes qui ne craignent pas Dieu expose un enfant de Dieu à perdre sa liberté et de plus une telle compagnie sera toujours une cause de difficultés et d'inquiétude pour son âme. 2 Pier. 2. 8 fait état de ces tourments de conscience quotidiens qui, pour Lot et pour tout croyant mondain, résultent inévitablement d'une marche double. En proie à ces conflits intérieurs et extérieurs, un tel homme ne peut qu'être malheureux. Au contraire Abram, sur la montagne, ignore ces complications. Il est étranger au monde et à tout ce qui l'agite. Ressemblons-nous à Lot ou à Abram ?

23 janvier

Jusqu'ici Abram s'est abstenu d'intervenir et de prendre parti dans un conflit qui ne le concerne pas (Prov. 26. 17). Mais sitôt qu'il apprend que son neveu a été fait prisonnier, rien ne l'arrête pour lui porter secours. Il aurait pu invoquer, pour rester neutre, la faiblesse de ses moyens en face d'une coalition de rois victorieux ou, le fait que Lot avait mérité ce qui lui arrivait. Non, son amour pour son « frère », sa foi, sa persévérance, remportent la victoire et délivrent le captif. Mais voici un adversaire plus dangereux que les quatre rois, bien qu'il ait été vaincu. C'est le roi de Sodome. Il s'approche, et par ce qu'il offre voudrait faire d'Abram son obligé. Car il suppose que celui-ci, comme la plupart des hommes, est attiré par les biens terrestres. Dieu veille sur son serviteur, et pour le fortifier, il lui envoie juste avant cette rencontre un mystérieux visiteur : **Melchisédec**. Roi lui aussi, en même temps que sacrificateur, il est une figure du Seigneur Jésus (Hébr. 7. 1 à 10). Nourri et béni par Melchisédec, Abram refuse fermement les propositions du roi de Sodome. Un cœur rassasié par Christ est le secret pour résister aux offres de Satan. Lot au contraire ne tiendra aucun compte de la leçon divine ; il retournera habiter Sodome et y fera une expérience plus tragique encore.

24 janvier

Genèse
15. 1 à 21

En repoussant les offres du roi de Sodome, Abram n'a rien perdu. Au contraire ! L'Eternel lui apparaît et lui déclare : « Je suis ta très grande récompense ». Il ne lui dit pas ce qu'il veut lui **donner**, mais ce qu'il veut **être** pour lui. Posséder le donateur, c'est plus que posséder ses dons. La foi d'Abram s'empare de la promesse que Dieu lui fait d'une semence céleste. Il donne « gloire à Dieu en étant pleinement persuadé que ce qu'il a promis, il est puissant aussi pour l'accomplir » (Rom. 4. 21). **Croire Dieu** (et pas seulement croire **en** Dieu) suffit pour être rendu juste (v. 6). Ce verset capital est cité trois fois dans le Nouveau Testament (Rom. 4. 3 ; Gal. 3. 6 ; Jacq. 2. 23). — L'Eternel s'étant ainsi engagé, l'alliance doit être scellée par des sacrifices (v. 9, 10). La mort de Christ est le seul moyen par lequel Dieu peut accomplir ce qu'il a promis. Des oiseaux de proie cherchent à s'emparer des pièces des animaux : image des efforts de Satan pour nous ravir quelque résultat de la mort de Christ. Mais notre foi, comme celle d'Abram, doit être active pour l'éloigner. — La fin du chapitre montre que l'homme de Dieu a maintenant acquis une vue beaucoup plus étendue de l'héritage promis. Il en est toujours ainsi après que la foi a été mise à l'épreuve.

25 janvier

Après de si belles preuves de la foi d'Abram, nous trouvons une nouvelle défaillance dans la vie du patriarche. Au lieu d'attendre avec patience que lui soit donné le fils annoncé, il écoute Saraï sa femme. Et Agar la servante, probablement ramenée d'Egypte après le premier manquement d'Abram, va devenir la mère d'Ismaël. — Après avoir été le sujet de tristes querelles dans la maison de l'homme de Dieu, Agar s'enfuit loin de sa maîtresse. Mais l'Eternel prend soin de la pauvre servante. Il la rencontre sur son chemin qui l'éloigne et devient pour elle le **Dieu qui se révèle** (v. 13). Dans l'Ange de l'Eternel, il nous est permis de reconnaître le Seigneur Jésus lui-même. Chacun de nous a-t-il fait cette rencontre décisive ? Dieu s'est-il révélé à vous comme étant **vivant** ? C'est **en Christ** qu'il s'est fait connaître (Jean 8. 19 ; 2 Cor. 4. 6). Et c'est auprès de ce Sauveur vivant que nous trouvons en abondance l'eau vive de la grâce dont nous parle le puits de Lakhaï-roï (Jean 4. 14). Remarquons ce que l'Ange dit à Agar : « Retourne vers ta maîtresse et **humilie**-toi... » (v. 9). L'humiliation, la confession de nos fautes est la première chose que le Seigneur nous demande quand il s'est fait connaître à notre âme.

26 janvier

Genèse
17. 1 à 27

L'Eternel apparaît de nouveau à Abram, renouvelle sa promesse d'une innombrable descendance, et change son nom en **Abraham**. Un changement de nom dans la Bible est le signe d'une nouvelle relation avec celui qui le donne. Ici notre patriarche n'est plus seulement l'homme de foi, mais le **père** de tous les hommes de foi (Rom. 4. 11). En lui donnant ce nom : « père d'une multitude », Dieu pensait déjà avec intérêt et amour à cette **multitude** de croyants dont Abraham serait considéré comme le chef de race et dont nous espérons que font partie tous nos lecteurs. Et à travers les rois qui descendront d'Abraham (v. 6), Dieu voyait par avance le « Fils de David », le Roi qu'il destinait à Israël et au monde. C'est par la généalogie de Jésus Christ, fils de David, **fils d'Abraham** que commence le Nouveau Testament. — En même temps qu'un nom, Dieu donne à Abraham un autre signe : celui de la **circoncision**, qui correspond dans une certaine mesure au baptême aujourd'hui et représente à la fois la **mise à part** pour Dieu et l'absence de confiance dans la chair (Phil. 3. 3). — La fin du chapitre nous montre Sara recevant elle aussi son nouveau nom, Isaac annoncé, puis Abraham obéissant à l'ordre que Dieu lui a donné.

27 janvier

Dieu fait à Abraham l'honneur de l'appeler **son ami** (2 Chr. 20. 7 ; Es. 41. 8 ; Jacq. 2. 23). A ce titre, il lui rend visite et veut le mettre au courant de ses intentions, soit à son sujet (v. 9 à 15), soit au sujet du monde (v. 20, 21 ; voir Jean 15. 15). Le patriarche y répond par une liberté confiante qui n'exclut pas le plus profond respect. L'empressement joyeux avec lequel il reçoit ses invités venus du ciel révèle l'état de son cœur ; il connaît son Dieu ; il a goûté que le Seigneur est bon (1 Pier. 2. 3). Le Nouveau Testament mentionne quelques personnes qui ont eu le privilège de recevoir le Seigneur Jésus dans leur maison : Lévi, Marthe, Zachée... (Luc 5. 29 ; 10. 38 ; 19. 6). Et il nous apprend à quelle condition nous pourrons aussi jouir de la même intimité. **L'obéissance** à la parole du Seigneur est la clé qui Lui ouvre notre cœur (Jean 14. 23). Modèle pour la communion, Abraham l'est aussi pour l'exercice de **l'hospitalité**. Le chrétien est appelé à la pratiquer sans murmures (1 Pier. 4. 9 ; Rom. 12. 13 . Hébr. 13. 2...). Quelle bonne nouvelle attend Abraham et Sara : l'annonce de l'héritier ardemment désiré ! Sara doute et rit. Pour nous c'est l'occasion d'entendre une affirmation magnifique : « Y a-t-il quelque chose qui soit trop difficile pour l'Eternel ? » (v. 14).

28 janvier

Genèse
18. 16 à 33

« Le secret de l'Eternel est pour **ceux qui le craignent**... » (Ps. 25. 14 ; lire aussi Amos 3. 7). Abraham est de ceux-là. « Je le connais », peut dire l'Eternel, « lui cacherai-je ce que je vais faire ? » L'intelligence des pensées de Dieu est inséparable d'une **marche fidèle**. Dieu sait que le seul effet de ses communications sera de produire dans le cœur de l'homme de Dieu des sentiments identiques aux siens : la compassion, le désir d'arracher ceux qu'il aime au jugement épouvantable. Chers amis chrétiens, nous connaissons par la parole de Dieu la condamnation du monde et l'imminence de son jugement, sommes-nous animés des mêmes sentiments en pensant au sort terrible d'âmes innombrables perdues pour l'éternité ? Chacun de nous a dans sa famille, parmi ses camarades ou collègues de travail, des personnes inconverties. Que pouvons-nous faire pour elles ? Sans doute les avertir, mais aussi intercéder comme Abraham le fait avec insistance pour Sodome dans laquelle se trouve Lot son frère. (comp. Jér. 5. 1). 1 Tim. 2 nous invite à faire des supplications pour tous les hommes en nous adressant à Celui que nous connaissons par expérience sous le beau nom de « **notre Dieu Sauveur** » qui « veut que **tous les hommes** soient sauvés ».

29 janvier

Quel contraste entre l'heureuse visite que les anges ont rendue à Abraham sur l'heure de midi et leur pénible mission à Sodome le soir du même jour ! Et quelles réticences pour accepter l'invitation de Lot, si empressée soit-elle (v.2) ! Comment auraient-ils communion avec ce croyant dans une position fausse ? Ils n'entrent chez lui que pour le protéger et le délivrer. D'ailleurs Lot lui-même n'a jamais été à l'aise dans cette ville dépravée. Nous ne l'aurions pas su si le Nouveau Testament ne nous l'avait pas révélé. Mais Dieu qui connaît les cœurs tient à nous dire que Lot était un **juste** et que, loin de prendre son parti du mal, il était de jour en jour « accablé par la conduite débauchée de ces hommes pervers » (2 Pier. 2. 7 et 8). Perversité que les hommes de Sodome n'ont pas honte d'étaler au cours de cette nuit dramatique (comp. Es. 3. 9). En sorte que l'Eternel qui avait dit « sinon — si ce n'est pas vrai — je le saurai » (ch. 18. 21), n'a plus besoin d'autre preuve puisque ces hommes témoignent contre eux-mêmes. — Lot n'est pas pris au sérieux même par ses gendres. Quand un croyant a, pendant un temps, marché avec le monde, il n'a plus aucune autorité ensuite pour lui parler de jugement. On ne l'écoute pas.

30 janvier

Genèse
19. 15 à 29

La délivrance de Lot vient répondre à la prière d'Abraham au chapitre précédent. Celui-ci avait cru que pour sauver son frère il était nécessaire que Sodome soit épargnée de la destruction. Or Dieu ne répond pas toujours de la manière que nous avions pensé. Mais **il répond**. — Hélas ! le cœur de Lot s'est profondément attaché à tout ce qu'il doit maintenant laisser derrière lui ; il tarde à partir. Les anges sont obligés de l'entraîner de force avec sa femme et ses deux filles. Chers rachetés du Seigneur, posons-nous la question : S'il nous fallait partir aujourd'hui pour le ciel, serait-ce avec joie ? Ou bien aurions-nous comme Lot du regret à quitter toutes les choses d'ici-bas auxquelles nos cœurs sont attachés ? — Sodome et Gomorrhe sont « réduites en cendres », solennel exemple de ce qui attend les impies (2 Pier. 2. 6 ; Jude 7). Quant à la femme de Lot, elle aussi demeure dans la Parole comme un monument, un signal, pour nous avertir de ce qu'il en coûte de lier son sort à un monde condamné. Cette femme avait longtemps partagé extérieurement la vie du peuple de Dieu. Mais elle n'en faisait pas partie. Le monde était dans son cœur et elle a péri avec lui. Quant à Lot lui-même, sa fin sera honteuse et sa descendance maudite.

31 janvier

Une seconde fois Abraham renie sa femme et mérite les reproches du monde (voir ch. 12). Il est souvent nécessaire que Dieu répète ses leçons jusqu'à ce qu'un mal soit jugé dans sa racine et confessé. Ici c'était un demi-mensonge (v. 12, 13). Il est sérieux et instructif pour nous de voir un homme privilégié, jouissant avec Dieu d'une si grande intimité, perdre conscience de sa relation et manquer quant au témoignage. Le manquement d'un homme pieux s'aggrave du poids de cette piété. Ecoutons les tristes paroles d'Abraham à Abimélec : « Dieu m'a fait errer loin de la maison de mon père... » (v. 13). Pauvre langage pour un croyant ! Est-ce tout ce qu'il sait dire de l'appel du « Dieu de gloire » vers la cité céleste ? A fréquenter les gens du monde, un croyant en arrive à parler comme eux. Mais même pendant le temps où Dieu apprend aux siens une leçon nécessaire, il continue à veiller tendrement sur eux. « Il ne permit à personne de les opprimer et il reprit des rois à cause d'eux, disant : Ne touchez pas à mes oints... » (Ps. 105. 14). L'Eternel maintient Abraham en dignité comme son représentant, le **prophète** qui parle en son nom (v. 7) et l'**intercesseur** dont il exauce les prières (v. 17).

Genèse
21. 1 à 21

1 février

La promesse de Dieu s'accomplit. « Au temps fixé » naît **Isaac** qui représente Christ sous ses caractères de Fils et d'Héritier (Gal. 4. 4). Après le rire **incrédule** d'Abraham (ch. 17. 17) et de Sara (ch. 18. 12), puis le rire **joyeux** et reconnaissant de cette dernière, qui devient le nom même d'Isaac (v. 3 et 6), nous entendons le rire **moqueur** d'Ismaël (v. 9), figure de l'homme « selon la chair » qui ne peut rien comprendre aux conseils de Dieu accomplis en Christ. Ismaël, le fils de la servante, représente l'homme sous la servitude de la loi, n'ayant aucun droit aux promesses ni à l'héritage. — Ce que fait Sara paraît dur ; Abraham trouve cela mauvais. Mais Dieu l'approuve, voulant montrer ainsi en figure que l'**héritage** appartient à Christ seul et que, sur le principe des œuvres, l'homme n'y possède aucune part. Comme l'explique l'épître aux Galates, les croyants sont « enfants de la promesse ». Ayant reçu l'adoption, ils ne sont plus esclaves mais fils, et par conséquent héritiers (Gal. 4. 6, 7 et 28). — La grâce agit pourtant envers Agar et son fils. Quand l'eau de l'outre, symbole des ressources humaines, est épuisée, **le Vivant** qui s'était **révélé** à elle au ch. 16 renouvelle sa délivrance. Il est celui qui entend même la voix d'un enfant (v. 17).

2 février

Genèse
21. 22 à 34

Au ch. 20, les rapports d'Abraham avec Abimélec avaient été des plus fâcheux. Le patriarche avait encouru un blâme sévère et justifié de la part du roi de Guérar. Mais maintenant leurs relations reprennent sur un tout nouveau plan. Nous avons ici en figure la suprématie future d'Israël au temps où les nations diront : « nous irons avec vous, car nous avons entendu dire que Dieu est avec vous » (Zach. 8. 23). « Dieu est avec toi en tout ce que tu fais », constate le roi philistin (v. 22). Et il recherche l'alliance de l'homme de Dieu. Aussi, à présent, est-ce ce dernier qui reprend Abimélec avec l'autorité morale que lui confère sa relation avec « le Dieu d'éternité » (v. 33). Il lui montre à cette occasion combien il tient à ce **puits** dans le désert que les serviteurs d'Abimélec avaient voulu lui ravir. N'est-ce pas pour nous une figure de la **Parole** dont l'eau doit chaque jour rafraîchir nos âmes ? Si notre compagnie est recherchée par certains, montrons-leur le plus tôt possible la valeur qu'a pour nous cette Parole de notre Dieu. Ceux d'entre eux qui ont soif de vérité, de paix, de joie, seront conduits à les chercher dans ce précieux Livre, s'ils voient que c'est là que nous les puisons.

3 février

Nous savons que cette scène est une image de la **croix**. Qui est le Fils, l'Unique, celui que le Père aime, sinon le Seigneur Jésus ? Il devait être offert en holocauste. Le lieu est vu **de loin** dans les conseils éternels de Dieu. C'est le mont Morija où plus tard David offrira le sacrifice expiatoire et où le temple sera bâti (2 Chr. 3. 1). Ce lieu du sacrifice est bien en même temps celui de **l'adoration** (v. 5). Que de motifs nous trouvons là pour adorer et le Père et le Fils, allant **les deux ensemble**, autrement dit n'ayant qu'une seule et même pensée pour accomplir l'œuvre du salut ! L'obéissance d'Isaac nous fait souvenir de celle du Seigneur à Gethsémané : « Non pas ce que je veux, moi, mais ce que tu veux, toi ! » (Marc 14. 36). Mais en contraste avec Isaac qui s'est simplement soumis, le Fils s'est présenté de lui-même : « Voici, je viens pour faire ta volonté » (Hébr. 10. 9). En contraste encore avec Isaac qui ne savait pas ce que son père allait faire, il nous est dit : « Jésus... sachant toutes les choses qui devaient lui arriver, s'avança... » (Jean 18. 4). En contraste enfin avec le cri de l'Ange qui arrêta la main d'Abraham, aucune voix ne se fit entendre à Golgotha pour détourner l'épée qui devait frapper le Fils de Dieu.

4 février

Genèse
22. 13 à 24

Dieu s'est pourvu d'un Agneau pour l'holocauste. Quand le Seigneur Jésus est apparu au milieu du peuple sur les bords du Jourdain, Jean le Baptiseur s'est écrié : « Voilà l'Agneau de Dieu » (Jean 1. 29). Il était la réponse divine à tous les péchés qui venaient d'être confessés. De sorte que le grand mystère dont nous avons une ombre dans ce chapitre est maintenant révélé. Et quelle assurance ce « Jéhovah-Jiré » continue d'apporter à tous ceux qui sont tourmentés par le fardeau de leurs péchés ! — **En figure** Isaac est ressuscité (Hébr. 11. 19) ; Christ l'est **en réalité** avec toutes les conséquences pour lui et pour nous. Il va recevoir une épouse. C'est pour cette raison que Rebecca est nommée au v. 23. Et nous recevrons les bénédictions célestes dont nous avons l'image dans les v. 17 et 18. — La foi d'Abraham a été montrée par cette œuvre (Jacq. 2. 21). L'épreuve fait la preuve, dit-on. Dieu connaissait son cœur et savait qu'il possédait cette foi, mais il fallait que celle-ci soit rendue publique. En ce qui nous concerne, si nous avons pu confesser : « je crois au Seigneur Jésus », nous aurons tôt ou tard l'occasion de le **montrer**. Les épreuves des chrétiens n'ont souvent pas d'autre but que de mettre en évidence la réalité de la foi qui est en eux.

5 février

Un sépulcre est tout ce qu'Abraham possédera de ce pays de Canaan qui pourtant lui est promis. En achetant le champ et la caverne de Macpéla pour ensevelir Sara, l'homme de Dieu confirme sa ferme attente de la résurrection. Pour lui Sara vit d'une vie divine. Il faut s'assurer tous les droits sur le lieu où sera déposé son corps qui doit ressusciter. Le plein prix payé pour la caverne et pour le champ nous fait penser aux droits définitivement acquis par la croix de Christ, la mort vaincue, la certitude de la prochaine résurrection de tous les croyants. — Pas plus qu'au ch. 14 où nous l'avons vu refuser les propositions du roi de Sodome, Abraham n'entend être redevable à qui que ce soit. Il insiste pour acquitter l'entière valeur du champ, sans marchander. Un chrétien se fait reconnaître dans tous ses rapports avec les gens du monde par sa correction et sa parfaite honnêteté. Il est exhorté par le Nouveau Testament à ne rien devoir à personne (donc à ne pas faire de dettes — Rom. 13. 8), à « marcher honorablement envers ceux de dehors » (1 Thess. 4. 12), enfin à « veiller à ce qui est honnête, non seulement devant le Seigneur, mais aussi devant les hommes » (2 Cor. 8. 21 ; voir aussi Rom. 12. 17).

6 février

Genèse
24. 1 à 14

La mort de Sara suggère la mise de côté d'Israël (peuple dont est issu le vrai Isaac), après la résurrection du Seigneur (ch. 22). Pour assurer la descendance de la promesse, Abraham, le « père d'une multitude » a un grand dessein dont l'accomplissement va nous être raconté **tout** au long : celui de **donner une épouse à son fils**. Mais une troisième personne intervient alors : le serviteur le plus ancien de sa maison, son intendant, frappante figure du Saint Esprit envoyé sur la terre afin d'y rassembler ceux qui constitueront l'Eglise, l'Epouse de Christ. Ainsi le Père, le Fils, le Saint Esprit qui ont travaillé ensemble à l'œuvre de la Création, ont aussi une activité commune dans le choix, l'appel et le rassemblement des rachetés unis à Christ ressuscité. Cette épouse sera cherchée en pays lointain. C'est parmi « ceux qui étaient loin » que Dieu a choisi et appelé des compagnons pour son Fils (Eph. 2. 13). — Quel modèle de dépendance nous avons dans ce serviteur d'Abraham ! Dans la maison de son maître, il a appris à connaître l'Eternel à qui il a affaire à présent personnellement. Il dispose sa prière devant lui (Ps. 5. 3). N'oublions pas, avant d'entreprendre quoi que ce soit, d'en parler d'abord au Seigneur.

7 février

Le serviteur d'Abraham n'a pas achevé de formuler sa prière que déjà la réponse est devant lui : Rebecca portant sa cruche. Nous trouvons en Esaïe une promesse correspondante : « Avant qu'ils crient, je répondrai, et pendant qu'ils parlent, j'exaucerai » (Es. 65. 24). — Si le serviteur nous enseigne la dépendance, Rebecca est, de son côté, un modèle de **dévouement** et d'**empressement**. Elle fait au-delà de ce qui lui est demandé en abreuvant aussi les chameaux et elle le fait **vite**, se hâtant et courant (v. 18, 20). Voilà deux traits que nous pouvons remarquer et imiter dans nos petits services de tous les jours à la maison par exemple. Puiser de l'eau apporte du rafraîchissement aux autres. Il existe mille manières de communiquer à ceux auxquels nous avons affaire, les bénédictions que nous avons nous-mêmes puisées dans la parole de Dieu. Et, de même que le serviteur observait Rebecca, souvenons-nous que **Quelqu'un** considère avec attention tout ce que nous faisons. A la manière dont la jeune fille exécutait ce travail tout simple, le serviteur comprenait qu'elle serait pour Isaac une femme dévouée, active, vertueuse comme celle que décrit le ch. 31 des Proverbes. — Avant toute autre chose, il se prosterne devant l'Eternel et lui rend grâces.

8 février

Genèse
24. 32 à 49

L'Eternel a conduit, comme par la main, le serviteur d'Abraham dans la famille de son seigneur. Celui-ci lui avait fait promettre solennellement de ne pas prendre de femme pour son fils parmi les filles des Cananéens (v. 3). Jeunes amis qui connaissez Jésus, même si le mariage se présente pour vous comme une éventualité encore lointaine, il n'est pas trop tôt pour retenir très fermement l'enseignement de la Parole à ce sujet : « Ne vous mettez pas sous un joug mal assorti avec les incrédules ; car... quelle part a le croyant avec l'incrédule ? » (2 Cor. 6. 14, 15). Un enfant de Dieu ne peut se marier que dans la famille de la foi, c'est-à-dire avec un autre enfant de Dieu. Ceux qui n'ont pas tenu compte de cette injonction ont pu le confesser plus tard avec beaucoup de tristesse : une union avec un inconverti n'est pas seulement une désobéissance formelle à la Parole du Seigneur, mais aussi une source de peines et de chagrins pour toute la vie. — Quel témoignage le serviteur d'Abraham rend à son maître auquel il est fier d'appartenir (v. 34 à 36) ! Il est **grand**, il est **riche**, il a un fils, **héritier** de tout ce qui est à lui. C'est ainsi que le Saint Esprit, quand il est reçu dans un cœur, fait connaître le Père et le Fils, et c'est ainsi que nous, rachetés du Seigneur, devrions savoir en parler.

9 février

Les termes dans lesquels le serviteur d'Abraham a décrit son maître et les richesses dont il a donné des échantillons ont touché le cœur de Rebecca. Elle est décidée, **elle ira** (v. 58). – Vous qui avez tant entendu parler du Seigneur, qui avez eu l'occasion de jouir des trésors de sa grâce dans la maison de vos parents, êtes-vous décidé à le suivre ? La question vous est aujourd'hui posée. **Iras-tu...** ? Ce n'est pas plus tard ni demain que l'Esprit de Dieu vous presse de le faire, c'est **aujourd'hui** ! – Alors commence pour Rebecca la longue marche à travers le désert. Elle a tout quitté à la parole du serviteur qui maintenant la conduit. Ainsi l'Eglise, l'Epouse de Christ, poursuit dans ce monde, qui est un désert pour elle, son chemin de peine et de fatigue mais de joie aussi car le Saint Esprit occupe son cœur du Bien-aimé qu'elle n'a pas vu, et qui vient **à sa rencontre**. « Quel moment solennel pour ta sainte assemblée, quand tu l'introduiras dans les célestes lieux... ! » dit un cantique. Quel moment aussi pour le Seigneur Jésus ! Rebecca fut la femme d'Isaac et il l'aima. Christ, lui, aime déjà son Assemblée. Et son cœur, bien plus que le nôtre, attend ce moment béni, pour l'éternelle satisfaction de son amour divin.

10 février

Genèse
25. 1 à 18

La fin de la vie d'Abraham achève un vaste tableau prophétique : ch. 21 : la naissance du Fils ; ch. 22 : la croix et la résurrection du vrai Isaac ; ch. 23 : la mise de côté d'Israël (la mort de Sara) ; ch. 24 : l'appel de l'Eglise et son union avec Christ dans la gloire. Enfin ch. 25 : l'introduction du règne de mille ans où les **nations** de la terre, représentées par les **enfants de Ketura**, seront bénies en relation avec Isaac. A ce dernier Abraham fait don de tout ce qu'il a. Isaac représente Christ sous son caractère d'Héritier universel. « L'Eternel m'a dit : Tu es mon Fils... Demande-moi, et je te donnerai les nations pour héritage... » (Ps. 2. 7, 8). C'est sur ce glorieux avenir que les pensées d'Abraham se portaient par la foi. Au-delà d'Isaac, il contemplait celui en qui les promesses auraient leur accomplissement. « Abraham... a tressailli de joie de ce qu'il verrait mon jour — dira Jésus aux Juifs — et il l'a vu, et s'est réjoui » (Jean 8. 56). Il meurt dans la foi, « n'ayant pas reçu les choses promises, mais les ayant vues de loin et saluées » (Hébr. 11. 13). Aussi Abraham est-il un de ces hommes dont Dieu n'a pas honte, au point de lier son nom au Sien en s'appelant lui-même le « Dieu d'Abraham ». Peut-il aussi s'appeler **votre** Dieu ?

11 février

La foi d'Isaac et de Rebecca est mise à l'épreuve de la même manière que celle d'Abraham et de Sara : par la stérilité. C'est l'occasion pour Isaac d'instantes prières auxquelles l'Eternel se rend (v. 21 ; comp. 1 Chron. 5. 20). Deux fils jumeaux naissent, aussi différents par leur aspect physique qu'ils le seront par l'état de leur cœur. La scène qui se déroule, plus tard, entre ces deux frères manifeste cet état. Jacob, malgré la manière fâcheuse dont il s'y prend, montre qu'il apprécie la place de premier-né dans la famille, la part d'héritage qui s'y rattache et surtout les promesses divines faites à Abraham et à sa postérité après lui. Rien de tout cela n'a de prix pour Esaü. Il conclut son marché, mange, boit, se lève et s'en va, inconscient de la perte incalculable qu'il a faite en un instant. Non seulement sa conduite est **insensée** : « pour un seul mets » sacrifier tout son avenir comme le rappellera Hébr. 12. 16. Mais elle est encore et surtout une **insulte à Dieu** ; c'est lui dire : tes dons les plus précieux ne valent pas ces quelques lentilles pour calmer ma faim. — Le droit d'aînesse est une figure de votre privilège, jeunes amis élevés dans une famille chrétienne. Qu'aucun de vous ne méprise l'héritage céleste.

12 février

Genèse
26. 1 à 16

Isaac n'a pas tiré profit des tristes expériences de son père dans les ch. 12 et 20. Mis à l'épreuve par la famine, lui aussi séjourne à Guérar et, par crainte, y renie sa femme en trompant Abimélec. Les fréquentations mondaines nous exposent aux mêmes conséquences : manque de courage pour confesser notre relation avec Christ, peur de l'opprobre, faux témoignage devant le monde. Mais, sitôt après, nous lisons une belle page de l'histoire du patriarche. Pour se mettre lui et les siens à l'abri de la famine, il sème et récolte, Dieu bénissant son travail. Sa prospérité éveille la jalousie des Philistins (v. 14). Comme au temps d'Abraham, ces derniers cherchent à priver l'homme de Dieu de l'**eau** nécessaire à la vie (ch. 21. 25). Elle est fournie par les anciens puits, image de la Parole et des sources de rafraîchissement spirituel dont les générations qui nous précèdent ont joui avant nous, où nous avons à puiser pour nous-mêmes. Et ces Philistins malveillants qui bouchent les puits avec de la terre nous font penser à l'Ennemi de nos âmes. Il s'efforce de remplir notre vie des choses de la terre et de créer toujours de nouveaux besoins dans nos cœurs pour nous priver de la Parole vivante indispensable à notre prospérité spirituelle.

13 février

Ces puits d'Abraham, bouchés par les Philistins, Isaac les recreuse l'un après l'autre. Demandons au Seigneur la même énergie, la même persévérance pour nous approprier les vérités dont nos devanciers ont vécu, afin que, par un effort personnel, elles deviennent pour ainsi dire notre propriété. A chaque effort de l'ennemi pour le priver des fruits de son travail, Isaac répond en creusant ailleurs, sans se décourager. Mais il s'abstient de contester, illustrant l'exhortation de 2 Tim. 2. 24. Sa douceur peut être connue de tous (Phil. 4. 5). Souffrant l'injustice, il ne menace pas mais s'en remet à Celui qui juge justement (1 Pier. 2. 23). En même temps, il rend ainsi témoignage de sa foi. L'héritage lui appartient ; à quoi bon l'arracher par la force ? L'Eternel a promis « tous ces pays » à sa descendance (v. 4). Isaac s'attend à lui pour les recevoir le moment venu. — Les v. 34 et 35 nous montrent Esaü méprisant de nouveau la volonté divine en choisissant ses femmes parmi ces Cananéens dont l'Eternel avait absolument séparé sa famille (24. 3, 37). Il cause ainsi un profond chagrin à Isaac et à Rebecca. Quel contraste avec leur propre histoire vécue dans la confiance et la dépendance de Dieu !

14 février

Genèse
27. 1 à 29

Voilà une famille où Dieu est connu, et pourtant les convoitises, les fraudes et les mensonges s'y montrent très tristement. Isaac est devenu aveugle et il l'est aussi spirituellement. Il a perdu le discernement au point qu'un repas savoureux compte davantage pour lui que l'état moral de ses enfants. Sans chercher la pensée de Dieu, il s'apprête à bénir le fils qu'il préfère. Rebecca de son côté conseille à Jacob de dépouiller son frère de cette bénédiction et de tromper son père. Seul Esaü pourrait nous paraître sympathique dans cette famille. Mais Dieu connaissait son cœur profane, et, à travers cette injustice apparente, sa volonté s'accomplissait. Isaac doit le reconnaître (fin du v. 33). — Jacob parvient à ses fins. Avec la complicité de sa mère, il obtient la bénédiction à laquelle il attachait tant de valeur. Mais s'il s'était confié en Dieu pour la lui donner au lieu d'agir par supercherie, ne l'aurait-il pas tout de même reçue ? Dieu qui avait déclaré : « le plus grand sera asservi au plus petit » (ch. 25. 23), ne pouvait renier sa parole ni permettre d'erreur. Et Jacob se serait épargné bien des peines et bien du temps perdu. Le chemin du Seigneur pour nous est toujours simple, mais que de fois nous le compliquons par nos interventions malencontreuses (Ps. 27. 11).

15 février

Hébr. 12. 16, 17 rattache cette scène à celle du ch. 25. Esaü le profane désire ardemment hériter de la bénédiction, mais il est rejeté malgré ses larmes ; il l'a jadis méprisée et maintenant c'est **trop tard** (Prov. 1. 28-31). Le monde est rempli de gens qui, comme cet homme, vendent leur âme précieuse en échange de quelques plaisirs passagers. Leur dieu, c'est leur ventre et leurs pensées sont aux choses terrestres (Phil. 3. 19). Ils sont de la terre, ont leur portion dans cette vie (Ps. 17. 14). Un réveil terrible les attend lorsque, « plus tard », ils reconnaîtront leur folie. Toutes les larmes versées dans le lieu épouvantable où sont les **pleurs** et les grincements de dents, seront aussi vaines que celles d'Esaü ici pour retrouver la bénédiction perdue par leur seule faute. — Pour Jacob les difficultés vont commencer. La haine de son frère, excitée par la rancune et la jalousie, l'oblige à quitter les siens. Il ne reverra plus sa mère, alors que celle-ci ne prévoyait qu'une séparation de quelques jours (v. 44). Rebecca subira donc elle aussi les conséquences de leur commune tromperie. — En donnant une grande place au récit de la vie de Jacob, l'Ecriture va nous permettre d'admirer le long et patient travail de la grâce de Dieu envers un des siens.

16 février

Genèse
28. 1 à 22

Jacob quitte la maison **paternelle**, mais Dieu va lui faire connaître **sa** propre maison (Béthel signifie « maison de Dieu »). La solitude, loin de la sécurité du toit familial est parfois l'occasion de rencontrer le Seigneur. Il faut un jour ou l'autre que cette rencontre se fasse' et que le Dieu de nos parents devienne aussi **notre** Dieu. — Etrange rêve que celui de Jacob ! Que signifie cette échelle sur laquelle des anges montent et descendent ? Elle parle de relations entre le ciel et la terre, et nous pensons à Celui qui les a établies pour nous en descendant ici-bas puis en remontant dans la gloire (Jean 3. 13, 31 et Eph. 4. 10). Au pauvre pécheur fatigué, la grâce de Dieu montre **la porte du ciel** (v. 17) et fait part de ses promesses glorieuses. « Que ce lieu-ci est terrible ! », s'écrie le voyageur à son réveil. Une conscience coupable ne peut être à l'aise, même dans la présence du Dieu de grâce (comp. Luc 5. 8). Dans l'étrange marché qu'il a la prétention de faire avec l'Eternel, Jacob met au conditionnel les promesses formelles que Dieu vient de lui faire et offre de le servir en échange des bienfaits qu'il recevra. Beaucoup, comme lui, hésitent à saisir avec foi le don gratuit de Dieu et pensent que sa faveur doit se mériter par des efforts.

17 février

« Je te garderai partout où tu iras... je ne t'abandonnerai pas », avait promis l'Eternel à Jacob au cours de sa nuit à Béthel (ch. 28. 15). Il est consolant de penser que l'œil de Dieu suit continuellement les siens, même quand eux négligent de regarder à lui (Ps. 32. 8). Ces soins providentiels conduisent Jacob dans la famille de sa mère, auprès de son oncle Laban. Nous assistons de nouveau à une rencontre près d'un puits, peut-être le même que celui du ch. 24. Mais cette fois nous n'entendons aucune prière dans la bouche du voyageur, ni pour demander à Dieu de lui faire faire une heureuse rencontre, ni ensuite pour lui rendre grâces d'avoir fait prospérer son voyage. Et nous ne voyons pas non plus la jeune fille donner à boire au visiteur fatigué. Quelle différence aussi dans la maison de Laban ! Jacob raconte « toutes ces choses », mais nous n'entendons dans son récit aucune mention du nom de l'Eternel, ni de la manière dont Lui seul a béni sa famille (comp. ch. 24. 35), ni davantage de sa rencontre de Béthel. Quels sont nos sujets de conversation lorsque nous rencontrons un parent ou un ami chrétien ? Profitons-nous de ces occasions pour parler de sujets édifiants ? Pour qu'il en soit ainsi, il faut que nos cœurs en soient habituellement occupés.

18 février

Genèse
29. 15 à 35

L'histoire de Jacob, c'est celle de la **discipline**, autrement dit de l'école par laquelle Dieu fait passer les siens. Ecole souvent pénible, car Hébr. 12. 11 affirme — et notre expérience confirme — qu'aucune discipline pour le présent ne semble être un sujet de joie, mais de tristesse ! Mais le but de Dieu est « notre profit, afin que nous participions à sa sainteté ». La classe dans laquelle entre Jacob va durer vingt ans qu'il passera dans une condition voisine de l'esclavage. Et comment Dieu va-t-il lui enseigner ses leçons ? Il va permettre qu'il lui soit fait comme lui-même a fait aux autres. Jacob, dont le nom signifie « supplanteur » et qui l'avait bien justifié, va être à son tour volé et dépouillé. Il avait trompé son père, lui le plus jeune, en se faisant passer pour l'aîné ! Il a maintenant affaire à un père qui le trompe en faisant passer sa fille aînée pour la plus jeune ! Que de fois nous découvrons les désagréments ou la méchanceté de nos actes seulement lorsque nous en souffrons à notre tour de la part d'autrui (Jug. 1. 7 — Es. 33. fin v. 1). Le seul sujet heureux dont nous entretient ce chapitre, c'est l'amour dévoué de Jacob pour Rachel. Nous pensons à l'amour de Celui qui, pour nous acquérir, est devenu le parfait Serviteur.

19 février

Ces versets nous présentent la famille de Jacob. Page importante de l'Ancien Testament, puisque les douze fils du patriarche deviendront à leur tour douze patriarches (Act. 7. 8) et donneront leurs noms aux tribus d'Israël ! Par leur moyen se réaliseront les promesses faites à Abraham et à Isaac, ainsi qu'à Jacob lors de sa nuit à Béthel. De Lévi descendront les **sacrificateurs**, de Juda les **rois**, puis le **Messie** lui-même. – Les membres de cette famille sont, à l'exception de Joseph, à l'image de leur chef : calculs, rivalités, expédients douteux les caractérisent. Malgré ces égarements, Dieu a les yeux sur cette famille et veut la bénir. De même aujourd'hui les familles des croyants sont précieuses au cœur du Seigneur. Il nous connaît chacun par nom, et dès nos premiers pas nous prépare pour le service auquel il nous destine. Et quel est l'appel glorieux des croyants maintenant ? N'est-ce pas d'être « un royaume des **sacrificateurs** pour son Dieu et Père » ? (Apoc. 1. 6). – La naissance de Joseph, type de Christ, annonce pour la famille de Jacob la fin de sa servitude et le retour au pays de la promesse (v. 25). Spirituellement il en est toujours ainsi : c'est à partir du moment où Christ prend sa place dans nos maisons et dans nos cœurs que nous sommes en mesure de goûter la délivrance et la bénédiction céleste.

20 février

Genèse
30. 25 à 43

Le pauvre Jacob s'agite, spécule, rivalise d'astuce et de fourberie avec Laban, cherchant à s'enrichir par son intelligence et ses efforts. Il est triste de voir un croyant en lutte avec les gens du monde pour des biens terrestres. Isaac avait donné un tout autre exemple à son fils Jacob (ch. 26. 15 à 22). — En 1 Tim. 6. 6 à 10, l'apôtre met en contraste avec le désir de s'enrichir, la piété qui, avec le contentement, est un grand gain. Voilà donc le double gain, les **vraies richesses** à rechercher : 1° **La piété**, c'est-à-dire les relations avec Dieu dont nous parlent les autels. Or dans son exil, Jacob n'a pas d'autel, pas de relation consciente avec Dieu. 2° **Le contentement** que les patriarches réalisaient en vivant sous des tentes, et que Jacob avait lui-même pratiqué (ch. 25. 27). L'apôtre Paul avait personnellement appris à être content dans les circonstances où il se trouvait (Phil. 4. 11). Combien il est difficile d'être toujours content ! Pourtant le meilleur témoignage que nous puissions rendre autour de nous n'est-il pas de montrer que nous sommes satisfaits de ce que Dieu nous donne ? Or il nous a donné son propre Fils et toutes choses avec lui (Rom. 8. 32).

21 février

A côté de tout ce qu'a de fâcheux la manière de faire de Jacob, reconnaissons sa **patience**. Il supporte sans se plaindre les fatigues et les privations ainsi que toutes les injustices dont il est l'objet de la part de Laban. Ce qui le soutient, c'est le souvenir du pays donné par l'Eternel à Abraham et à sa postérité. Il n'a pas oublié la promesse que Dieu lui a faite à Béthel de le ramener au « pays de ses pères ». Cette espérance est restée vivante dans son cœur, et le moment où elle va s'accomplir arrive enfin. Chrétiens, étrangers sur la terre, n'avons-nous pas, nous aussi, une promesse de la part du Seigneur concernant la Patrie céleste dans laquelle il nous fera bientôt entrer ? Cette espérance devrait nous donner toute la patience et tout le courage nécessaires pour endurer les difficultés et même les injustices. — Tout en obéissant au commandement de l'Eternel (v. 3), Jacob reste tristement fidèle à son caractère rusé : il trompe Laban en fuyant à son insu. N'est-ce pas en même temps un manque de confiance envers Dieu ? Celui qui lui donnait l'ordre de se mettre en route ne pouvait permettre à Laban de le retenir (ch. 31. 24). Et ce dernier n'aurait pu que s'incliner, en reconnaissant comme jadis : « la chose procède de l'Eternel... » (ch. 24. 50).

22 février

Genèse
31. 22 à 55

Prévenu de la fuite de Jacob, Laban se lance à sa poursuite et le rejoint. En homme du monde rusé et hypocrite, il emploie des paroles flatteuses alors que son cœur est plein d'envie et de jalousie. Il feint une grande affection pour ses filles et ses petits enfants alors qu'il n'a toujours été guidé que par le souci de ses propres intérêts (v. 15). Il fait semblant de craindre l'Eternel (v. 29, 53) tout en recherchant activement ses faux dieux. — Il est triste de voir Rachel attacher de la valeur à ces idoles. Ces théraphim correspondent pour nous aux choses du monde que nous ne nous décidons pas à abandonner et que nous croyons pouvoir emporter avec nous dans le chemin vers notre Patrie. Il nous est possible de les cacher pendant un certain temps aux yeux de tous dans le plus profond de notre cœur. Que Dieu, lui qui voit tout, nous donne de savoir discerner et rejeter résolument tout ce qui, dans nos affections, prend la place du Seigneur Jésus ! Ce sont des idoles ! — Jacob et Laban se séparent enfin. Le monceau constituera une frontière entre eux. Il n'y a pas de terrain commun au croyant et à l'homme du monde, même quand ils appartiennent à la même famille. Jacob offre un sacrifice (v. 54) ; il connaissait sa place et sa dignité devant Dieu.

23 février

Hébr. 1. 14 nous apprend que les croyants bénéficient du service des anges. Le plus souvent c'est à leur insu. Mais à son départ de Canaan, Dieu avait voulu en quelque sorte présenter à Jacob ceux qu'il allait employer pour prendre soin de lui pendant son exil (ch. 28. 12). A présent, au moment de son retour, les anges de Mahanaïm souhaitent la bienvenue au patriarche dans le pays de la promesse. Mais Jacob n'est pas en état de se réjouir de la bonté du Dieu qui exauçait son vœu de jadis (ch. 28. 20, 21). En effet son cœur n'est pas affranchi de la crainte de l'homme. S'il n'a plus derrière lui Laban, il a encore devant lui Esaü et il tremble à la perspective de le rencontrer. Il a bien recours à la prière (v. 9 à 12), mais aussitôt après il prend toutes les précautions imaginables, comme s'il ne croyait pas vraiment Dieu capable de le délivrer. Ne lui ressemblons-nous pas quelquefois ? Voyons aussi l'attitude servile de Jacob (v. 18 et 20), alors que la bénédiction de son père avait fait de lui le maître de ses frères. Enfin soyons convaincus qu'au lieu de toute cette mise en scène, de tous ces arrangements prudents, Jacob aurait mieux fait de passer en tête de sa troupe, et, se confiant en Dieu, de demander avec courage pardon à son frère offensé ?

24 février

Genèse
32. 22 à 32

Une seconde nuit mémorable s'inscrit dans l'histoire de Jacob. Ce combat avec l'Ange est comme le résumé de toute sa vie antérieure. Il a toujours cherché la bénédiction par ses propres efforts ; il s'est en cela opposé à Dieu. Il constate à présent que l'énergie de l'homme ne peut vaincre et prévaloir. Un geste de Dieu (v. 25) et elle est anéantie. Jacob est bien obligé alors de cesser d'avoir confiance en lui-même. Il apprend cette vérité de base de la vie du croyant : « Quand je suis **faible**, alors je suis **fort** » (2. Cor. 12. 10). Et c'est à ce moment-là qu'il triomphe en déclarant par la foi : « Je ne te laisserai point aller sans que tu m'aies béni » (v. 26 ; Osée 12. 5). Victoire de la prière ! Il obtient la bénédiction sous la forme de ce nom d'**Israël** si grand dans les conseils de Dieu, dans l'Ecriture et dans l'histoire, ce nom qui nous parle de Christ, le Vainqueur, le Prince, le vrai Israël de Dieu. — Chers chrétiens, Dieu veut faire de nous des **vainqueurs**. S'il nous arrête dans notre marche de propre volonté et nous enlève notre énergie charnelle, c'est afin de nous donner **sa puissance**. — Jacob se souviendra de Peniel. Son bâton le lui rappellera continuellement. Sa hanche a été luxée mais son âme a été délivrée (Rom. 7. 24, 25).

25 février

Après que l'Eternel a eu changé le nom d'Abraham, son ancien nom d'Abram a définitivement disparu. Au contraire, le nom de Jacob subsiste jusqu'à la fin et le nouveau nom d'**Israël** n'alterne couramment avec lui que longtemps après Peniel. Signe que le vieux **Jacob**, le supplanteur, n'a pas fini de se manifester. Pourtant la grâce divine était évidente envers lui et les siens. L'Eternel avait répondu à sa prière du ch. 32. 11 en inclinant le cœur d'Esaü (v. 4). Et pour souligner que c'était bien l'œuvre de Dieu, que les cadeaux prudemment préparés par Jacob n'étaient pour rien dans les bonnes dispositions de son frère, le v. 8 montre que ce dernier n'avait même pas compris leur but. Nous voyons cependant réapparaître les craintes du pauvre Jacob. A Esaü qui voulait le protéger, il aurait pu rendre témoignage de sa confiance dans la protection du Dieu tout-puissant : au lieu de cela il se dérobe par un mensonge, disant aller à Séhir et se rendant à Succoth. Après quoi, ce qui est pire encore, il se bâtit une maison (v. 17), achète un champ (v. 19), reniant ainsi doublement son caractère d'étranger. Les conséquences ne tardent pas : des fréquentations s'ensuivent qui amènent le déshonneur sur sa fille et l'odieuse vengeance de deux de ses fils, triste sujet du ch. 34.

26 février

Genèse
35. 1 à 15

Après les honteux événements survenus dans sa famille, Jacob est troublé, découragé (ch. 34. 30). Dieu ne veut pas le laisser dans cet état et une fois de plus s'adresse à lui : « **Lève-toi, monte à Béthel, habite là, fais-y un autel** ». Béthel, maison de Dieu, est le lieu de sa présence. La même voix divine invite le chrétien chaque premier jour de la semaine à cesser de s'occuper des affaires de la terre pour se rendre au lieu où le Seigneur a promis sa présence et l'adorer en esprit et en vérité. Mais avant de pouvoir obéir, Jacob le sent bien, une chose est indispensable. Ses tentes cachent des objets qui ne conviennent pas à la sainte présence de Dieu — ne seraient-ce que les théraphim de Laban dans la tente de Rachel. Longtemps tolérés ces « dieux étrangers » doivent être rejetés au moment où l'on va paraître devant l'Eternel. Ensuite seulement, Jacob peut monter à Béthel, un lieu qu'il a cessé de trouver « terrible » ; il y bâtit un autel, s'y souvient avec reconnaissance des bénédictions reçues, et y entend de la part de Dieu la confirmation de toutes ses promesses. Ayant jugé et abandonné ce qui était incompatible avec son service élevé, l'adorateur est comblé en la présence de Dieu de bénédictions multiples et de grand prix (Osée 14. 8).

27 février

Nouvelle étape dans la vie de Jacob ! Pendant qu'il est en route surviennent simultanément la naissance de Benjamin et la mort de Rachel. Le chemin du chrétien est lui aussi semé de joies et de chagrins. Comme Jacob, il peut « dresser des stèles » (v. 14, 20). — Les deux noms donnés à l'enfant nous parlent chacun du Seigneur Jésus. **Ben-oni**, le fils de ma peine, est le nom de celui sur qui Israël se lamentera « comme on se lamente sur un fils unique » (Zach. 12. 10), de celui qui lui-même a été un affligé sur la terre, un homme de douleurs, soumis à la souffrance. Mais il est en même temps le vrai **Benjamin**, le Fils de la droite du Père, auquel Dieu a dit : « Assieds-toi à ma droite… » (Ps. 110. 1 ; plusieurs fois cité dans le Nouveau Testament). Les deux noms sont inséparables, portés par la même personne. Ils nous rappellent que les souffrances et les gloires de Christ ne peuvent être dissociées (1 Pier. 1. 11). — Un autre nom dans notre lecture nous fait penser à Jésus : Bethléhem (v. 19) où le Sauveur naîtra. Le sépulcre de Rachel s'élève là, lieu de **larmes** qui sera mentionné au début de l'Evangile (Matth. 2. 18), mais lieu aussi où devait être annoncé le plus grand sujet de **joie** de tous les temps (Luc 2. 10).

28-29 février

Genèse
36. 1 à 43

Après la naissance de Benjamin la famille de Jacob est maintenant complète (ch. 35. 23). Mais parallèlement la famille d'Esaü prospère. Elle compte de nombreux **chefs**, ainsi que des rois. Certains jeunes gens ambitionnent de devenir des chefs, mais combien il est meilleur d'**obéir** au Seigneur et de servir les siens que d'avoir autorité sur d'autres personnes. Le Seigneur l'enseigne à ses disciples : « Vous savez que ceux qui sont réputés gouverner les nations dominent sur elles... mais il n'en est pas ainsi parmi vous, ... quiconque voudra devenir le premier, sera l'esclave de tous » (Marc 10. 42 à 44). — Parmi les hommes puissants mentionnés dans ce chapitre, l'un trouvera des sources **chaudes** au désert, image de toutes les déceptions de ce monde et de ce qui ne désaltère pas (v 24). Un autre, **Amalek**, deviendra le plus acharné de tous les ennemis d'Israël et ce dernier aura affaire à lui tout au long de son histoire. — La fin du v. 8 nous rappelle : Esaü c'est **Edom** ! Le nom de Jacob le supplanteur a été changé en Israël : Prince de Dieu, tandis que celui d'Esaü est devenu Edom (ch. 25. 30) qui signifie « roux », « potage ». Terrible ironie ! Cet homme et sa race, de génération en génération, ont été condamnés à porter comme nom celui du **plat** échangé contre sa bénédiction.

1 mars

Nous commençons aujourd'hui la belle histoire de Joseph. Il n'existe probablement pas dans toute l'Ecriture de personnage qui présente en « type » le Seigneur Jésus d'une manière plus complète que Joseph. Objet de **l'amour** de son **père**, il est en même temps victime de la **haine** et de la jalousie de **ses frères** les fils d'Israël (comp. Jean 3. 19 ; Matth. 21. 38). Il rend témoignage **contre eux** de **leur méchanceté** (v. 2) et **devant eux** de son **élévation future** à laquelle ils refusent de croire. Ainsi Christ, centre des prophéties concernant la **terre** (v. 7) et le **ciel** (v. 9), fut le témoin fidèle et véritable contre le monde de ses mauvaises œuvres (Jean 7. 7), et envers le monde de Ses propres gloires futures (Matth. 26. 64). Jacob a revêtu Joseph d'une tunique bigarrée, marque visible de sa faveur. Jésus aussi a été publiquement désigné comme l'objet des délices du Père (Matth. 3. 17 ; Act. 2. 22). Joseph est pour chacun de nous un modèle d'obéissance. « Me voici » — répond-il (v. 13) — quand son père l'envoie visiter ses frères qui pourtant le haïssent. Mais quel plus grand modèle nous avons en Jésus ! Il se présenta en parfaite obéissance quand le Père voulut l'envoyer : « Voici, je viens ;... c'est mes délices, ô mon Dieu, de faire ce qui est ton bon plaisir » (Ps. 40. 7, 8).

2 mars

Genèse
37. 18 à 36

Le long chemin suivi par Joseph à la recherche de ses frères rappelle celui qu'a parcouru le Fils de Dieu pour chercher et sauver ceux qui étaient perdus. Chemin de son anéantissement d'abord : étant Dieu, il s'est fait homme. Chemin de son abaissement ensuite, jusqu'à la mort, oui, jusqu'à la mort de la croix (Phil. 2. 7, 8). — Puis c'est le crime dont tous les détails évoquent cette croix de Christ : ils font de lâches complots pour tuer celui qui était venu les servir (Ps. 109. 5 ; Jér. 11. 19 et Jean 11. 53) ; « ils se rassemblent contre l'âme du juste, et condamnent le sang innocent » (Ps. 94. 21) ; ils le dépouillent de son vêtement (Ps. 22. 18) et le jettent dans la fosse, image de la mort. — Finalement ils vendent Joseph pour vingt pièces d'argent comme esclave à des étrangers. Celui qui est plus grand que lui a été vendu pour trente pièces, prix magnifique auquel il a été estimé (Zach. 11. 13), puis livré par les Juifs à Pilate. Quelle détresse a dû être celle de Joseph ! Et combien plus grande l'angoisse de Celui dont Joseph n'est qu'une faible image, quand il a passé par toutes ces douleurs, par la mort et par l'abandon de Dieu, à cause de son immense amour pour vous et pour moi.

3 mars

Le ch. 38 est intercalé dans l'histoire de Joseph comme pour nous montrer, par l'exemple de son frère Juda, à quels graves péchés et à quels désordres on peut être entraîné dans une famille quand on a mis de côté Christ, le vrai Joseph. En contraste, au ch. 39 nous retrouvons Joseph en Egypte, jeune homme **craignant Dieu**, se gardant pur et séparé du monde. C'est pourquoi Dieu se plaît à montrer que cette piété lui est agréable en bénissant d'une manière évidente toute l'activité de son fidèle témoin. Quand la tentation se présente, Joseph refuse (v. 8), n'écoute pas (v. 10), s'enfuit (v. 12 ; remarquez le contraste avec Samson en Juges 16. 16, 17). — Jeunes croyants, un jour vous aurez sans doute à quitter la maison de vos parents pour séjourner dans un milieu hostile et dangereux. Que cet exemple de Joseph, lui aussi loin de sa famille, soit pour vous un encouragement dans les combats qui seront inévitablement votre part ! « Comment un jeune homme rendra-t-il pure sa voie ? » demande le psalmiste. « Ce sera en y prenant garde selon ta parole », répond-il immédiatement. Il est armé pour le jour de la tentation : « J'ai caché ta parole dans mon cœur, afin que je ne pèche pas contre toi » (Ps. 119. 9, 11). La meilleure chose au meilleur endroit et pour le meilleur but.

4 mars

Genèse
39. 17 à 23 ; 40. 1 à 8

Une fois encore Joseph est l'objet d'une affreuse injustice. Sur un faux témoignage, il est condamné et enfermé dans la tour au milieu des prisonniers. Le Ps. 105. v. 18 décrit ses souffrances physiques et morales : « on lui serra les pieds dans les ceps, son âme entra dans les fers ». Cette fois encore ces souffrances préfigurent celles du Sauveur. On a mis les mains sur Jésus (Marc 14. 46), on a assemblé contre lui de faux témoins (Matth. 26. 59, 60), on l'a « compté parmi les iniques » (Marc 15. 28), lui qui n'avait « rien fait qui ne se dût faire » (Luc 23. 41). — La tour était remplie de prisonniers coupables. Combien il est touchant de voir Joseph au milieu d'eux, ne s'estimant pas supérieur à cause de son innocence, nullement révolté, pas découragé non plus, mais ne cessant de servir ! Nos pensées ne peuvent qu'être ramenées à l'homme parfait venu partager notre condition misérable et désespérée pour nous servir en amour. « Il a passé de lieu en lieu faisant du bien », dira Pierre (Act. 10. 38), en ajoutant : **« car Dieu était avec lui »**. Tel va être aussi pour Joseph, dans la prison comme chez Potiphar (ch. 39. 3, 21, 23), à la fois sa consolation et le secret de sa prospérité. Puissions-nous faire toujours et partout la même heureuse expérience !

5 mars

Dans ces deux serviteurs du roi d'Egypte, l'échanson et le panetier, nous avons un échantillon de l'humanité tout entière. Il n'y a pas de différence, car tous ont péché... », déclare l'Ecriture (Rom. 3. 23). Tous ont péché contre Dieu, tous ont mérité sa colère, son châtiment. Mais c'est ensuite que se montrera la différence. Les uns reçoivent par la foi la bonne nouvelle du salut par grâce. Et devant les autres est placée la perspective de l'effrayante seconde mort. Il n'existe pas dans le monde d'autre alternative que ces deux-là : **sauvé** ou **perdu**. A laquelle appartenez-vous ? — A la différence du panetier qui ne pouvait plus échapper au jugement du roi, il est encore possible aujourd'hui, en recevant l'Evangile de la grâce, de passer de la condition de pécheur perdu à celle de racheté de Christ. — Les deux brigands de la croix illustrent mieux encore ces deux classes qui partagent l'humanité. L'un reste insensible et meurt dans ses péchés ; l'autre, en réponse à sa prière : « Seigneur, souviens-toi de moi... », obtient cette réponse merveilleuse : **« aujourd'hui tu seras avec moi** dans le Paradis » (Luc 23. 43). De même qu'ici Joseph est le messager de la grâce souveraine, c'est Jésus qui le premier a annoncé le salut et la bonne nouvelle de la paix (Eph. 2. 17).

6 mars

Genèse
41. 1 à 13

La prière du brigand nous a été rappelée hier : « souviens-toi de moi, Seigneur... » (Luc 23. 42). Au ch. 40. 14, c'est Joseph qui demande à l'échanson sur le point d'être délivré : souviens-toi de moi ! Qu'il est triste de lire le v. 23 du même chapitre : « Mais le chef des échansons ne se souvint pas de Joseph, et l'oublia » ! Rachetés du Seigneur, au bénéfice de son grand salut, ne sommes-nous pas souvent ingrats, oubliant celui qui nous a sauvés ? Bien que nous devions **tout** à Jésus, nous négligeons de parler de lui à ceux qui n'ont pas le privilège de le connaître. Le Seigneur savait combien les cœurs des siens sont oublieux. En instituant la Cène, en leur donnant le pain et la coupe, il leur a demandé : « Faites ceci **en mémoire** de moi » (Luc. 22. 19). — Après le songe du Pharaon le souvenir revient à l'échanson. Il a dû lui en coûter de dire : « Je rappelle aujourd'hui mes fautes » (v. 9). Mais il ne pouvait pas parler de Joseph sans dire où et pourquoi il l'avait rencontré. De même, pour rendre témoignage à Jésus notre Sauveur, ne craignons pas de reconnaître dans quel état de misère et de péché nous nous trouvions quand il nous a fait connaître la délivrance.

7 mars

Comme ce Pharaon troublé par un songe, aujourd'hui les hommes sont tourmentés, anxieux. L'avenir les inquiète. Ils se sentent à la merci de catastrophes imprévisibles. Pourtant la Bible contient tout ce que l'homme peut savoir au sujet de l'avenir. Mais les prophéties sont incompréhensibles à ceux qui n'ont pas l'Esprit de Dieu. En vain le Pharaon consulte les plus sages de son royaume. Devant Dieu toute la sagesse humaine est en défaut. Alors paraît Joseph. Les portes de la prison lui sont ouvertes, et il vient avec la sagesse **d'en haut** apporter « une réponse de paix » au Pharaon. Il ne manque pas de dire que cette réponse vient de Dieu et non de lui-même (comp. Dan. 2. 28). — Un chrétien qui se nourrit de la Parole de Dieu en sait davantage sur l'avenir du monde que les hommes politiques les plus avisés. Par le Saint Esprit, Dieu « nous a donné une intelligence » (lire Jean 16. 13 ; 1 Jean 2. 20 et 5. 20). — Ne peut-on pas dire que, dans nos pays d'occident, l'époque actuelle correspond à une période d'**abondance** spirituelle. Elle sera suivie pour le monde d'un temps de **famine** annoncé par les prophètes, « non une famine de pain, ni une soif d'eau, mais d'entendre les paroles de l'Eternel... » (Amos 8. 11...). Le temps de la grâce aura pris fin. Lecteur, êtes-vous prêt ?

8 mars

Genèse
41. 37 à 52

Une grande page de l'histoire de Joseph est maintenant tournée. Après les **souffrances** viennent les **gloires** (comp. Luc 24. 26). L'affligé jeté dans la fosse, l'esclave dans un pays étranger, le prisonnier dans la tour, devient le seigneur du pays (ch. 42. 30), le sauveur du monde, celui devant lequel tous les genoux se ploient (voir notes). Chacun de ces titres nous parle de Celui qui, jadis humilié et méprisé, sera bientôt par tous à jamais honoré. Jésus, le Nazaréen, a été haut élevé par Dieu, couronné de gloire et d'honneur (Hébr. 2. 7). Et, complément de toutes ces gloires, ce qui seul peut satisfaire ses affections : une épouse est donnée à Joseph, image de l'Eglise, prise du milieu des nations (Eph. 1. 20 à 23). Les noms de ses fils peuvent suggérer le pénible travail de l'âme du Sauveur, oublié désormais (Manassé, v. 51) pour goûter une abondance de fruit (Ephraïm, v. 52 ; comp. Es. 53. 11). — Le Ps. 105 v. 16 à 21, déjà cité, résume cette magnifique histoire. **Avant** d'envoyer sur la terre la famine qu'il avait déjà décrétée, Dieu a préparé par ses afflictions Joseph, type de Christ, au rôle de sauveur et de soutien de la vie pour le monde et pour la famille d'Israël (Ephraïm = **double** fertilité). Aussi pouvons-nous bien nous écrier avec admiration : « Trouverons-nous un homme semblable à celui-ci ? » (v. 38).

9 mars

Ce que le Seigneur annonce s'accomplit infailliblement. Ainsi en est-il de la parole de Joseph qui était celle de Dieu lui-même. Les sept années d'abondance s'écoulent, puis la famine commence. — Dieu essaye tous les moyens pour tourner vers lui les pensées des hommes. C'est pourquoi dans le monde se succèdent la paix et la guerre, l'abondance et les privations, et aussi, dans la vie de chaque être humain, les joies et les épreuves. Hélas ! les hommes ne pensent guère à **remercier** le Seigneur pour les **joies** qu'il leur accorde et ils ne vont généralement pas à lui non plus pour trouver du secours dans leurs **épreuves**. Pourtant, de même que le Pharaon commandait : « allez à Joseph », l'Esprit de Dieu presse les hommes de se tourner vers le Sauveur, et lui-même appelle : « venez à moi... » (Matth. 11. 28). Oui, allons à Celui qui seul donne en abondance ce qu'il faut pour nourrir nos âmes. Sachons aussi profiter des périodes d'abondance spirituelle, telle bonne réunion, telle lecture par exemple, pour remplir les « greniers » de notre mémoire et de nos cœurs (Prov. 10. 5). Dans les moments de besoin, de solitude, de découragement, ce que nous aurons ainsi mis en réserve nous donnera force et joie dans le Seigneur. Surtout n'oublions pas la fin du v. 55 : « Faites ce qu'il vous dira » (comp. Jean 2. 5).

10 mars

Genèse
42. 9 à 24

Pendant que ces événements se déroulaient en Egypte, la famille de Jacob a été laissée de côté dans le récit inspiré. C'est comme si Dieu avait dit : Après votre crime et maintenant que Joseph n'est plus au milieu de vous, je ne prends plus intérêt à raconter ce qui vous concerne. Il en est ainsi de la triste histoire de l'homme, et en particulier d'Israël après le rejet du Sauveur. Mais, dans sa patience infinie, il n'a pas pour autant oublié les objets de ses fidèles promesses. Il attend seulement le moment favorable pour le rétablissement de leurs relations avec lui. Et ce moment favorable c'est la **famine**. Si Dieu permet, même chez les siens, des épreuves telles que les privations ou la maladie, c'est souvent pour que Christ, le vrai Joseph, prenne ou reprenne toute sa place dans leur vie. Ne pensons pas que le temps qui passe puisse effacer le moindre péché ; chacun d'eux est toujours présent aux yeux du Seigneur, même si nous l'avons oublié, et il faudra avoir affaire à Lui à ce sujet tôt ou tard. — « Nous sommes d'honnêtes gens » osent affirmer les frères criminels alors qu'ils se présentent devant celui qui peut prouver le contraire et les confondre rien qu'en révélant son nom. Mais le v. 21 montre qu'après trois jours et un nouvel entretien leur conscience commence à parler.

11 mars

L'intention de Joseph en parlant durement à ses frères n'est pas la vengeance, nous le comprenons bien. Mais il connaît par expérience la méchanceté de leur cœur et son but est de les amener à une vraie repentance. Il va employer successivement pour cela la sévérité et la bienveillance, les alarmes et les encouragements, les accusations et les festins. Tout est dirigé avec la plus grande sagesse et nous montre par comparaison comment le Seigneur agit quand il veut réveiller notre conscience et notre cœur. Il est quelquefois nécessaire qu'il nous parle « durement ». — Les accusations formulées contre les frères de Joseph sont injustes. Ils ne sont pas des espions. Mais ils sentent que Dieu leur parle et se souviennent de leur péché commun, de leur propre injustice à l'égard de leur frère. — Il nous arrive de subir des injustices. Au lieu de nous irriter ou de chercher à nous justifier, demandons-nous plutôt ce que **Dieu** veut nous apprendre par ce pénible moyen. — Pour Jacob aussi, tout est dirigé pour son bien, quoiqu'il dise au v. 36 : « toutes ces choses sont **contre** moi ». Il devra apprendre que si Dieu est **pour** lui, rien ne peut être **contre** lui et que toutes choses travaillent ensemble pour le bien de ceux qui aiment Dieu (Rom. 8. 28, 31). C'est en effet de cette manière que Dieu va lui rendre Joseph.

12 mars

Genèse
43. 1 à 15

Les frères de Joseph sont pleins de crainte. Il faut qu'ils retournent vers Joseph et s'expliquent au sujet de l'argent qu'ils ont retrouvé dans leurs sacs. Comment vont-ils être reçus ? Ne restons pas loin du Seigneur quand nous avons un poids sur notre conscience. Le v. 8 trace à tout pécheur la marche à suivre : **se lever**, **aller** et **vivre** (comp. Luc 15. 18). — Les hommes ont pu décider leur père à laisser Benjamin les accompagner et, enfin, se mettent en route emportant avec eux un présent : le meilleur produit du pays (v. 11). Mais le puissant Joseph, celui dont tous les greniers sont remplis, a-t-il besoin de quoi que ce soit ? L'homme a toujours eu la prétention d'apporter quelque chose à Dieu. Mais de Sa part tout est **gratuit**. Il ne peut rien accepter, même ce que nous produisons de meilleur. Miel, épices, pistaches, amandes, sont des produits de luxe, insuffisants pour nourrir ceux qui n'ont plus de blé. Ce qu'il faut à nos cœurs, c'est le blé céleste, la nourriture d'en haut qui seule peut apaiser la faim de nos âmes. Le monde nous présentera quelques friandises, mais le Seigneur Jésus, le vrai Joseph, pourra seul nous donner le blé du pays céleste, en se présentant lui-même à nos cœurs.

13 mars

Les frères de Joseph ont de la peine à mettre de côté leurs propres ressources ! Il faut cependant qu'ils acceptent le fait que leur dette a été payée. Nous pouvons être sûrs que les comptes du préposé de Joseph étaient en ordre puisqu'il leur affirme : « votre argent m'est parvenu » (v. 23). Le grand Joseph avait personnellement payé pour ses frères. Notre dette aussi a été payée par Celui qui seul en connaît l'importance. Toutefois, tant que le mal n'est pas jugé et confessé, la joie de la **communion** ne peut être goûtée. Le repas pris ensemble est l'image de cette communion qui implique une parfaite entente, un partage, une conversation commune entre tous les participants. N'en est-il pas ainsi à la Table du Seigneur où les croyants, tous ensemble, pensent à ses souffrances ? Mais ici, à cause du péché qui élève une barrière entre eux, Joseph mange à part et ses frères à part (v. 32). — En lisant ces chapitres, nous remarquons combien de fois Joseph pleure (ch. 42. 24 ; 43. 30 ; 45. 2, 14 ; 46. 29 ; 50. 1, 17 fin). Chose admirable, ce n'est ni dans la fosse ni dans la prison qu'il pleure ! Non, ce sont toujours les larmes **de l'amour**. Elles nous font penser à celles du Seigneur Jésus (Jean 11. 35 ; Luc 19. 41).

14 mars

Genèse
44. 1 à 17

Le filet se resserre autour des frères de Joseph. Des circonstances imprévisibles — mais dirigées par une main fidèle — les contraignent à revenir sur leurs pas et à comparaître devant celui qui sait tout. A présent leur conscience est atteinte. « Que dirons-nous… comment nous justifierons-nous ? » (v. 16). Moralement, que de chemin a été parcouru depuis le moment où ils se prétendaient d'honnêtes gens ! (ch. 42. 11) Aussi la délivrance est-elle proche. — Comme toute l'histoire de Joseph, ces scènes ont une portée prophétique. Israël, mis de côté à la suite du rejet de Christ, le vrai Joseph, sera amené à reconnaître son crime et à voir dans le Nazaréen qu'il a méprisé et crucifié, celui que Dieu a fait et **Seigneur** et **Christ** (Act. 2. 36), son **Messie** et en même temps le **Fils de l'homme** qui doit régner sur l'univers tout entier. Toutefois pour en arriver à ce travail de conscience, il faudra d'abord qu'Israël, et spécialement la tribu de Juda, traverse un temps de profondes épreuves appelé la « **grande tribulation** » (Apoc. 7. 14). La détresse des frères de Joseph jusqu'à ce qu'ils confessent leur crime évoque l'angoisse qui sera la part du peuple juif avant de reconnaître et d'honorer son Messie.

15 mars

Le but de Joseph était de ramener la pensée de ses frères à plus de vingt ans en arrière, au moment où, près de la citerne, ils étaient restés insensibles à sa détresse quand il leur demandait grâce (ch. 42. 21), puis à la douleur de leur vieux père à qui ils avaient cruellement annoncé sa mort. Et Joseph veut voir s'ils sont maintenant capables de comprendre la souffrance d'un jeune frère et celle de leur père. Eh bien, il a réussi à faire enfin vibrer leur cœur ! Il est touchant d'entendre Juda parler de leur père âgé et du jeune frère, enfant de sa vieillesse ! — Quelles leçons nous apprenons là, nous aussi ! : Nous mettre à la place des autres pour comprendre leurs joies et surtout leurs peines. Bien plus encore, entrer par le cœur dans les affections du Père au sujet du Fils, dans sa douleur quand il a vu son Bien-aimé entre les mains des hommes méchants et a entendu son cri sans pouvoir lui répondre. Pénétrer enfin quelque peu dans les souffrances du Fils quand il portait le poids de nos péchés devant la justice divine et que, dans la détresse infinie de son âme, il traversait l'abandon de Dieu pour nous. Ne sommes-nous pas souvent tristement insensibles à ces grands sujets dont l'Esprit veut nous occuper ?

16 mars

Genèse
45. 1 à 15

C'est ce moment qu'attendait Joseph depuis si longtemps. Quelle patience il lui a fallu ! S'il s'était fait connaître trop tôt, ses frères l'auraient honoré par contrainte, comme la gerbe de son songe, mais ils seraient restés froids et craintifs. — Les frères apprennent donc que le gouverneur de l'Egypte, à qui appartient toute cette gloire, n'est autre que celui qu'ils ont haï et rejeté. Non seulement il est vivant, mais toutes choses lui sont assujetties (Hébr. 2. 8). Et leurs agissements criminels ont été précisément le moyen par lequel les songes se sont accomplis. Quelle **confusion** peut remplir **leur cœur** en constatant la noble grâce dont Joseph fait preuve ! Il ne s'est pas vengé ; il ne leur fait même pas à présent de reproche ; il ne veut que leur bonheur ! Et **son propre cœur**, n'est-il pas rempli de **joie**, une joie semblable à celle du Berger qui a trouvé la brebis perdue ? Maintenant les frères sont chargés d'un heureux message, d'une bonne nouvelle : aller vers leur père et raconter la gloire de celui qui leur a pardonné. Telle est aussi notre mission, chers rachetés du Seigneur : annoncer aux autres, en commençant par nos proches, ce que nous avons trouvé en Jésus, et **raconter à son Père « toute sa gloire »** dans les réunions de culte.

Genèse
45. 16 à 28

17 mars

Rendre le bien pour le mal : c'est ce que fait Joseph avec ses frères. C'est ce que le Seigneur nous enseigne (Matth. 5. 44) c'est enfin la meilleure façon de gagner le cœur de quelqu'un. — Les frères croyaient apporter **le meilleur** de ce qu'ils avaient (ch. 43. 11) : un peu de baume, un peu de miel... Mais maintenant ils peuvent en mesurer l'insignifiance. Le Pharaon en personne leur promet **le meilleur** de tout le pays et leur dit en même temps : « que vos yeux ne regrettent pas vos meubles ! » (v. 20). La présence du Seigneur et la jouissance de ses gloires sont devant nous. Ce que nous pouvons abandonner pour lui des choses de la terre est sans valeur en comparaison (Marc 10. 29, 30). Or nous avons une preuve que Jésus est vivant, glorieux et qu'Il nous attend au ciel : Il nous a envoyé le Saint Esprit, arrhes de notre héritage (Eph. 1. 14). Remarquons en effet que Joseph ne donne pas seulement à ses frères un pays où ils vont demeurer, mais aussi tout ce qu'il faut pour le chemin qui y conduit : Des chariots ? Jésus nous a pris en charge. De la nourriture ? Sa Parole est à nous. Des vêtements ? Christ peut et doit être vu sur nous (Gal. 3. 27). Enfin l'exhortation de celui qui connaît si bien ses frères : « ne vous querellez pas en chemin ! » (v. 24). Nous est-elle moins nécessaire ?

18 mars

Genèse
46. 1 à 34

L'amour de Joseph **pour ses frères** et la grandeur de son **pardon** nous ont occupés davantage que ses gloires et que ses richesses. Pour ceux d'entre nous qui vivent en famille avec des frères et des sœurs n'est-ce pas l'occasion d'apprendre une leçon d'amour et de support ? Mais l'amour de Joseph **pour son père** Jacob, ses égards, ses prévenances, sa hâte de le voir, son empressement à se mettre à sa disposition, sont aussi un modèle pour nous. Est-ce ainsi que nous aimons et respectons nos parents ? — La famille d'Israël se met en route en passant par Beër-Shéba, le puits du serment ! Les **promesses** y sont confirmées à Jacob par un Dieu fidèle. « Ne crains pas de descendre en Egypte ! » lui dit-il (v. 3 ; comp. Es. 41. 14). Quel changement chez Jacob, jadis conduit par sa volonté propre ! Maintenant il craint de faire un pas sans Dieu ! Aussi Dieu l'encourage-t-il en lui promettant de descendre avec lui. Le Seigneur peut-il toujours nous accompagner partout où nous allons ? — Puis c'est la rencontre émouvante avec le fils bien-aimé qui a tout préparé avec dévouement pour le bonheur des siens. « Je vais vous préparer une place — a promis le Seigneur Jésus — afin que là où moi je suis, vous, vous soyez aussi » (Jean 14. 3).

19 mars

Le grand Joseph aurait pu avoir honte de cette famille de simples bergers venus quémander du blé parce qu'ils avaient faim, de ces étrangers suspects d'être des espions et des voleurs. Ce serait mal le connaître ! Il les reconnaît devant tous comme ses frères. Et pour le Pharaon, il suffit qu'ils soient les frères de Joseph pour que la gloire du sauveur de l'Egypte rejaillisse sur eux. Sous cet aspect encore, nous retrouvons Jésus. Il n'a pas honte de nous appeler **ses frères** (Hébr. 2. 11). Et c'est à cause de lui que Dieu nous accueille avec faveur, nous qui sommes rendus **agréables dans le Bien-aimé** (Eph. 1. 6). Joseph présente son père Jacob au Pharaon. Scène touchante et pleine de beauté ! Un pauvre vieillard courbé sur son bâton bénit le puissant monarque. Des deux, selon l'appréciation divine, c'est l'homme de Dieu qui est le plus excellent (Hébr. 7. 7). – Alors que les hommes sont souvent d'autant plus distants qu'ils sont haut placés, la gloire de Joseph n'atténue en rien sa tendre sollicitude envers les siens et leurs familles. Les ressources qu'il distribue sont mesurées « selon le nombre des enfants ». Figure admirable de notre relation avec Christ et de tout ce qui en découle ! Dès ici-bas la meilleure part nous est acquise (v. 11). Notre foi peut manquer, mais jamais sa fidèle grâce.

20 mars

Genèse
47. 13 à 26

L'accomplissement du songe du Pharaon était inséparable de la personne de Joseph. L'abondance, puis la famine l'ont fait reconnaître comme le soutien de la vie, le sauveur du monde (v. 25). — Christ est le **centre** des prophéties. Bientôt il aura la domination universelle. Toutes les familles des nations se prosterneront devant lui (Ps. 22. 27). Mais pour lui appartenir et lui rendre hommage, les croyants n'attendent pas ce moment. Jésus accomplit un travail en eux. Il commence par rassasier ceux dont l'âme a des besoins (Ps. 107. 9). Puis, comme Joseph avec les Egyptiens, il fait en sorte que, peu à peu, tout se trouve soumis à Dieu. Réaliser ses droits sur « nos jours, nos biens, nos corps, nos cœurs », tel est le secret d'une entière délivrance. Le Seigneur ne se contente pas de tel ou tel sacrifice de notre part. Il nous réclame tout entier en vertu des droits qu'il s'est acquis sur nous. Il nous a achetés à grand prix pour Dieu (1 Cor. 6. 19, 20). Nous ne nous appartenons plus à nous-mêmes, mais nous sommes devenus les heureux esclaves de Dieu et du Seigneur Jésus Christ (comp. Jacq. 1. 1) avec toutes les conséquences que cela entraîne : dorénavant nous dépendons entièrement de lui, non seulement pour être pourvus de tout, mais aussi pour qu'il y ait du fruit à sa gloire dans notre vie.

Genèse
47. 27 à 31 ; 48. 1 à 7

21 mars

La longue vie de Jacob est sur le point de se terminer. Il a reconnu devant le Pharaon que ses jours avaient été courts et mauvais (ch. 47. 9). Il a passé par de pénibles expériences et, par sa faute, perdu bien des années. Sa carrière n'a pas atteint le niveau de celles d'Abraham ou d'Isaac. Pourquoi, tandis que nous ne savons rien des derniers moments de ces deux patriarches, la fin de Jacob nous est-elle si longuement racontée ? Précisément parce que cette fin triomphante souligne et glorifie la grâce de Dieu envers cet homme ; elle est le couronnement de Son patient travail de discipline et il était nécessaire que nous puissions en admirer le fruit. Jacob revoit le chemin de sa vie et il en évoque les étapes : Luz, autrement dit **Béthel**, où Dieu s'est fait connaître à Lui ; **Ephrath** et la mort de Rachel... Considérons nous aussi le chemin parcouru. Tous nos regards en arrière feront ressortir la **miséricorde** de Celui qui, avec le même amour, nous a dirigés, supportés, réprimandés, consolés. Maintenant Jacob se prosterne sur le chevet du lit (ch. 47. 31) ou, comme le traduit Hébr. 11. 21, **adore**, appuyé sur le bout de son bâton de pélerin. Sans attendre notre dernier jour, que telle soit notre réponse à l'amour du Seigneur Jésus !

22 mars

Genèse
48. 8 à 22

« Par la foi Jacob mourant bénit chacun des fils de Joseph... » (Hébr. 11. 21). En attribuant au plus jeune la bénédiction de l'aîné et inversement, sa pensée doit se reporter à la triste scène du ch. 27. Il est aveugle maintenant, comme l'était alors Isaac. Mais il sait discerner la pensée de Dieu. On a remarqué que Jacob n'a jamais si bien marché que quand il est devenu boiteux et n'a jamais « vu » si clair que quand il a été aveugle. Il invoque « le Dieu qui a été son berger... jusqu'à ce jour ». Il connaissait par expérience les activités et les peines d'un berger (ch. 31. 38 à 40). A présent, il prend la place de la brebis et mesure les soins patients dont il a été l'objet de la part de son Berger. Comme Jacob, David a fait son apprentissage « auprès du menu bétail » (1 Sam. 17. 34). Plus tard il a été appelé à paître Israël (2 Sam. 7. 7, 8). Et pourtant c'est lui qui a composé le Ps. 23 : « L'Eternel est **mon** berger ». Chacun de nous connait le doux nom par lequel le Seigneur Jésus se désigne : « moi, je suis le **bon Berger** » (Jean 10. 11, 14). Nom qu'il a justifié en donnant sa vie pour ses chères brebis, puis en prenant soin d'elles et en les conduisant comme Dieu a pris soin de Jacob, même à son insu, pendant toute sa vie. Mais chacun de nous peut-il dire comme Jacob et comme David : il est **mon** Berger ?

Genèse
49. 1 à 18

23 mars

Nous nous trouvons à nouveau devant un chapitre à caractère prophétique. Dans ces dernières paroles de Jacob à ses fils, toute l'histoire du peuple d'Israël se trouve comme tracée d'avance et résumée. Sous les juges et les rois, il s'est corrompu tel **Ruben** (ch. 35. 22) ; il a abandonné l'Eternel pour les idoles. Puis, comme en **Siméon** et **Lévi** au ch. 34, la violence s'est manifestée dans le rejet des prophètes et du Messie lui-même, provoquant la dispersion du peuple juif parmi les nations. Christ est représenté par **Juda**, tribu qui est la sienne par la naissance. A Lui est le sceptre du royaume et la domination. Nous retrouvons ensuite Israël dispersé sous le jugement de Dieu, dans l'activité commerciale et en même temps sous la servitude des nations. C'est la période actuelle personnifiée par **Zabulon** et **Issacar**. Quant à **Dan**, il représente l'Antichrist, personnage juif qui dans un proche avenir sera reçu par Israël comme son Messie. « Un serpent sur le chemin », c'est la figure des puissances sataniques qui agiront alors sans retenue. Devant cette perspective effrayante le résidu fidèle ne pourra plus compter que sur la délivrance d'en haut : « J'ai attendu ton salut, ô Eternel ! (v. 18). Cette attente est le leitmotiv des Ps. 130 et 131. Et nous, attendons-nous le Seigneur ?

24 mars

Genèse
49. 19 à 33

Quand l'Eglise aura été enlevée, « l'heure de l'épreuve » viendra « sur la terre habitée tout entière » (Apoc. 3. 10). Le résidu croyant d'Israël traversera cette tribulation terrible. Nous pouvons le reconnaître dans les paroles adressées par Jacob à **Gad**. **Benjamin** nous parle du Roi (Christ) inaugurant son règne après la destruction de ses ennemis, tandis qu'**Aser** et **Nephthali** représentent le peuple enfin béni par l'établissement du royaume. — Tout en sachant qu'il ne sera plus à ce moment-là sur la terre, l'enfant de Dieu s'intéresse à ces sujets et se réjouit en pensant que le vrai **Joseph**, Christ, qui a été haï et rejeté, aura le pouvoir suprême et sera en bénédiction au monde entier. « Joseph est une branche qui porte du fruit... ; ses rameaux poussent par dessus la muraille » (v. 22), au-delà des limites d'Israël. La bénédiction s'étendra aux nations, étrangères aux promesses. Jésus, le vrai Joseph, a été « mis à part de ses frères » (littéralement **nazaréen**). Jadis « provoqué amèrement » et « haï » (v. 23), Dieu l'a maintenant « haut élevé et lui a donné un nom au-dessus de tout nom... » (Phil. 2. 9, 10). Ce nom à part de tous les autres, ce nom de Jésus : Dieu Sauveur, est-il grand dès à présent pour votre cœur et pour le mien ?

25 mars

La Genèse contient tous les grands événements affectant la famille humaine : naissance, mariage, perte d'une épouse, d'une mère, d'un père... et nous montre **la foi** en activité pour les traverser. La fin de Jacob est de toute beauté. Le bon pays de Goshen où il a passé les dix-sept dernières années de sa vie ne lui a pas fait oublier celui de Canaan ni les promesses que l'Eternel lui a faites à Beër-Shéba (ch. 46. 4). Et il a montré à ses fils le prix qu'il y attachait en leur donnant des ordres formels pour sa sépulture. Il doit reposer dans cette caverne de Macpéla, où les membres de la famille de la foi attendent le jour de la résurrection. Le prix a été payé autrefois pour lui en assurer le droit. — Une grande solennité est donnée aux funérailles du patriarche. D'une manière générale dans l'Ancien Testament, nous voyons l'ensevelissement d'un homme correspondre à sa fidélité. La sépulture de Jéhoïada et celle du roi Ezéchias honorèrent aussi leur piété (2. Chr. 24. 16 ; 32. 33). Aujourd'hui, quand un croyant quitte ce monde, cela ne donne pas lieu à de grandes cérémonies. La mort pour l'enfant de Dieu a perdu son terrible pouvoir ; elle est assimilée à un simple sommeil qui prendra fin par la résurrection (1 Thess. 4. 13, 14). Mais si la mort a perdu son aiguillon, n'oublions jamais ce qu'il en a coûté à son Vainqueur.

26 mars

Genèse
50. 15 à 26

Un chagrin était encore réservé à Joseph après la mort de son père. Ses frères doutent de son amour. Ils pensent que, Jacob disparu, il va maintenant se venger. Avec quelle tendresse il les rassure, leur explique la pensée de Dieu et leur confirme sa promesse de les prendre en charge avec leurs petits enfants ! Beaucoup de chrétiens ressemblent à ces frères de Joseph. Ils n'osent pas croire qu'ils sont pleinement pardonnés (1 Jean 4. 18). D'une manière générale, ne nous arrive-t-il pas de mettre en doute l'amour du Seigneur, dont il nous a pourtant donné tant de preuves ? Son cœur est infiniment sensible à ce manque de confiance. C'est comme s'il nous disait alors : « Je suis depuis si longtemps avec vous, et tu ne m'as pas connu... ? » (Jean 14. 9). – En terminant la Genèse, nous constatons que presque tous les mystères de Dieu s'y trouvent esquissés. Mais avant que le livre ne s'achève, nous entendons encore le **certainement** de la foi (v. 24). « Dieu vous visitera certainement » sont les derniers mots de Joseph à ses frères, le seul de tous ses actes qui nous soit rapporté en Hébr. 11. 22. Tout en étant encore au milieu de l'abondance et du bien-être de l'Egypte, il envisage le départ de ses frères et le transfert de ses os en Canaan. Imitons la foi de Joseph !

27 mars

Les circonstances ont bien changé dans le pays d'Egypte entre la Genèse et l'Exode. Ce qui caractérise maintenant le Pharaon et son peuple, c'est qu'ils ne connaissent pas Joseph (v. 8 : Act. 7. 18). Celui qui a sauvé l'Egypte et conservé la vie à tout un peuple a été totalement oublié ! Il en est ainsi du monde actuel dont Satan est le prince. Jésus le Sauveur n'a pas de place dans les pensées des hommes. Et, ce qui va de pair avec l'ignorance de Dieu et de son Fils, les âmes sont tenues dans une dure **servitude** dont certains gémissent mais dont la plupart demeurent inconscients. Cet esclavage dans lequel Satan maintient les hommes est figuré d'une manière saisissante par le service impitoyable auquel les fils d'Israël sont ici assujettis (v. 13). Mais le sujet du livre de l'Exode est la **rédemption** : la délivrance du peuple de Dieu arraché à ce terrible pouvoir. Cela exige la description préalable de son état tragique. — Le méchant roi ordonne la mise à mort de tous les garçons nouveau-nés en Israël (comp. Matth. 2. 16). Mais Dieu se sert de femmes qui le craignent et au contraire ne craignent pas l'ordonnance du roi, pour déjouer les desseins de l'ennemi. Combien sont précieux pour le cœur de Dieu tous les signes de fidélité au milieu de cette scène où Satan règne.

28 mars

Dieu dans sa grâce n'a pas voulu laisser les siens dans l'esclavage. Il leur a donné un Sauveur : Moïse, type de Christ, dont l'histoire nous est relatée plusieurs fois dans les Ecritures (Act. 7. 20... ; Hébr. 11. 23...). Dans le coffret préparé par la mère de Moïse, nous avons une image des soins que prennent les parents chrétiens pour protéger leurs enfants contre les influences pernicieuses du monde extérieur. Mais ces soins ne suffisent pas. Il faut aussi la **foi** : le coffret doit être mis à l'eau ! Et Dieu répond à cette foi par une délivrance providentielle. Derrière la scène, il dirige tout, se servant même des larmes du petit enfant. Finalement le décret du Pharaon n'aura servi qu'à préparer dans sa propre maison un rédempteur pour Israël. — Moïse, devenu grand, montre comme ses parents une foi exceptionnelle. Hébreux 11. 24... souligne comment il **refuse** l'avenir brillant qui s'offre à lui ; il **choisit**..., il **estime**..., et quel est son secret ? Il **regarde à la rémunération**. Grand exemple pour nous qui sommes tous, tôt ou tard, placés devant ce choix : le monde avec ses ambitions et ses plaisirs ou « l'opprobre du Christ » ! Moïse se présente pour délivrer son peuple. Mais son échec nous instruit aussi. Si grandes que soient les affections, on ne peut pas suivre Christ par l'énergie naturelle (v. 12 ; comp. Jean 18. 10).

29 mars

Moïse a renoncé à son titre et à ses richesses pour visiter ses frères opprimés. Méconnu d'eux et rejeté, il s'enfuit dans un pays étranger. Là, après s'être manifesté comme celui qui délivre et qui désaltère (v. 17), il acquiert une épouse et devient berger. Tous ces traits nous font penser à Jésus, le fils de Dieu, qui s'est dépouillé de sa gloire pour visiter et sauver son peuple Israël. Les siens ne l'ayant pas reçu (Jean 1. 11), il est maintenant loin du monde, comme le grand berger des brebis et l'Epoux de l'Eglise que sa grâce a rachetée et qui partage sa réjection. — Quarante ans ont passé pour Moïse. Dieu va se révéler à lui dans une « grande vision ». Pour Agar, il avait choisi un puits, pour Jacob une échelle et pour Moïse ce mystérieux **buisson**. Pouvez-vous dire où et comment **vous**, vous l'avez rencontré ? — Dieu veut montrer à Moïse sa grâce envers son cher peuple. Au milieu de la fournaise de l'Egypte, Israël était comme ce buisson, éprouvé mais non détruit par le feu. Il en est de même maintenant des rachetés du Seigneur. Le feu de l'épreuve n'a jamais pour but que de détruire le mal non jugé qui subsiste en eux. — En Christ seul, le feu divin qui l'a entièrement visité n'a rien trouvé à consumer (Ps. 17. 3).

30 mars

Exode
3. 7 à 22

Pendant les longues années d'esclavage dans la « fournaise de fer » de l'Egypte (Deut. 4. 20), Dieu n'était pas resté indifférent aux souffrances de son peuple. Il se souvenait de ses promesses à Abraham (Gen. 15. 13, 14), à Isaac (Gen. 26. 3) et à Jacob (Gen. 46. 4). Le moment vient où il va se faire connaître aux siens par le moyen de Moïse comme le Dieu de leurs pères et en même temps le Dieu qui pense à eux en amour pour les délivrer. N'est-ce pas également ainsi que peuvent le connaître tous ceux qui gémissent sous le fardeau de leurs péchés ? L'état de misère et de perdition de sa créature n'a pas laissé Dieu insensible, de même qu'il a **vu** l'affliction d'Israël et qu'il a **entendu** ses cris et ses soupirs. Mais il ne s'est pas contenté de prendre connaissance de « ses douleurs » (v. 7). Il ajoute : « Je suis **descendu** pour le **délivrer** ». — C'est en Jésus que Dieu est descendu ; c'est par lui qu'il nous a délivrés. S'est-il arrêté là ? Non, il a voulu encore faire de nous **son peuple**, nous établir dans une **relation avec lui**, et nous enrichir (v. 22). Dieu révèle **son nom** à Moïse. Il est « **JE SUIS** », celui qui remplit l'éternité de sa présence. Il existe, il **est**, tout le reste en découle (Es. 43. 11, 13 et 25).

31 mars

A la cour du Pharaon, Moïse avait été instruit dans toute la sagesse des Egyptiens. Mais il n'y avait pas appris à connaître « Je suis ». Les années passées dans le palais royal n'ont pas davantage pu faire de lui un instrument qualifié pour la délivrance du peuple. Le meurtre de l'Egyptien a plutôt montré le contraire. Après les quarante années à l'école du Pharaon, il en faut quarante autres à l'école **de Dieu**, à l'écart, en Madian. Le résultat, c'est que Moïse n'a plus rien à faire valoir de lui-même. Jadis « puissant dans ses paroles et dans ses actions » (Act. 7. 22), il affirme à présent n'avoir aucune éloquence et met de côté toutes ses capacités personnelles. Mais s'il a justement cessé d'avoir confiance **en lui-même**, il n'a pas encore une pleine confiance **en Dieu**. Il doit apprendre que quand le Seigneur charge d'un service, Il donne en même temps toutes les ressources pour l'accomplir. — La verge se changeant en serpent montre que si Dieu permet à Satan d'agir un moment, il reste au-dessus de lui pour annuler son pouvoir. A la croix, Christ a triomphé des puissances de méchanceté (Col. 2. 15). La main mise dans le sein (le cœur : source du mal) devenue lépreuse, puis rendue saine, illustre la puissance de Dieu pour ôter la souillure du péché.

1 avril

Moïse était parti jadis sans avoir été envoyé par Dieu. Maintenant que l'Eternel l'envoie, il soulève toutes les objections possibles pour décliner l'appel : son incapacité (ch.3. 11), son ignorance (ch. 3. 13), son manque d'autorité (ch. 4. 1), d'éloquence (v. 10), d'aptitude à sa mission avec le désir qu'un autre en soit chargé (v. 13), l'insuccès de sa première tentative (ch. 5. 23), ou l'incompréhension montrée par ses frères (ch. 6. 12). N'invoquons-nous pas souvent de tels motifs pour ne pas obéir ? Les v. 24 à 26 rappellent qu'avant de se mettre en route pour un service public, il faut que le serviteur de Dieu ait mis de l'ordre dans sa maison. Jusqu'ici, sous l'influence probable de sa femme, Moïse n'avait pas circoncis son fils, figure de la condamnation de la chair. Dieu l'exigeait (Gen. 17. 10 à 14), à plus forte raison dans la maison de son serviteur. C'est cette question qui doit être maintenant réglée, sous peine de mort ! — Les v. 27 et 28 nous indiquent où des frères sont appelés à se rencontrer : à la montagne de Dieu — et quel est le sujet de leur entretien : la Parole du Seigneur et ses merveilles. — Au commencement du chapitre Moïse disait : Voici ils ne me croiront pas. Or, l'Eternel a préparé les cœurs. Les fils d'Israël croient (v. 31 ; comp. 2 Chron. 29. 36). Avant même la délivrance, ils se prosternent devant Lui.

2 avril

Exode
5. 1 à 14

L'Egypte offre une saisissante illustration du **monde**, autrement dit de la société humaine **organisée sans Dieu**. Mais, tout en refusant l'autorité de Dieu, le monde s'est pourtant donné un maître : Satan, appelé le chef de ce monde (Jean 16. 11). C'est un prince dur et exigeant dont le cruel Pharaon constitue une frappante image. Et lorsque quelqu'un commence à être réveillé dans sa conscience et à soupirer après la délivrance (comme Israël dans ce chapitre), Satan s'efforce de le retenir et de le lier par un surcroît d'occupation (voir v. 9). Il distrait cet homme par un tourbillon d'activité pour chasser de telles pensées de son esprit et l'empêcher de trouver le temps de s'occuper des besoins de son âme. — Oui, nous aussi peut-être, avons trop bien su ce que c'est que de gémir sous le joug de Satan, « esclaves du péché » (Rom. 6. 17), « asservis à diverses convoitises et voluptés » (Tite 3. 3), incapables de nous délivrer par nos propres efforts. Un de nos lecteurs se trouve-t-il peut-être encore dans ce terrible état ? La Parole lui annonce une délivrance déjà acquise. Plus grand que Moïse, Christ n'a pas seulement annoncé, mais lui-même accompli cette rédemption. Il a arraché nos âmes à la servitude affreuse du diable, du monde et du péché.

Le Pharaon ne donne rien ; au contraire il exige sans cesse davantage. Et c'est en vain qu'on crie à lui (v. 15 à 18). Non seulement Satan ne connaît aucune miséricorde, mais il trouve plaisir à la misère de ses esclaves. Ah ! nous en avons peut-être déjà fait l'expérience : le péché est un tyran qui ne désarme pas. A peine une convoitise est-elle satisfaite qu'une autre se fait pressante. Seul Christ peut totalement et définitivement apaiser un cœur. Parfois Dieu permet que la délivrance se fasse attendre pour que l'homme, sentant bien le poids de ce joug de l'ennemi et le fond de son misérable état, soit enfin prêt à reconnaître que Lui seul peut l'en arracher. — En réponse au découragement de ses serviteurs (v. 23), Dieu ne leur fait aucun reproche. Au contraire, c'est l'occasion d'une nouvelle révélation de lui-même. **L'Eternel** ou « Jéhovah » est le nom que Dieu prend dans ses relations avec Israël. Pour les patriarches, il était le **Dieu Très-haut**, possesseur des cieux et de la terre. Maintenant, voulant faire une chose nouvelle, Dieu prend aussi un nom nouveau. L'Eternel, c'est celui qui ne change pas et qui est fidèle à son alliance. Pour nous, croyants du temps de la grâce, il porte un nom bien plus précieux encore, celui de **Père**, que Jésus est venu nous faire connaître (Jean 17. 26).

4 avril

Exode
6.9 à 30

Dans les versets 6 à 8, Dieu a développé devant Moïse tout son plan de salut découlant de ce nouveau nom d'Eternel qu'il a pris pour Israël. Et ce plan de salut est encore une fois absolument garanti par sa signature : **Je suis l'Eternel** (v. 8). « C'est moi, c'est moi qui efface tes transgressions **à cause de moi-même** », confirmera Dieu en Es. 43. 25. Il est bien triste de constater qu'Israël « à cause de leur angoisse d'esprit » (en note : impatience), n'écoute pas. C'est la première manifestation d'incrédulité de ce peuple, hélas suivie, comme nous le verrons, d'une longue liste d'autres semblables (Ps. 106. 7). — Moïse, de son côté, est de nouveau inquiet et découragé. Sa foi a bien de la peine à s'emparer du nom et des promesses de l'Eternel. — Puis Dieu porte ses regards sur les siens. Ils sont mêlés à des étrangers mais son œil les distingue et il se plaît à rappeler leurs noms. « Le Seigneur connaît ceux qui sont siens » (2 Tim. 2. 19). Rappelons aussi ce verset si encourageant pour les croyants de tous les temps : « Les yeux du Seigneur regardent vers les justes, et ses oreilles sont ouvertes à leur cri » (Ps. 34. 15 ; 1 Pier. 3. 12). — Nous avons ici les noms de plusieurs membres de la famille de Lévi qui joueront, en bien ou en mal, un rôle important dans l'histoire d'Israël : Coré et ses fils, les quatre fils d'Aaron, Phinées...

Dans le Ps. 90 (Prière de Moïse, homme de Dieu), Moïse mentionne l'âge de **quatre-vingts ans** comme **limite de vie** pour un homme vigoureux. Pourtant c'est l'âge auquel lui-même va commencer son ministère (v. 7). Lorsque Dieu appelle un serviteur, il commence par annuler sa force naturelle ; puis il fournit de nouvelles forces qui, d'une manière évidente, viennent de Lui. — L'Eternel a fait connaître d'avance ses pensées à Moïse et à Aaron. Ce qui constituera des plaies pour les Egyptiens (ch. 9. 14) s'appelle **signes** par rapport au peuple de Dieu (v. 3) et comporte pour lui un enseignement moral. C'est ainsi que Dieu instruit les chrétiens au sujet du monde, de Satan et de ses pauvres victimes. Sa Parole fait connaître les « grands jugements » qui vont tomber sur les hommes sans repentance. Elle nous dit aussi comment il fera sortir son peuple racheté hors de ce monde pour l'introduire dans la patrie céleste (v. 4). Aussi, chers amis chrétiens, avertis de toutes ces choses, quelles gens devrions-nous être en sainte conduite et en piété ! (2 Pier. 3. 11). — En présence du Pharaon et de ses serviteurs, les signes annoncés au ch. 4 sont opérés par Moïse et Aaron. Parlant de victoire sur Satan (le serpent) et sur le péché (la lèpre), nous pouvons y voir comme un résumé de l'évangile.

6 avril

Exode
7. 14 à 25

Si les Egyptiens n'écoutent pas les deux premiers signes, avait dit l'Eternel à Moïse, il s'en produira alors un troisième bien solennel : celui de l'eau changée en sang. L'eau nous parle de ce qui rafraîchit et donne la **vie**, tandis que le sang répandu signifie la **mort**. La Parole a été donnée à l'homme pour le faire vivre. Mais s'il ne la reçoit pas et ne la croit pas, la même Parole deviendra pour lui le jugement et la mort (lire Jean 12. 48). Elle proclame aujourd'hui la **grâce**, mais aussi le **jugement**, pour ceux qui ne la reçoivent pas. Chacun aura affaire à elle de l'une ou l'autre manière, maintenant pour la vie ou plus tard pour la mort ! — Ce que l'Eternel a dit s'accomplit pour les Egyptiens. Le Nil, artère vitale de leur pays, et dont ils avaient fait un dieu, devient un objet de dégoût et de répulsion. Le **sang** remplit le fleuve, les canaux, les étangs et jusqu'aux vases. Toutes les sources où le monde s'abreuve sont pestilentielles et mortelles (v. 18). Gardons-nous d'y boire ! Cette fois encore les devins font de même par leurs enchantements. Par le pouvoir de Satan, ils imitent ce qui produit la mort avec pour seul résultat d'augmenter la misère de leur peuple. Ils auraient bien davantage montré leur puissance en changeant le sang en eau. Mais cela, ils en étaient incapables.

Sur l'ordre de l'Eternel, Aaron étend sa main et à présent ce sont des **grenouilles** qui montent et envahissent le pays. Moïse a cessé de discuter les ordres de Dieu. Il a maintenant une pleine assurance en Celui qui l'a envoyé et il s'engage vis-à-vis du Pharaon : « Pour quand supplierai-je l'Eternel ? » (v. 9). — « Augmente-nous la foi », demandaient les disciples au Seigneur (Luc 17. 5). Ce devrait être aussi notre prière. — Après les grenouilles ce sont les **moustiques** qui remplissent l'Egypte. Les devins, qui à deux reprises avaient imité Aaron, se trouvent cette fois arrêtés. Leur folie est rendue manifeste. 2 Tim. 3. 8 fait allusion à ces personnages et nous apprend leurs noms : Jannès et Jambrès. Ils représentent les chrétiens de nom, ceux qui ont la forme de la piété sans la foi véritable. Pour être chrétien il ne suffit pas d'imiter ce que font les vrais enfants de Dieu. On peut assister aux réunions, lire la Bible, faire beaucoup de bonnes œuvres... et ne pas être chrétien du tout. Rien n'est plus facile que de faire semblant d'appartenir au Seigneur en trompant les autres et peut-être en se trompant soi-même. Ami, avez-vous la foi véritable ou bien seulement son apparence ? Votre sort éternel en dépend.

8 avril

Exode
8. 20 à 32

La quatrième plaie, ce sont les **mouches venimeuses**. Leurs essaims pénètrent dans les maisons et ruinent l'Egypte, à l'exception du pays de Goshen. Moralement ces mouches venimeuses nous font penser aux médisances, aux jalousies et à toutes les sources d'irritation qui enveniment les relations domestiques et sociales des gens du monde, mais qui ne doivent pas trouver place dans les maisons des enfants de Dieu. — Le Pharaon est prêt maintenant à certaines concessions : « Allez, dit-il, et sacrifiez à votre Dieu dans le pays ! » (v. 25). Mais cela ne pouvait se faire. L'Eternel avait commandé d'aller le chemin de trois jours dans le désert (ch. 3. 18). Trois jours : c'est le temps que Jésus a passé dans le tombeau entre sa **mort** sur la croix et le matin de sa **résurrection**. Or l'Ennemi voudrait nous enlever ces vérités qui rappellent sa défaite. Au contraire, un culte sans le souvenir de la croix et de la résurrection ne le gêne pas du tout. Le monde admire la vie de Jésus et honore les gens de bien. Il a sa propre religion et verra d'un bon œil que nous ayons aussi la nôtre. Mais la croix et la présence dans le ciel d'un Christ vivant, bases de notre culte, condamnent le monde et nous séparent absolument de lui (Gal. 6. 14).

9 avril

Une **peste** « très grande » s'abat à présent sur le bétail. Dieu épargne les troupeaux d'Israël à qui il faudra des agneaux pour la Pâque et plus tard d'autres sacrifices. Puis un **ulcère** fait éruption sur les hommes et sur les bêtes. Le cœur du roi reste insensible, bien que, remarquons l'expression, ce soit **dans ce cœur** que l'Eternel envoie toutes ces plaies (v. 14). Comment expliquer cet acharnement du Pharaon contre Israël ? Satan sait que de ce peuple doit naître un jour le Messie qui, plus grand que Moïse, viendra délivrer les hommes de son joug et sera son vainqueur. Alors il retient Israël en esclavage le plus longtemps possible. Mais cette obstination ne réussit qu'à faire ressortir davantage la puissance de Dieu et publier son nom dans toute la terre (v. 16 cité en Rom. 9. 17). – Mis en présence de la **puissance** de Dieu, mais aussi de sa **miséricorde** qui a successivement retiré les grenouilles, les moustiques, les mouches venimeuses..., l'orgueilleux Pharaon a chaque fois volontairement endurci son cœur et refusé de se repentir. – Combien de personnes endurcissent leur cœur en présence du plus grand des miracles de la grâce : le Fils de Dieu mourant pour le salut des hommes perdus.

10 avril

Exode
9. 17 à 35

Une septième plaie est annoncée : la **grêle**. Pour la première fois nous voyons des Egyptiens craindre la parole de l'Eternel et mettre leurs troupeaux à l'abri. Le but des catastrophes que Dieu permet, est de rappeler aux hommes sa présence. On est si fier aujourd'hui de tous les progrès scientifiques par lesquels l'homme croit s'assurer le contrôle des forces de la nature ! Alors pour bien rappeler **qui** est le maître du monde, Dieu permet des cataclysmes naturels, des fléaux imprévisibles : tremblements de terre, épidémies, invasions d'insectes… qui montrent à la créature sa petitesse et humilient son orgueil (Job 38. 22, 23). Par tous les moyens, Il cherche à tourner vers lui les pensées des hommes. En effet c'est souvent par de tels rappels à l'ordre qu'ils sont amenés à réfléchir et à s'occuper de leur sort éternel. Combien d'âmes dans l'angoisse ont trouvé auprès de Jésus un abri, non seulement contre les orages d'ici-bas, mais contre un éternel jugement ! — Dieu mesure avec soin l'intensité et la durée de l'épreuve. Elle n'ira **pas plus loin** qu'il ne le lui permet. Le lin et l'orge sont frappés, mais pas le froment ni l'épeautre (v. 31, 32). Quant à ses bien-aimés, ils jouissent tout au long de la tempête d'une protection merveilleuse (v. 26).

11 avril

« J'ai péché », a reconnu le Pharaon (ch. 9. 27). — Est-ce une vraie repentance ? Non ; sitôt que la grêle a cessé, **il continue de pécher** (v. 34) et il endurcit volontairement son cœur. Alors désormais c'est l'Eternel qui endurcira ce cœur (v. 1). Combien c'est solennel ! Dieu parle une fois, deux fois (Job 33. 14), souvent davantage. Puis un jour il est trop tard. Lecteur, combien de fois Dieu **vous** a-t-il parlé ? — Voici les **sauterelles** qui menacent une Egypte déjà ruinée. Joseph avait **sauvé** le pays : le Pharaon le **ruine** ; de même Satan entraîne le monde à sa perte. — A présent une nouvelle proposition est faite à Moïse : Seuls les adultes iront célébrer la fête. Les petits enfants resteront dans le pays. C'est ainsi que Satan cherche à retenir les âmes par les affections naturelles, les liens de la famille. Mais relisons la belle et importante réponse de Moïse au v. 9. Aucun membre de la famille de la foi, si petit soit-il, ne doit demeurer au pouvoir de l'Ennemi. Ne pensez pas, jeunes amis, que le christianisme soit seulement l'affaire de vos parents. La maison chrétienne forme un tout, et c'est pourquoi il vous est demandé d'en suivre les principes, de vous conformer à ses habitudes et à ses abstentions, même si vous n'en avez pas encore personnellement compris la valeur et la nécessité.

12 avril

Exode
10. 12 à 23

Tout ce que la grêle avait laissé est à présent ravagé par les sauterelles. Un fléau terrible ! « J'ai péché », répète le Pharaon avec une mauvaise foi évidente, dans le seul but d'être débarrassé des sauterelles. Mais on ne se moque pas de Dieu. Il a laissé passer le moment du pardon (Jér. 46. 17) et l'Eternel endurcit à nouveau son cœur. Puis viennent les **ténèbres**, trois jours entiers d'épaisses ténèbres ! C'était un signe particulièrement frappant pour les Egyptiens. Le soleil, source de lumière, de chaleur, de vie, qu'ils adoraient comme un dieu (Râ), se montre sans pouvoir devant le Créateur de l'univers. Mais dans les habitations de tous les fils d'Israël, il y avait de la lumière. « Quiconque croit en moi ne demeure pas dans les ténèbres », déclare le Seigneur Jésus (Jean 12. 46). Et encore : « Moi je suis la lumière du monde ; celui qui me suit ne marchera pas dans les ténèbres, mais il aura la lumière de la vie » (Jean 8. 12). Au milieu d'un monde rempli des ténèbres du péché, le croyant peut donc réaliser la présence de la **lumière** : **Christ** faisant sa demeure chez lui (Jean 14. 23). Il s'ensuit que pour lui tout est clair : l'état du monde, son avenir, l'état de son propre cœur. Il sait où poser les pieds. Ce qu'il fait peut être vu de tous (Luc 11. 36).

Neuf plaies se sont succédées dans le pays d'Egypte. Il en reste **une dixième**, plus terrible que toutes les précédentes, dont nous verrons la signification. Mais elle est précédée d'une dernière proposition du Pharaon : « allez, servez l'Eternel ; seulement que votre menu et votre gros bétail restent » (v. 24). C'était empêcher le peuple d'offrir ensuite des sacrifices et des offrandes. Nous reconnaissons bien là les efforts de Satan pour nous **ravir** celui qui a été le **parfait Sacrifice**. Il s'emploie à nous ôter la jouissance de Christ, en particulier quand nous venons au culte le présenter au Père. Il y réussit malheureusement bien souvent. C'est alors une perte pour **nous**, mais **Dieu surtout** est frustré de l'offrande précieuse qu'il attend de ses rachetés. Et d'une manière plus générale, la réponse de Moïse nous rappelle que Dieu a des droits non seulement sur nous mais sur tout ce que nous possédons. — Moïse entre ici dans une ardente colère (v. 8). Nous verrons à plusieurs reprises cet homme de Dieu en colère, lui qui pourtant était « **très doux**, plus que tous les hommes » (Nombr. 12. 3 ; voir Ex. 16. 20 ; 32. 19 ; Lév. 10. 16 ; Nombr. 16. 15 ; 31. 14). Mais il s'agit de la gloire de Dieu, du bien de son peuple. Nos colères ont-elles souvent ce motif-là ?

14 avril

Exode
12. 1 à 16

Nous arrivons avec le récit de la Pâque à l'un des chapitres les plus importants de tout l'Ancien Testament. La rédemption annoncée va s'accomplir, en même temps que le plus terrible des jugements passera sur l'Egypte. Le péché mérite **la mort** et tous ont péché, les Israélites comme les Egyptiens. Mais, pour ceux qui appartiennent au peuple de Dieu, un agneau va mourir à leur place. Claire et émouvante figure de Jésus, « l'Agneau sans défaut et sans tache, préconnu dès avant la fondation du monde » et mis à mort au moment fixé par Dieu (1 Pier. 1. 19). Nous nous approprions ce sacrifice ; c'est ce que signifie **manger** la pâque. Christ a connu l'ardeur du jugement divin : l'agneau était **rôti au feu**. Et nous pensons à Ses douleurs avec le sentiment que notre péché l'a conduit là. C'est à cela que correspondent les **herbes amères**. L'agneau était mangé en famille. Les parents, les enfants, chacun dans la maison en avait sa part. Cher lecteur, avez-vous aussi personnellement « mangé la pâque » ? Vous êtes-vous approprié par la foi la mort expiatoire du Seigneur Jésus ? Date inoubliable que celle de la conversion ! Elle est le point de départ de la vie véritable, la nouvelle naissance de l'enfant de Dieu (v. 2).

Le levain, image du **mal**, devait être ôté avec le plus grand soin (comp. 1 Cor. 5. 7, 8). On ne peut saisir l'œuvre de Christ et en jouir pleinement aussi longtemps que l'on n'a pas confessé et abandonné tout péché dont on a conscience. — Il restait pour l'Israélite une chose à faire, ordonnée par l'Eternel à Moïse au v. 7 : il devait tremper un bouquet d'hysope dans le sang de l'agneau et en asperger l'encadrement de la porte de sa maison. Pour faire cela, le chef de famille devait croire deux choses : d'abord que l'Eternel allait **frapper** ; ensuite que le sang aurait le pouvoir de le **protéger** lui et les siens. — Nous pouvons demander comme les enfants des Israélites : Que signifie **pour nous** ce service ? (v.26). N'est-ce pas la figure du sang précieux de Christ, nous mettant à l'abri du jugement ? « **Je verrai le sang** » avait affirmé l'Eternel (v. 13) ; tandis que l'Israélite, du dedans, ne le voyait pas. Notre salut ne dépend pas de la manière dont **nous** apprécions l'œuvre de Christ, de l'intensité de **nos** sentiments à ce sujet. Non, il dépend de la manière dont **Dieu** l'estime, et pour lui ce sang a une pleine et entière efficace pour ôter le péché. Ainsi reposons-nous avec confiance sur l'œuvre parfaite accomplie par Jésus et acceptée par Dieu (1 Jean 1. 7 fin).

16 avril

Exode
12. 28 à 39

Pendant que dans chacune de leurs maisons les Israélites mangent la pâque sous la protection du sang de l'agneau, dans la nuit du dehors règnent l'épouvante et la désolation. Le destructeur passe frappant les premiers-nés, de sorte qu'un grand cri de désespoir remplit toute l'Egypte. C'est la dixième et dernière plaie, image d'un jugement infiniment plus redoutable, celui que la Parole appelle la seconde mort, réservé à ceux qui ne se seront pas mis à l'abri du sang de l'Agneau de Dieu. — Pas de différence entre le captif dans la prison et le Pharaon lui-même (v. 29). Il n'y en aura pas davantage quand, devant le grand trône blanc du ch. 20 de l'Apocalypse, paraîtront **tous** les morts « les grands et les petits ». — Pour les fils d'Israël c'est maintenant le départ. Ils ont mangé la pâque à la hâte, les reins ceints, les sandales à leurs pieds, le bâton à la main (v. 11), montrant par là qu'ils sont un peuple séparé, étranger, prêt au départ. Ne le sommes-nous pas aussi ? On devrait voir à notre zèle pour Dieu, à notre détachement des choses d'ici-bas, à notre sobriété, bref à tout notre comportement, que, rachetés par le sang de l'Agneau, nous sommes prêts à partir d'un instant à l'autre pour notre patrie éternelle.

17 avril

Dieu fait tout commencer au jour de la rédemption (ch. 12. 2 ; 1 Rois 6. 1). Il institue la pâque comme un statut perpétuel. La pensée de l'Ennemi en rapport avec l'Agneau est « qu'on ne se souvienne plus de son nom » (Jér. 11. 19). Mais Dieu, pour qui l'œuvre de son Fils a un si grand prix, veille à ce que le souvenir en soit perpétué. « C'est une nuit à garder », proclame-t-il (v. 42) et plus loin : « souvenez-vous de ce jour » (ch. 13. 3). En substituant le mémorial de la Cène à celui de la Pâque, le Seigneur Jésus a invité les siens à faire ceci en **mémoire de Lui** (1 Cor. 11. 24, 25). Avez-vous répondu à ce désir du Seigneur ? — Au ch. 13, l'Eternel proclame ses droits sur l'âme qu'il vient de racheter (ch. 12). Certains croyants, en particulier des enfants de parents chrétiens, se contentent de leur salut et ne tiennent pas compte de la consécration qui en est la conséquence normale. Mais la même voix qui a dit : « Je verrai le sang, et je passerai par-dessus vous » (ch. 12. 13), revendique à présent : « Sanctifie-moi tout premier-né... il est à moi » (ch. 13. 2). A la fête de la Pâque était étroitement associée celle des pains sans levain. Nous apprenons par là que la mise à l'abri par le sang et la nécessité d'une vie sainte sont pour l'enfant de Dieu deux vérités inséparables (lire aussi Tite 2. 14).

18 avril

Exode
13. 11 à 22

« Tu raconteras ces choses à ton fils », enjoignait le v. 8. Mais au v. 14 il est prévu que ce seront les **enfants** qui interrogeront leurs pères. C'est une heureuse attitude quand les enfants, voyant leurs parents se conduire autrement que le monde, leur posent des questions. Qu'ils n'hésitent jamais à le faire ! — Le v. 19 est l'accomplissement de l'engagement pris envers Joseph (Gen. 50. 25). Les os du patriarche accompagneront le peuple de Dieu pendant son pélerinage ; figure de Christ dans la puissance de sa mort, pris avec nous pour traverser le désert ! (2 Cor. 4. 10). — Les fils d'Israël se sont mis en route. Dieu plus tard rappellera **ce jour où il les prit par la main** « pour les faire sortir du pays d'Egypte » (Jér. 31. 32). Ils auront un grand détour à faire (v. 17, 18) pour avoir le temps d'apprendre les importantes leçons que l'Eternel veut leur enseigner ainsi qu'à nous. Mais Dieu n'a pas seulement tracé l'itinéraire de son peuple. Il veut personnellement l'accompagner sous la forme de cette colonne de nuée le jour, de feu la nuit. Quelle grâce ! Il est là, à la fois pour le **guider** pas à pas et pour le **protéger**. Ainsi Jésus a fait cette promesse aux siens : « Je suis avec vous tous les jours » (Matth. 28. 20).

Israël pensait bien en avoir fini avec ses ennemis les Egyptiens. Or les voici qui, emportés par une énergie d'erreur, se ressaisissent et engagent la poursuite contre le peuple. Ce dernier semble pris au piège. **Devant** : la mer Rouge ; **derrière** : le Pharaon, ses chars, ses capitaines. Ah ! quel effroi, quel cri de détresse ! Mais le peuple doit apprendre qu'il n'existe pas de difficulté trop grande pour l'Eternel. Au contraire, plus l'épreuve est intense, plus Dieu a l'occasion de faire admirer sa puissance. — Quelle leçon aussi pour nous ! Quand une difficulté survient, une épreuve qui paraît sans issue, comment réagissons-nous ? Trop souvent par de l'inquiétude ou de l'agitation. Mais que dit Moïse à Israël ? Il commence par les rassurer : « ne craignez point... », puis il leur annonce la délivrance : « l'Eternel combattra pour vous... » Enfin il leur donne des instructions simples — mais que nous trouvons parfois bien difficiles à suivre — : « tenez-vous là... demeurez **tranquilles** » (v. 13, 14). Demeurer tranquille signifie à la fois ne rien faire et garder son esprit de toute agitation. Ce combat ne concernait pas le peuple ; il était entre l'Eternel et les Egyptiens. Celui qui avait mis son peuple à l'abri de l'ange destructeur, n'était-il pas à plus forte raison capable de le délivrer de la main des hommes ?

20 avril

Exode
14. 15 à 31

Le peuple a constaté qu'il était incapable de se délivrer lui-même. Sa position est désespérée... Maintenant Dieu peut agir. Il dit : « Qu'ils marchent ! » Comment, la mer est devant eux et l'Eternel ordonne d'avancer ? Mais **la foi obéit** et compte sur Dieu. — L'Ange avec la colonne vient se placer entre le camp d'Israël et celui des Egyptiens. A présent que peut craindre le peuple ? Souvenons-nous que Dieu veut toujours se placer comme un écran entre nous et nos difficultés. De **jour**, de **nuit**, ses soins s'exercent écartant des dangers que souvent nous ne connaissons même pas. — Et c'est la délivrance ! Nous en retrouvons les phases dans trois versets du Ps. 136 « Il a divisé en deux la mer Rouge, car sa bonté demeure à toujours (v. 13) ; il a fait passer Israël au milieu d'elle, car sa bonté demeure à toujours (v. 14) ; il a précipité le Pharaon et son armée dans la mer Rouge, car sa bonté demeure à toujours (v. 15). » Non seulement la mort est sans pouvoir sur les croyants, mais elle est devenue leur alliée, leur arme et leur rempart. **Par sa mort**, Christ a rendu « impuissant celui qui avait le pouvoir de la mort, c'est-à-dire le diable » et délivré « tous ceux qui, par la crainte de la mort, étaient, pendant toute leur vie, assujettis à la servitude » (Hébr. 2. 14, 15).

21 avril

A quoi correspond ce passage de la mer Rouge dans l'histoire des rachetés du Seigneur ? Toujours à l'œuvre de Christ et à notre **délivrance**. Tandis que la Pâque présente le côté de la délivrance de dessous le jugement de Dieu, et Dieu **contre le péché**, la mer Rouge illustre la délivrance du pouvoir de Satan, et Dieu **pour le pécheur**. La mort est vaincue ; le peuple de Dieu est dorénavant arraché au « présent siècle mauvais », ressuscité avec Christ, de l'autre côté de la mort. Christ est non seulement celui qui délivre, mais aussi celui qui entonne la louange au milieu de l'assemblée (Ps. 22. 22 ; Hébr. 2. 12). — « Alors Moïse et les fils d'Israël chantèrent ce cantique... ». C'est le premier de l'Ecriture. Comment le peuple aurait-il pu chanter sous les fardeaux des Egyptiens ? (comp. Ps. 137. 4). Mais maintenant la joie remplit le cœur de tous les rachetés. Sous la conduite de Christ, le vrai Moïse, ils ont le privilège de louer Celui qui les a délivrés des flots puissants de la mort et du pouvoir de l'adversaire. A travers toute l'histoire d'Israël — et pour nous dans toute l'éternité — sera célébrée la gloire de Celui qui dessécha la mer, les eaux du grand abîme, et qui fit « des profondeurs de la mer un chemin pour le passage des rachetés » (Es. 51. 10).

Jusqu'au v. 16, le cantique des fils d'Israël célèbre ce que l'Eternel vient de faire pour son peuple. Les v. 17 et 18 proclament **ce qu'il fera**. Les fruits de la victoire sont vus par la foi : Dieu s'est préparé : 1° un héritage, 2° une habitation, 3° un sanctuaire, 4° un royaume. Dans sa 1re Epître, Pierre nous montre la forme nouvelle que prennent ces bénédictions sous l'économie chrétienne (lire 1 Pier. 1. 4 ; 2. 5, 9). — Le peuple est maintenant racheté, en marche vers la terre promise. De la même manière, notre course chrétienne commence à la conversion et son but est la gloire. Mais entre les deux, chemin faisant, ce sont les expériences du désert. La première de ces grandes leçons, c'est **Mara**. Telles ces eaux amères, le Seigneur permet que nous rencontrions sur notre route des circonstances pénibles et décevantes. Mais dès que nous comprenons que nos contrariétés sont permises pour notre bien, dès que nous y introduisons la puissance de la croix de Christ, alors, sans que ces circonstances aient changé, elles cessent d'avoir un goût amer, nous y trouvons même de la joie et du réconfort (lire Rom. 5. 3... ; 2 Cor. 12. 9). Nous sommes alors en mesure d'apprécier **Elim**, ce lieu de rafraîchissement et de repos, image du rassemblement des croyants où Dieu a commandé la bénédiction (Ps. 133. 3).

23 avril

Murmures avant la mer Rouge (ch. 14. 11, 12), à Mara (ch. 15. 24), de nouveau au désert de Sin (ch. 16. 2), bientôt murmures à Rephidim (ch. 17. 3) ! Hélas ! c'est bien l'image fidèle de notre cœur, si prompt à oublier « la bonté de Dieu qui demeure à toujours ». Peu de jours plus tôt, ce peuple chantait de tout son cœur le cantique de la délivrance. Maintenant il murmure contre Moïse et contre Aaron. En réalité leurs plaintes s'élèvent **contre Dieu** (v. 8). Chers rachetés du Seigneur, souvenons-nous que si nous sommes mécontents des autres ou des circonstances dans lesquelles nous nous trouvons, c'est en fait **de Dieu** que nous ne sommes pas satisfaits. — Et l'inquiétude pour les choses de la vie ? N'est-elle pas une offense à Celui qui a dit : « ne soyez pas en souci... de ce que vous mangerez et de ce que vous boirez »... « à chaque jour suffit sa peine » (Matth. 6. 25, 34 ; voir aussi Ps. 23. 1) ? Lui-même a su ce que c'était que d'être dans le désert et d'y avoir faim. Mais dans une parfaite soumission, il a repoussé la suggestion du tentateur. Il attendait de Dieu, avec une confiance entière, la réponse à ses besoins. — Quelle patience de la part de l'Eternel ! Au lieu de châtier son peuple, il commence par lui montrer sa gloire (v. 7 et 10 fin) et s'engage à le rassasier.

24 avril

Exode
16. 13 à 31

« Nos pères ont mangé la manne au désert... », rappelleront les foules au Seigneur Jésus. Mais il leur répondra qu'il est lui-même « le véritable pain qui vient du ciel » (Jean 6. 31 à 33). Christ est la nourriture du croyant ; il donne et il alimente la vie nouvelle. A cet égard ce chapitre nous fournit plusieurs instructions pratiques de la plus grande importance : 1° La quantité ramassée était fonction de leur appétit (v. 18). Nous jouissons de Christ seulement **dans la mesure où nous le désirons**. Et nous ne le désirons jamais trop ! (Ps. 81. 10). 2° La manne répondait aux besoins du **jour même**, non à ceux du lendemain. C'est moment après moment que Christ doit être mon aliment, ma force. Si par exemple j'ai aujourd'hui particulièrement besoin de patience, je la trouverai en m'occupant de la parfaite patience de Jésus. 3° Enfin les fils d'Israël avaient à récolter leur portion de manne chaque matin avant qu'elle ne fonde à la chaleur du jour. Nourrissons-nous de la Parole du Seigneur **dès le matin**, avant que les occupations de la journée n'en aient fait échapper l'occasion. Nous ne passons pas un jour sans donner de nourriture à notre corps. Ne privons jamais **notre âme** du seul aliment qui la fait vivre et prospérer : Jésus, le pain de vie.

25 avril

« Prends une cruche, et mets-y plein un omer de manne... » (v. 33). C'était la part de Dieu. « La manne cachée, Christ descendu du ciel comme homme, puis ressuscité et remonté au ciel avec son corps glorieux, faisait partie des délices de Dieu » (H.R.). Délices qu'il partage avec les vainqueurs (Apoc. 2. 17). — Après la faim, c'est la **soif** qui est l'occasion des murmures de ce pauvre peuple. Eh bien ! la grâce de Dieu s'en sert de nouveau pour nous révéler un précieux mystère dont l'explication se trouve en 1 Cor. 10. 4 : « ils buvaient d'un rocher spirituel qui les suivait, et le rocher était le Christ » (comp. Jean 7. 37 à 39). Mais pour donner son eau (la vie de l'Esprit), il fallait que le rocher soit frappé, comme Christ le fut sur la croix par la main de Dieu lui-même. Toutefois, remarquons-le : c'est **le péché** du peuple, ses murmures, ses rébellions, qui ont été l'occasion de frapper le rocher. « A cause de la transgression de mon peuple, lui, a été frappé », dit le prophète (Es. 53. 8). Ainsi, tandis que la manne est l'image d'un Christ venu du ciel, le rocher frappé nous parle d'un Christ crucifié et l'eau vive représente le Saint Esprit, puissance de vie que le Sauveur mort et ressuscité donne à tous ceux qui croient en lui.

26 avril

Exode
17. 8 à 16

Nourri, désaltéré, voilà le peuple préparé par l'Eternel pour une nouvelle expérience, celle du combat contre Amalek. C'est après avoir été « fortifiés dans le Seigneur et dans la puissance de sa force » que les croyants sont en mesure de résister à leurs ennemis (Eph. 6. 10 à 13). A la mer Rouge, l'Eternel combattait pour les siens et eux demeuraient tranquilles (ch. 14. 14). La croix était le combat du Seigneur **seul**. Nous ne pouvions lutter pour notre salut. Mais après la conversion, commencent aussitôt les combats (Gal. 5. 17). Comme une armée, tous nos anciens défauts reviennent nous harceler, nous faire la guerre (1 Pier. 2. 11). Ne pouvons-nous plus cette fois compter sur le Seigneur ? Bien au contraire ! Mais à la croix il combattait **pour** nous, à notre place ; maintenant il combat **avec** nous, lui le vrai Josué. Cependant c'est sur la montagne que se décide la victoire. Christ, à la fois vrai Moïse et vrai Aaron, est dorénavant dans le ciel, intercédant pour les siens. Et ses mains ne sont jamais lasses (Rom. 8. 34, 37 ; Hébr. 7. 25). L'issue de la bataille ne dépend pas de la force des combattants mais de leur foi et des prières du Seigneur Jésus. — Dans ce récit, Josué nous enseigne à combattre et Moïse à prier (Ps. 144. 1, 2).

27 avril

Nous retrouvons ici Jéthro, le beau-père de Moïse. Il représente les nations de la terre qui, dans un temps à venir, se réjouiront avec le peuple d'Israël de la délivrance dont celui-ci aura été l'objet et donneront gloire à Dieu. Nous remarquons en même temps que Séphora et ses fils, personnifiant l'Eglise comme nous l'avons vu au ch. 2, n'ont pas participé aux épreuves d'Israël ni à sa délivrance. L'Eglise aura été enlevée de la terre quand auront lieu les tribulations puis le rétablissement du peuple juif. — **Guershom** nous rappelle par son nom que Christ, comme Moïse, a été **étranger** sur la terre où il a séjourné et que l'Eglise est elle aussi étrangère ici-bas. Mais dans cette position difficile, le **secours de Dieu** lui est assuré. C'est ce que signifie le nom d'**Eliézer**. Au v. 8, Moïse rend témoignage de tout ce que Dieu a fait pour les siens. Bel exemple pour nous, n'est-ce pas ? Ne craignons pas de raconter à d'autres, en commençant par les membres de notre famille qui l'ignorent, comment nous avons été rachetés. La conséquence de ce témoignage apparaît au v. 11 : Jéthro reconnaît la grandeur de l'Eternel, lui donne gloire, offre des sacrifices et enfin mange, autrement dit réalise la communion, avec le peuple racheté, **dans la présence de Dieu**.

28 avril

Exode
18. 13 à 27

Jéthro incite Moïse à se décharger sur d'autres d'une partie de son service. Conseil qui a une apparence de sagesse, mais qui méconnaît la puissance de l'Esprit de Dieu ! C'est un des principes qui sont à la base de l'institution des clergés. Des hommes sont désignés et investis par d'autres, selon une hiérarchie, comme intermédiaires entre Dieu et les simples « fidèles ». Mais la parole de Dieu ne reconnaît à l'Eglise qu'un seul Chef, pleinement suffisant pour s'occuper de tout ce qui concerne les siens (Eph. 4. 5). Et Jésus ne se charge pas seulement des « grandes affaires », des « affaires difficiles ». Rien de ce qui nous intéresse n'est trop petit, trop insignifiant pour lui. Ne craignons jamais de nous adresser directement à lui (lire : 1 Pier. 5. 7). — Sous son aspect prophétique, ce chapitre nous montre que Christ ne sera pas seul à exercer l'administration du royaume (Matth. 19. 28). Quand il viendra au milieu de ses saintes myriades, un ordre sera établi avec des responsabilités différentes, à la pleine gloire de Dieu. — Pendant que le peuple de Dieu va poursuivre son chemin dans le désert, Jéthro s'en retourne dans **son pays** (v. 27). La vie de la foi, la position d'étranger et de pélerin n'ont pas d'attrait pour lui. Hélas, combien de chrétiens lui ressemblent !

Après le désert de Shur (ch. 15. 22), et celui de Sin (ch. 16. 1), le peuple arrive au désert de Sinaï. Porté sur des ailes d'aigle (symbole de la puissance ; v. 4), il est maintenant parvenu au lieu où l'Eternel va lui faire des révélations et lui apprendre de quelle manière il veut être servi (ch. 10. 26). En Egypte, nous l'avons vu, aucun culte n'était possible. Par contre, dès que la rédemption est accomplie, dès que Dieu a séparé les siens, il attend d'eux le service de la louange. « Vous me serez un royaume de sacrificateurs et une nation sainte », déclare-t-il au v. 6. « Pour que vous annonciez les vertus de celui qui vous a appelés... », complète 1 Pier. 2. 9. — Notre chapitre commence donc une nouvelle partie du livre. Jusqu'ici nous avons considéré ce que l'Eternel, en pure grâce, a fait pour son peuple. A partir de maintenant, nous allons trouver ce qu'en retour il attend de ce peuple. Dieu commence toujours par donner avant d'exiger quoi que ce soit. Hélas ! ce pauvre peuple ne se connaît pas lui-même, malgré Mara et Mériba. Il répond par cette folle promesse que Dieu ne lui demandait pas : « Tout ce que l'Eternel a dit, nous le ferons » (v. 8). Il ne lui faudra pas longtemps pour montrer son incapacité à tenir cet engagement.

30 avril

Exode
19. 16 à 25

Quand un petit enfant s'affirme capable d'une performance impossible : soulever un sac de cinquante kilos par exemple, que lui dit son père ? : « Essaie ! » Et c'est seulement quand le petit s'est prouvé à lui-même, par son échec, que son père avait raison, qu'il est prêt à se confier en lui pour faire la chose à sa place. — C'est cette leçon qu'Israël devra apprendre auprès de la montagne de Sinaï. — Le peuple croit pouvoir faire tout ce que l'Eternel demande ? Soit, il va entendre quelles sont Ses saintes exigences. — Le ch. 12 des Hébreux, faisant allusion à cette scène (v. 18 à 29) établit le contraste entre « la montagne qui peut être touchée » et celle de Sion, autrement dit de **la grâce**, dont nous sommes invités à nous **approcher**. Ce n'est plus Moïse qui est médiateur sur la montagne, mais Jésus qui est pour nous dans les cieux. « C'est pourquoi, conclut l'auteur de l'épître, retenons la grâce par laquelle nous pourrons servir Dieu d'une manière qui lui soit agréable, avec révérence et avec crainte ». Cette crainte de déplaire au Seigneur ne résulte pas pour nous de commandements rigoureux, ni d'engagements téméraires que nous avons pris, ni comme ici d'un déploiement solennel de la puissance de Dieu. Elle est la réponse de nos cœurs à son immense grâce envers nous (Ps. 130. 4).

1 mai

Voilà donc la loi que l'Eternel donne à son peuple. Elle met en évidence la méchanceté de l'homme, enclin à commettre tout ce qui est ici défendu. Que de tels commandements lui soient nécessaires ne prouvent que trop la perversité de sa nature (lire 1 Tim. 1. 9...). Les quatre premiers commandements concernent les rapports de l'homme avec **Dieu** : un Dieu **unique**, qui est **Esprit**, qui est **saint**, mais aussi plein de bonté, ayant préparé un repos pour les siens. Après Dieu, selon le cinquième commandement, c'est aux **parents** que l'honneur est dû. Puis quatre commandements traitent des rapports avec notre prochain dans la vie en société. Enfin le dernier nous concerne **nous-mêmes** puisqu'il sonde notre cœur pour y découvrir nos désirs les plus intimes, ce que nous ne disons à personne. En fait le résumé de la loi, c'est l'**amour**. « Celui qui aime les autres a accompli la loi — écrit Paul aux Romains. — Car ce qui est dit : « Tu ne commettras point adultère, tu ne tueras point, tu ne déroberas point, tu ne convoiteras point », et tout autre commandement qu'il puisse y avoir, est résumé dans cette parole-ci : Tu aimeras ton prochain comme toi-même » (Rom. 13. 8, 9 ; comp. Matth. 22. 34 à 40).

2 mai

Exode
20, 18 à 26 ; 21. 1 à 6

Cette scène (v. 18 à 21) se trouve rappelée en Hébr. 12, 19 pour montrer la différence avec la position du croyant sous la grâce. A celui-ci il n'est plus commandé de **faire** quoi que ce soit, mais de **croire** en Jésus qui a tout fait. La fin du chapitre d'ailleurs ne nous montre pas l'homme dans la position de quelqu'un qui fait des œuvres, mais dans celle d'un **adorateur**. Il est clair que Sinaï n'est pas le lieu où Dieu et le pécheur peuvent se rencontrer (v. 24). Le v. 25 nous enseigne que les œuvres et les ordonnances de l'homme n'ont aucune place dans le culte selon Dieu. Enfin, selon le v. 26, nul ne doit s'élever au-dessus de ses frères ; la chair serait visible à sa honte. — Sous l'image du serviteur hébreu (ch. 21. 2 à 6), nous reconnaissons le Seigneur Jésus (comp. Zach. 13. 5, 6). Homme obéissant, qui seul a accompli la loi, ce parfait Serviteur aurait pu sortir libre, remonter au ciel sans passer par la mort. Mais il y aurait été seul. Or dans son amour infini, Christ voulait la compagnie d'une Epouse. Alors il a payé le prix nécessaire. Son sang versé, ses blessures, en sont la preuve, proclamant pour l'éternité l'abaissement volontaire de Celui qui prit « la forme d'esclave » (Phil. 2. 7) et qui, jusque dans la gloire, se plaira à servir les siens (Luc 12. 37).

3 mai

Si nous comparons ces versets avec le ch. 5 de Matthieu à partir du v. 17, nous constatons que le serviteur fidèle de l'Eternel est venu non seulement pour accomplir la loi, mais aussi pour introduire ce qui la dépasse. Quand la loi ordonnait : « Tu ne tueras pas », Jésus déclare que si quelqu'un dit seulement « fou » à son frère, il mérite déjà la géhenne de feu ! Car le Seigneur veut nous faire comprendre chaque jour plus profondément combien **notre** cœur est méchant. Et il veut nous faire connaître **son propre cœur** qui a été infiniment plus loin que ce que demandait la loi, laquelle disait : « Tu aimeras ton prochain, et tu haïras ton ennemi » (Matth. 5. 43, 44 ; voir Rom. 5. 7, 8, 10 ; comp. également ch. 22. 1... avec Ps. 69. 4 fin). Où serions-nous si l'ordre inflexible : « œil pour œil, dent pour dent » s'était appliqué à nous ? Dieu aurait fait disparaître de la terre l'humanité coupable d'avoir crucifié son Fils. Mais au lieu de cela, à la croix même, le Seigneur Jésus met parfaitement en pratique ce qu'il enseigne dans ces versets : « Père, pardonne-leur, — dit-il — car ils ne savent ce qu'ils font » (Luc 23. 34). Et le v. 32 fixe le prix d'un esclave : celui-même auquel a été estimé le Fils de Dieu (Matth. 26. 15).

4 mai

Exode
22. 21 à 31 ; 23. 1 à 5

Des ordonnances complétant la loi se suivent du ch. 21 à la fin du ch. 23. L'Eternel dans sa parfaite sagesse prévoit tout ce qui peut arriver et entre dans les circonstances les plus ordinaires de la vie des siens : le gage d'un pauvre, la rencontre d'un bœuf égaré... Nous le voyons prendre la défense des faibles, les mettre sous sa protection. — Pour nous chrétiens, à côté des vérités fondamentales concernant notre Sauveur et notre salut, nous avons aussi dans l'inépuisable parole de Dieu des instructions pour notre vie de tous les jours. Mais, à la différence du peuple d'Israël, le **Saint Esprit** nous a été donné. Il habite dans le croyant et lui fait connaître la volonté de Dieu justement pour tous les détails pratiques de sa vie journalière. Il ouvre son intelligence, lui montre ce qu'il doit faire et ce dont il doit s'abstenir. La Bible est donc tout autre chose qu'un recueil de règles, une suite de défenses et de permissions. Elle révèle un Dieu d'amour, un Père, dont nous sommes invités à reproduire le caractère. « Je suis miséricordieux », dit-il de lui-même au v. 27 fin. « Soyez miséricordieux, comme aussi votre Père est miséricordieux », enseignera le Seigneur Jésus (Luc. 6. 36).

« Tu ne tueras pas l'innocent et le juste », est obligé de dire l'Eternel à son peuple. Injonction qui ne sera, hélas, que trop justifiée puisque « le saint et le juste » sera mis à mort (Act. 3. 14, 15). L'étranger aussi fait l'objet de recommandations. Il ne devait être ni opprimé ni maltraité (v. 9 ; ch. 22. 21 ; voir Jér. 22. 3). Lév. 19. 34 va beaucoup plus loin : on devait l'aimer comme soi-même. Dans le Nouveau Testament, le Seigneur Jésus déclare que prendre soin de l'étranger c'est le recueillir Lui-même (lire Matth. 25. 35 fin). Au reste n'a-t-il pas été l'étranger céleste venu visiter les hommes ? Combien son cœur infiniment sensible a été blessé par l'ingratitude de ceux au milieu desquels il était venu en amour ! Oui, nous sommes invités à comprendre « ce qu'est le cœur de l'étranger » (v. 9), le cœur du Sauveur. — Souviens-toi que tu as été étranger toi aussi, ajoute l'Eternel. Nous mettre à la place des autres, tel est le secret de l'amour ! — Dans les v. 10 à 13, Dieu nous montre le soin qu'il prend de toute sa **création** : les animaux, les plantes et la terre elle-même. Apprenons, nous aussi, à respecter tout ce qui appartient à notre Père céleste. — Enfin, en rapport avec le culte, soulignons la fin du v. 15 : « on ne paraîtra pas **à vide** devant ma face » (Deut. 26. 2).

L'Eternel ne donne pas seulement des **commandements** à Israël. Il l'entoure de **soins** : il lui fournit un **conducteur** : son Ange, qui ira devant lui à la fois pour le conduire et pour diriger ses combats. D'autre part, Il l'instruit dès maintenant du **but** de son pélerinage. De larges limites sont déjà tracées pour le recevoir (v. 31). — De la même manière, Dieu a pourvu aujourd'hui au chemin du peuple chrétien sur la terre en lui donnant un compagnon de route qui est le Saint Esprit. La recommandation faite à Israël au v. 21 : « **Prends garde à toi à cause de sa présence** » peut être rapprochée des exhortations faites dans le Nouveau Testament de ne pas attrister le Saint Esprit de Dieu (Eph. 4. 30). Dans sa grâce, Dieu veut également que les siens aient connaissance du but de leur course : le bel héritage que son amour a préparé pour eux dans le ciel avec Jésus. — Toutefois, parmi les soins de Dieu pour les siens, il en est que ces derniers sont peut-être moins disposés à comprendre et à accepter. Ils s'expliquent par le grand souci que son peuple demeure strictement séparé des nations environnantes. Mais ce n'est pas pour priver les siens de quelque chose que Dieu exige d'eux cette séparation. Au contraire, c'est par amour, afin de les préserver d'un piège certain (v. 33).

7 mai

La première alliance est inaugurée solennellement. Elle est scellée avec du sang (lire Hébr. 9. 18...). Puis l'Eternel montre quelques rayons de sa gloire aux anciens d'Israël. Ils voient « **sous ses pieds** comme un ouvrage de saphir transparent, et comme le ciel même en pureté » (v. 10 ; comp. Ezéch. 1. 26). Ses pieds nous font penser au glorieux sentier du Fils de Dieu, tel que les Evangiles nous le présentent, un sentier « comme le ciel même en pureté... ». Christ est non seulement « descendu du ciel », « monté au ciel », mais d'une manière permanente il est « le Fils de l'homme qui **est dans le ciel** » (Jean 3. 13). C'est dans la marche de Christ ici-bas que la gloire de Dieu peut être admirée dans toutes ses perfections morales (Ps. 68. 24). « Celui qui m'a vu, a vu le Père », dit Jésus à ses disciples (Jean 14. 9). Le v. 11 est la préfiguration de la sainte liberté et de la communion dont jouissent maintenant les rachetés du Seigneur Jésus. Sur la base de l'œuvre accomplie par Christ et de sa présence à la droite de Dieu, ils sont en quelque sorte « chez eux » dans la gloire. — Moïse, sur une autre montagne : celle de la transfiguration, sera témoin avec Elie et les trois disciples, de la gloire du Seigneur Jésus (Luc 9. 28 à 36).

8 mai

Exode
25. 1 à 22

Avec notre chapitre commencent les instructions concernant le culte. Le Tabernacle, « figure et ombre des choses célestes » (Hébr. 8. 5) va nous présenter dans tous ses détails, sous forme de types, les conditions dans lesquelles 1° le Dieu saint peut demeurer au milieu des siens, 2° nous qui sommes pécheurs nous pouvons nous approcher de ce Dieu qui est saint. Il s'agit des vérités de base de notre salut et de leur place dans l'ordre divin. — Quand nous voulons décrire une maison, nous ne commençons pas par le mobilier. Ici, au contraire, **l'arche** occupe la première place parce qu'elle représente Christ, centre de tous les conseils de Dieu. Elle était en **bois de sittim** ou d'acacia (arbre des sols arides, incorruptible, figure de l'humanité de Christ : Es. 53. 2) recouvert d'**or**, qui est l'emblême de sa déité. Le **propitiatoire** d'or pur qui servait de couvercle à l'arche parle d'un Dieu rendu **propice**, apaisé par le sang qui y était apporté (lire Rom. 3. 25) et pouvant y rencontrer le pécheur (v. 22). Quant aux « chérubins de gloire » dont la face était tournée vers le propitiatoire (Hébr. 9. 5), ils nous disent qu'il y a là de profonds et divins mystères dans lesquels « des anges désirent regarder de près » (1 Pier. 1. 12).

Tandis que l'arche évoque un Christ par qui les droits de Dieu ont été parfaitement maintenus, la **table** représente Christ portant continuellement les siens dans la présence de Dieu. De même constitution que l'arche (bois de sittim plaqué d'or) avec un couronnement et un rebord qui parlent respectivement de gloire et de protection, la table était destinée à porter : d'abord les douze pains de proposition (Lév. 24. 5, 6), image du peuple de Dieu au complet, ensuite les ustensiles d'or pur du v. 29, rappelant que le Seigneur fournit tout ce qui est nécessaire au service (Marc 16. 20). D'une manière symbolique, le peuple de Dieu est là au complet dans le saint sanctuaire, porté par le Seigneur et maintenu par lui dans la lumière de Dieu. Cela nous amène au **chandelier** d'or pur, emblème de Celui qui a été ici-bas « la lumière du monde ». Le chandelier portait les sept lampes d'or, figure du témoignage selon Dieu qui correspond aujourd'hui à l'assemblée (Apoc. 1. 12, 20). Celle-ci est responsable d'éclairer pendant la nuit de ce monde, par l'énergie du Saint Esprit (l'huile). « Vous êtes la lumière du monde », a dit Jésus aux siens pour le temps de son absence (Matth. 5. 14). Mais pour maintenir l'éclat des lampes, l'emploi de mouchettes est nécessaire (v. 38), image des soins continuels de notre grand sacrificateur.

10 mai

Exode
26. 1 à 14

Après ces trois objets : l'arche, la table et le chandelier, vient la description du **Tabernacle** proprement dit. C'était un assemblage de planches formant trois parois par-dessus lesquelles étaient étendues quatre couvertures superposées, constituées chacune de plusieurs tapis. La première couverture, appelée le tabernacle, était placée en dessous et tenait lieu de plafond. On ne pouvait l'admirer qu'en se tenant dans le sanctuaire. Elle était tissée de fils de différentes couleurs que nous retrouvons dans le voile (v. 31) et dans le vêtement du souverain sacrificateur (ch. 28. 5). Chacune de ces couleurs souligne une gloire particulière de Christ. **Le fin coton retors** illustre toujours son humanité parfaite, le **bleu** son caractère céleste, la **pourpre** sa gloire universelle, **l'écarlate** enfin, sa royauté sur Israël. Les ganses de bleu et les agrafes d'or attachant ensemble les tapis nous rappellent les **liens** célestes et divins unissant les rachetés. La deuxième couverture (la tente) en poil de chèvre, la troisième en peaux de béliers et la quatrième en peaux de taissons (ou de blaireaux), suggèrent respectivement la **séparation**, la **consécration** (ch. 29. 27) et la **vigilance**. Dieu trouvait ces vertus dans la vie de Jésus ici-bas et désire qu'elles soient également réalisées dans la vie des siens maintenant.

11 mai

Les trois côtés du Tabernacle étaient constitués par des **ais**, autrement dit de larges planches, en bois de sittim recouvertes d'or, posées debout sur des bases d'argent. Figure des **rachetés**, fermement établis sur la **rédemption** dont l'argent nous parle toujours, et que la justice divine (l'or) a revêtus, de sorte que c'est ce divin caractère qui doit maintenant briller. Mais pour que les ais tiennent ensemble et résistent au vent du désert, il fallait encore des **traverses**, qui nous font penser à tout ce qui unit les enfants de Dieu. Ainsi par exemple, les liens de l'affection fraternelle. Quel soutien pour un jeune croyant d'avoir un frère ou un ami avec lequel il peut parler de ses difficultés et se mettre à genoux ! Par-dessus tout, « un seul Esprit » unit tous les rachetés du Seigneur de manière qu'ils demeurent « bien ajustés et liés ensemble », en mesure de résister à « tout vent de doctrine » et aux efforts de l'Ennemi pour les renverser (Eph. 4. 2 à 4 et 14 à 16 ; voir aussi 1 Cor. 10. 12). Remarquons enfin ce qui caractérisait les ais des angles : Ils étaient « parfaitement unis ensemble **par le haut** » (v. 24 ; voir Jean 17. 21 et 1 Cor. 1. 10). Un attachement commun au Seigneur, voilà ce qui resserre « parfaitement » les liens de la communion des chrétiens entre eux.

12 mai

Exode
26. 31 à 37 ; 27. 1 à 8

En allant de l'intérieur vers l'extérieur, ce qui est le chemin de Dieu vers le pécheur, le Tabernacle comprend d'abord **un lieu très saint** inaccessible, ne contenant que l'arche du témoignage (v. 33), puis **un lieu saint**, séparé du lieu très saint par un **voile**, dont Hébr. 10. 20 explique la signification : « le voile, c'est-à-dire sa chair... ». L'humanité de Christ est ainsi représentée : ensemble de gloires et de perfections dont donnent une idée les matières utilisées. Les chérubins brodés nous rappellent ceux qui interdisaient à l'homme l'accès à l'arbre de vie (Gen. 3. 24). Mais à la mort de Jésus le voile du temple se déchira, Dieu ouvrant ainsi à l'homme un chemin jusque dans sa présence. — Devant le voile sont placés la table et le chandelier (v. 35) ainsi que l'autel d'or (ch. 30. 6). La tente elle-même est fermée par un **rideau** ouvragé, mais sans chérubins car les sacrificateurs sont autorisés à y pénétrer pour accomplir leur service. Enfin, devant la tente est dressé **l'autel d'airain** décrit au ch. 27, v. 1 à 8. De grande dimension, carré, il nous parle de la croix et de son efficacité. Il est de bois de sittim : Christ devenu homme afin de pouvoir souffrir et mourir — plaqué d'**airain** : propre à traverser l'épreuve du feu du jugement divin contre le péché. Gloire à notre parfait Rédempteur !

13 mai

Tout autour du Tabernacle proprement dit s'étendait le **parvis**, sorte de grande cour fermée où tous les Israélites étaient autorisés à entrer avec leurs sacrifices (Ps. 96. 8). Il était circonscrit par des tentures de fin coton soutenues par des piliers, eux-mêmes reposant sur des bases d'airain. Ces tentures de coton retors immaculé (conformes à l'humanité sans tache de Christ) nous parlent du **témoignage** de pureté pratique que les rachetés sont appelés à rendre en face d'un monde ignorant et hostile. Un tel témoignage est accompagné de **souffrances** pour la justice, aussi est-ce sur des bases d'**airain** que tout repose, de même nature que l'autel du sacrifice où, en figure, Christ a souffert pour nous, nous laissant un modèle... (1 Pier. 2. 21). Eclatante sous le soleil du désert, l'enceinte du parvis devait être visible de très loin, proclamant que Dieu était là. Que le Seigneur nous accorde de lui rendre collectivement devant le monde un témoignage sans tache ! — La fin du chapitre nous rappelle quelle est la source et la puissance intérieure d'un tel témoignage : **le Saint Esprit**. Pour que les sept lampes du chandelier éclairent **continuellement**, l'huile pure et broyée devait être apportée ; image d'un exercice incessant de la part des croyants pour laisser à l'Esprit de Dieu la place qui est la sienne.

Aaron est un type de Christ sous son caractère de grand souverain Sacrificateur. Il était le porte-parole du peuple auprès de l'Eternel, comme Christ est maintenant, devant Dieu, le représentant de ceux qui lui appartiennent. Son vêtement va donc nous parler en figure de tout ce qui se rattache à l'office que Jésus remplit dans le ciel en faveur de ses rachetés. Que le Saint Esprit nous rende **intelligents** (v. 3) pour en examiner les différentes parties. Elles illustrent en effet, en même temps que les attributs glorieux de notre souverain Sacrificateur, des vérités qui nous touchent de très près. — **L'éphod**, sorte de tunique sans manches, en était l'élément principal et caractéristique. Comme le voile, il était tissé et brodé de fils de diverses couleurs dont nous avons appris la signification. Deux épaulières, sortes d'agrafes reliant les parties avant et arrière de l'éphod, le complétaient et, sur elles, des pierres d'onyx enchâssées portaient, gravés d'une manière ineffaçable, en mémorial, les noms des douze tribus d'Israël. Belle image, n'est-ce pas, de la manière dont Jésus soutient et porte ses rachetés ! Ils sont connus par leur nom et sans cesse présents à sa pensée (comp. Luc 15. 5). Et, en outre, ils font partie de sa gloire, de son ornement (v. 2).

15 mai

Par-dessus l'éphod, sur le devant, un **pectoral**, sorte de plastron, était fermement attaché. Douze pierres précieuses y étaient enchâssées selon le nom des tribus qui se trouvaient ainsi constamment sur le cœur d'Aaron (v. 30). Touchante image de la place que nous occupons, nous les bien-aimés du Seigneur. Nous sommes sur ses épaules puissantes mais aussi **sur son cœur**, objets de sa tendresse incessante (comp. Jean 13. 23). Les noms étaient inscrits en gravure de **cachet**, comme un signe de propriété (Cant. des C. 8. 6 ; Aggée 2. 23). — **Continuellement** est un mot à souligner dans ce chapitre (fin des v. 29, 30, 38). A l'image de ces pierres fixées de manière inébranlable, rien ne peut priver les rachetés du Seigneur, ni de sa force (voir Jean 10. 28 fin), ni de son amour (Rom. 8. 35). — Les pierres étaient toutes différentes, reflétant chacune d'une manière particulière la lumière du même chandelier. Ainsi les rachetés sont-ils différents les uns des autres, chacun reflétant quelques traits moraux de Jésus. Et chacun est **précieux** au cœur de Celui qui le porte. Quand nous sommes sur le point de critiquer un autre chrétien, souvenons-nous que **le Seigneur l'aime**. Enfin tous ces joyaux, ou plutôt tous ces croyants, pour bien refléter la lumière du sanctuaire, ont besoin d'être taillés et polis ; c'est là le patient travail du Saint Esprit.

16 mai

Exode
28. 31 à 43

La robe entièrement de **bleu** qu'Aaron devait porter sous l'éphod nous parle du caractère **céleste** de notre souverain Sacrificateur. Tandis que Christ a été élevé **plus haut que les cieux** (Hébr. 7. 26), un témoignage lui est rendu sur la terre par ces « frères unis ensemble » soutenus par sa sacrificature dans le ciel et qui constituent comme « le bord de son vêtement » (Ps. 133. 1, 2). Les clochettes nous font penser à ce qu'on doit **entendre** dans la vie des enfants de Dieu. Leur tintement était la preuve que le sacrificateur était **vivant**. Montrons-nous autour de nous que Christ est vivant ? Les grenades représentent le **fruit** : ce qu'on doit **voir** dans la vie des saints s'ils restent attachés à la « robe » de l'Homme céleste (comp. Jean 15. 5). Et soulignons que clochettes et grenades sont en nombre égal, paroles et actes devant aller de pair dans la vie de chaque enfant de Dieu. Mais si dans ce témoignage et ce service nous nous sentons faibles et imparfaits, nous avons une ressource : Jésus devant Dieu dans son absolue sainteté, ayant sur son front la **lame d'or** « Sainteté à l'Eternel ». En le considérant, nous ne serons plus occupés de nos faiblesses, mais de ses perfections (Ps. 84. 9). — La fin du chapitre décrit les vêtements des fils d'Aaron et nous fait penser à la promesse du Ps. 132. 16.

17 mai

Seul, Aaron représente Jésus ; comme tel il est oint **à part** et le sang n'est pas nécessaire (v. 7). Accompagné de ses fils, nous y voyons Christ **avec les siens**. En vertu de leur relation avec Jésus, grand sacrificateur dans le ciel, les croyants sont associés à Christ pour présenter la louange à Dieu. Mais avant de pouvoir exercer leur office, Aaron et ses fils avaient à remplir un certain nombre de conditions. Des sacrifices étaient préparés pour eux. Ils devaient s'approcher de l'entrée de la tente et être lavés avec de l'eau (remarquons qu'ils ne pouvaient pas le faire eux-mêmes). Ensuite ils recevaient les nouveaux vêtements décrits au ch. 28. Moralement les mêmes opérations sont indispensables avant tout service chrétien. Il faut être venu à Dieu avec le sacrifice excellent qui expie nos péchés. Il faut ensuite ce « lavage d'eau » accompli par la Parole (Hébr. 10. 22 ; Tite 3. 5). Il faut enfin qu'à notre corps propre correspondent des habits propres. Zach. 3. 3 à 5 nous montre un sacrificateur, Joshua, que l'Eternel revêt d'habits de fête à la place de ses « vêtements sales ». Notre conduite extérieure doit être pure pour correspondre à la purification intérieure de notre conscience. C'est en **revêtant le Seigneur Jésus Christ** que nous pourrons le réaliser (Rom. 13. 14).

18 mai

Exode
29. 19 à 30

La cérémonie se poursuivait ; en effet, les fils d'Aaron n'avaient pas été purifiés pour faire ensuite ce qu'ils voulaient. Ils étaient **consacrés**, voués au service de l'Eternel. En Israël, seule la famille d'Aaron exerçait la sacrificature, tandis que maintenant tous ceux qui composent le peuple de Dieu sont appelés à cette noble fonction. Amis croyants, si Dieu vous a sauvés dans son grand amour, c'est pour que vous lui soyez dorénavant entièrement consacrés. Le sang sur l'oreille et sur les pouces de la main et du pied (v. 20) montrait que ces parties du corps, qui nous parlent respectivement d'**obéissance**, d'**action** et de **marche**, étaient sanctifiées pour être mises à la disposition de Dieu par la puissance du Saint Esprit (l'huile sur le sang). — Remarquons bien que l'expression traduite par **consacrer** signifie littéralement « **remplir les mains** » (voir note ch. 28. 41). Aussi, loin d'y voir comme certains un acte par lequel on s'offre soi-même au Seigneur (pouvons-nous lui donner ce qui lui appartient déjà ?), nous comprenons au contraire que nos mains, ou plutôt nos cœurs, ont besoin d'être d'abord **remplis par Dieu** pour pouvoir ensuite « tournoyer » l'offrande (Christ) devant lui (v. 24) « Ce qui vient de ta main, nous te le donnons » — dira David (1 Chron. 29. 14).

Le bélier de consécration devait être d'abord offert puis **mangé** par les sacrificateurs. Pour servir son Dieu, le racheté doit se **nourrir** de Celui qui, jusque dans la mort, a été entièrement consacré à Dieu. L'apôtre nous exhorte à « marcher dans l'amour, comme aussi le Christ nous a aimés et s'est livré lui-même pour nous, comme offrande et sacrifice à Dieu, en parfum de bonne odeur » (Eph. 5. 2). Les sacrificateurs devaient manger la chair du bélier de consécration « à l'entrée de la tente d'assignation », c'est-à-dire **avant** de servir dans le sanctuaire. A chacun des sept jours devait correspondre un nouveau sacrifice : le produit d'exercices spirituels et d'affections renouvelées de jour en jour. — La fin du chapitre nous parle des sacrifices qui devaient être offerts « continuellement », « en vos générations » (voir Nombr. 28. 3, 6, 10... ; Esdr. 3. 5), pour magnifier sans cesse devant Dieu l'œuvre de la croix. — Ayant sanctifié la tente, l'autel et la famille sacerdotale, Dieu pourra désormais habiter au milieu des siens dans un ordre de choses convenant à sa gloire (v. 44. 45). L'apôtre Paul établit la même relation entre l'habitation actuelle de Dieu par l'Esprit dans les croyants et la sainteté qui doit caractériser ceux-ci (lire 1 Cor. 3. 16, 17 et 6. 19).

20 mai

Exode
30. 1 à 16

L'œuvre permettant au sacrificateur de s'approcher étant accomplie, il peut être question d'un second **autel** recouvert d'or sur lequel Aaron et ses fils devaient faire fumer l'encens. Le premier autel nous a parlé de Christ et de la valeur de son sang, le second de Christ encore et de l'efficacité de son **intercession**. L'autel d'or était inséparable de l'autel d'airain. Jésus a été le sacrifice d'abord, puis le sacrificateur. Ayant offert sur la croix le sang qui purifie, il peut se présenter, vivant, pour les siens, dans les lieux saints. – Aucune victime n'était présentée sur l'autel d'or : Christ n'a plus à souffrir ni à mourir. L'œuvre achevée, il est désormais dans le ciel le sujet, « l'essence » du culte. Par lui le racheté s'approche à son tour et offre au Père le parfum de l'adoration et de la prière (Ps. 141. 2). Car le culte est avant tout la présentation à Dieu des perfections de son Fils bien-aimé. – Les v. 11 à 16 traitent de la **rançon**. Elle était strictement personnelle. D'autre part elle était identique pour le riche et pour le pauvre. Dieu ne fait pas de différence entre les pécheurs (Rom. 2. 11). Et il offre à tous un même moyen de salut. Un salut gratuit ! Mais combien il a coûté à celui qui a payé la rançon à notre place !

21 mai

Un ustensile manquait encore pour que le culte puisse être rendu. C'est la **cuve d'airain**. Elle devait être placée dans le parvis entre l'autel et la tente, sur le chemin du sacrificateur qui, allant exercer son office, s'y lavait les mains et les pieds. Figure du jugement de soi-même sous l'effet de la Parole (l'eau), purifiant l'adorateur des souillures contractées dans sa marche au milieu du monde (Jean 13. 10). — Après l'eau qui nettoie de « la saleté de la chair » (côté négatif), nous trouvons **l'huile de l'onction** (l'Esprit) qui confère un saint caractère. Les ingrédients entrant dans sa composition expriment les **grâces** et les **gloires** diverses de Christ. Il était interdit de verser l'huile sainte sur la chair de l'homme (se servir des dons de l'Esprit pour glorifier l'homme) et d'en fabriquer de semblable (imiter les manifestations du Saint Esprit). Le Ps. 133 (v. 2) nous montre cette huile précieuse répandue sur la tête, descendant sur la barbe d'Aaron, puis sur le bord de ses vêtements : image magnifique des rachetés jouissant par l'Esprit des perfections de leur Chef glorifié et participant à la même onction. Au contraire, la bonne odeur de **l'encens montait** constamment vers Dieu pour lui présenter en détail toute l'excellence de son Bien-aimé.

22 mai

Exode
31. 1 à 18

Remarquons dans notre passage la succession des verbes : **J'ai appelé** par nom, **je l'ai rempli** de l'Esprit de Dieu, **j'ai donné**, **j'ai mis** de la sagesse, **je t'ai commandé**. Tout ce qui concerne le service est dirigé d'en haut, par Dieu lui-même. Même Moïse n'était pas qualifié pour choisir les ouvriers. Dans les Actes nous voyons **l'Esprit Saint** désigner Barnabas et Saul pour l'œuvre à laquelle Dieu les appelait (Act. 13. 2). A plus forte raison, il n'appartient pas à l'ouvrier de décider ce qu'il veut faire. C'est Dieu qui le choisit et c'est lui aussi qui le remplit de la sagesse nécessaire. Dieu a donné à chacun une intelligence. A quoi employons-nous la nôtre ? Peut-être à faire de bonnes études ou à bien gagner notre vie. Mais le Seigneur veut d'abord que, sous l'action de son Esprit, toutes nos facultés soient mises à son service. — Enfin c'est encore Dieu qui, avec le **service**, donne le **repos** nécessaire à ses serviteurs. L'Evangile nous montre le Seigneur appelant ses disciples, les envoyant, enfin, à leur retour, les conduisant à l'écart pour qu'ils se reposent un peu (Marc 6. 7, 31). Ici le repos prend la forme du sabbat. « Le sabbat a été fait pour l'homme », dit le Seigneur Jésus (Marc 2. 27). Sachons remercier Dieu pour le repos qu'il nous accorde.

23 mai

On souhaiterait pouvoir passer d'emblée de la description du Tabernacle au ch. 31 à sa construction au ch. 35. Hélas ! entre les deux s'intercale un sombre épisode de l'histoire de ce pauvre peuple. Pendant que, sur la montagne, Dieu donnait la loi à Moïse, dans la plaine, le peuple transgressait déjà les deux premiers commandements. Et pendant que l'Eternel donnait à son serviteur les instructions relatives à **son** culte, Israël établissait un culte idolâtre. Combien grande est la perversité de l'homme, son ingratitude, sa promptitude à oublier les bontés de Dieu ! (Ps. 78. 11 et 106. 19 à 23). « L'idolâtrie » n'est pas seulement le péché d'Israël ou des païens. En rappelant cette scène, l'apôtre Paul est obligé de mettre en garde les **chrétiens** (1 Cor. 10. 7 et 14). Une idole, c'est tout ce qui prend dans le cœur une place qui n'appartient qu'à Jésus. Elle peut être comme le veau d'or : 1° à l'image des dieux du monde (les Egyptiens adoraient le bœuf Apis) — 2° fondue au moule, autrement dit porter l'empreinte des conceptions de l'esprit humain — 3° retouchée au ciseau : être le fruit de nos propres efforts (Es. 44. 10 et 12). Tout cela quand a été perdu de vue le retour de notre Médiateur, Christ, présentement absent, dans le ciel, comme Moïse était sur la montagne.

24 mai

Exode
32. 11 à 20

« **Ton peuple**, que **tu** as fait monter du pays d'Egypte, s'est corrompu », a annoncé l'Eternel à Moïse (v. 7). Non, répond celui-ci. Ce peuple est le tien, que **toi** tu as fait sortir… (v. 11). Par conséquent, il ne t'est pas possible de le détruire. Dans le ch. 17 de Jean, Jésus priant en faveur des siens dit de même au Père : « ils sont à **toi** » (v. 9). — Moïse est ici un habile avocat. Il avait jadis protesté qu'il n'était pas un homme **éloquent**, qu'il avait la « bouche pesante » (ch. 4. 10). Mais maintenant son cœur est ému pour Israël, et de l'abondance de ce cœur, comme il sait bien, par l'Esprit, plaider en faveur du peuple de Dieu ! Cependant toute la ferveur de Moïse ne pouvait empêcher l'Eternel de détruire Israël si la loi qui le condamnait lui était maintenant présentée. De ces deux choses : la **loi**, ou le **peuple coupable**, l'une devait disparaître. Dans sa grâce, Dieu permet que ce soit la loi qui soit retirée, de sorte que Moïse, avec la pensée de Dieu, brise les deux tables de pierre au pied de la montagne. — Quand le Seigneur Jésus est venu dans un monde coupable, cela n'a pas été pour abolir la loi. Il l'a au contraire parfaitement accomplie avant de subir sur la croix sa malédiction (Matth. 5. 17, 18 ; Gal. 3. 13).

L'indignation a saisi Moïse. Précédemment zélé pour le peuple auprès de l'Eternel, il est maintenant zélé pour l'Eternel auprès du peuple. Il prend à partie Aaron, lequel s'excuse au lieu de s'humilier. Puis un terrible devoir est imposé aux fils de Lévi pour nous montrer que la **gloire de Dieu** doit toujours passer avant les **liens de famille** ou d'amitié. Les fils de Lévi sont fidèles, et l'Eternel en tiendra compte en leur confiant plus tard le service du Tabernacle (Deut. 33. 9, 10 ; Mal. 2. 5). Dieu ne nous emploiera pas pour lui sans avoir d'abord mis à l'épreuve notre fidélité. — Enfin nous retrouvons Moïse à la brèche dans la position d'intercesseur. Il expose les faits, contrairement à Aaron, sans rien cacher. Mais il espère pouvoir faire **propitiation** pour le peuple et se présente pour être puni à sa place. Il ressemble en cela à l'apôtre Paul qui souhaitait être « séparé du Christ pour ses frères, ses parents selon la chair » (Rom. 9. 3). Mais un tel sacrifice n'est pas possible. L'Ecriture déclare qu'un homme « ne pourra en aucune manière racheter son frère, ni donner à Dieu sa rançon » (Ps. 49. 7) et que « chacun de nous rendra compte pour lui-même à Dieu » (Rom. 14. 12). Seul Christ pouvait faire propitiation pour le pécheur, parce qu'il était lui-même **sans péché**.

26 mai

Exode
33. 1 à 11

Animé d'une sainte colère, Moïse a détruit le veau d'or et ordonné le châtiment. Il a ensuite informé le peuple que l'Eternel ne monterait pas avec lui. Maintenant le voici qui fait une chose inattendue : il dresse pour lui une tente, hors du camp, loin du camp. A-t-il cessé d'aimer ce peuple ? Au contraire, il vient d'en donner la preuve la plus grande et la plus touchante en demandant d'être à sa place effacé du livre de l'Eternel. Non ; son motif est bien différent. En raison du péché commis, la nuée ne peut plus se poser dans le camp. Aussi est-ce pour retrouver cette précieuse colonne, figure de Christ, que Moïse et d'autres avec lui quittent le camp d'Israël. – Hébr. 13. 13 en allusion à ce passage, fait entendre l'appel : « Sortons **vers lui**, hors du camp ». C'est pour obéir à cette injonction que beaucoup de rachetés se sont séparés des religions formalistes, et des églises organisées de la chrétienté pour chercher seulement et simplement **la présence du Seigneur Jésus** (Matth. 18. 20). Voyez Josué ! Bien qu'encore un jeune homme, il comprend que le bonheur pour lui consiste à ne pas quitter la présence de Dieu. Image d'une communion continuelle, mais aussi des joies qui nous attendent au lieu où le Seigneur a promis sa présence !

27 mai

Hors du camp, Moïse peut avoir des entretiens face à face avec l'Eternel (v. 11). Quel en est le sujet ? Encore et toujours le pauvre **peuple**. Moïse est la figure d'un plus grand que lui : le Fils parlant au Père de ceux qui lui ont été « donnés du monde » (Jean 17. 9). — « Fais-moi connaître, je te prie, ton chemin », demande l'homme de Dieu. Puis il sollicite la présence de l'Eternel pour marcher avec eux. Rapprochons de ces demandes la double prière du psalmiste : « Fais-moi connaître le chemin où j'ai à marcher... Que ton bon Esprit me conduise dans un pays uni » (Ps. 143. 8, 10). Oui, monte toi-même avec nous, réclame le fidèle intercesseur. Nous ne pouvons nous passer de toi. — Et Dieu se laisse fléchir. On l'a remarqué : il ne trouve jamais la foi trop hardie. Nous réjouissons son cœur en lui demandant des choses difficiles. A petite foi, petite réponse, mais à grande foi, grande réponse. — Enfin Moïse fait à l'Eternel une troisième demande, plus audacieuse encore : celle de contempler sa gloire. Il ne la verra que « par derrière » (autrement dit dans les traces laissées par son amour). Nous pensons à la demande de Jésus au Père, que là où il est lui-même, les siens soient aussi avec lui, afin **qu'ils voient sa gloire**... (Jean 17. 24). Tel est son plus cher désir. Est-ce aussi le nôtre ?

28 mai

Exode
34. 1 à 11

En demandant à l'Eternel de lui montrer sa gloire, Moïse s'attendait sans doute à une vision éclatante, comme celle décrite au ch. 24. 10. Or Dieu va lui révéler ce qui est autrement précieux : « la gloire de **sa grâce** » (Eph. 1. 6). Il se fait connaître à son serviteur comme le Dieu miséricordieux et faisant grâce (v. 6). Mais notons deux conditions pour nous permettre d'en jouir. 1° « **Sois prêt au matin** », enjoint l'Eternel à Moïse. Que le Seigneur nous donne chaque matin cette préparation du cœur nécessaire pour goûter sa grâce ! (lire : Ps. 63. 1 à 3). 2° C'est **dans la fente du rocher** que l'homme de Dieu doit se tenir : image d'un Christ frappé, qui maintenant dit aux siens : « **demeurez en moi...** » (Jean 15. 4). Mais la grâce de Dieu ne doit pas nous faire oublier son **gouvernement**. Dans le même v. 7, nous apprenons qu'il pardonne l'iniquité et en même temps qu'il ne tient nullement celui qui en est coupable pour innocent. — L'Eternel avait déclaré au ch. 33. 3 : « Je ne monterai pas au milieu de toi, **car** tu es un peuple de cou roide ». C'est précisément **ce motif** pour lequel Moïse réclame sa présence (v. 9). Après la révélation de ce qu'est Dieu, miséricordieux et faisant grâce, c'est comme si Moïse répondait : c'est justement d'un Dieu comme toi que le peuple a besoin.

29 mai

Une seconde fois Moïse est avec l'Eternel sur la montagne pendant quarante jours. Comme conséquence de ce qui est arrivé, Dieu se fait connaître comme « un Dieu jaloux » (v. 14) qui veut être le **seul objet de l'adoration** de son peuple. Non pas que les idoles Lui fassent le moindre tort. Quelle rivalité pourrait exister entre le Créateur des mondes et les dieux d'or, de pierre ou de bois, ouvrages de mains d'hommes ? Mais il est « Jaloux » parce qu'il sait que le bonheur des siens consiste à n'aimer que lui, et que les idoles les décevront toujours. Il l'est aussi parce que leur faible amour a un grand prix pour son cœur. La 1re épître de Jean, celle qui nous parle le plus de l'amour divin se termine par cette exhortation : « Enfants, gardez-vous des idoles ». — L'habitant du pays te sera en piège, prévient l'Eternel qui connaît à la fois ce piège et notre tendance à y tomber (v. 12). Il ajoute : « De peur... qu'**on ne t'invite** » (v. 15). Certaines invitations sont en effet des pièges. Il faut avoir le courage de les refuser. Mieux encore, ayons un comportement sans équivoque tel que ceux qui cherchent à nous fréquenter sachent d'abord bien qui nous sommes ! (1 Rois 1. 9, 10). — En relation avec ses droits, l'Eternel répète ici quelques-unes des instructions des ch. 21 à 23.

30 mai

Exode
34. 27 à 35

Il n'est pas possible d'être en contact avec Dieu, de jouir des révélations de sa grâce, sans que cela se traduise extérieurement. Le visage de Moïse rayonne, bien qu'il ne le sache pas lui-même. Par son visage heureux, chaque enfant de Dieu devrait montrer sans effort à ceux qui l'entourent le bonheur qu'il possède. Oui, que le monde puisse voir en nous quelques reflets de l'amour de Jésus ! Paul explique aux Corinthiens pourquoi Moïse mettait un voile sur son visage. Avant la venue du Seigneur, même le reflet de la gloire divine ne pouvait être supporté par l'homme pécheur et devait être caché. Mais le voile « prend fin en Christ ». En effet lorsque Jésus est venu, Dieu a enfin pu être vu en lui dans toute la gloire de sa grâce. De sorte que maintenant, par la foi, nous contemplons le Seigneur Jésus à face découverte et nous sommes progressivement transformés à sa glorieuse ressemblance morale (2 Cor. 3. 18). — Un autre privilège de Moïse était de « parler avec Lui ». L'expression revient trois fois dans ces quelques versets. Quel honneur pour cet homme de Dieu et quelle preuve d'intimité ! N'existe-t-il pas une relation entre le fait de s'entretenir habituellement avec le Seigneur et un visage qui rayonne ? Que Dieu nous accorde de réaliser l'un et l'autre !

31 mai

Le Tabernacle va maintenant être construit. A cette occasion ses différents éléments sont énumérés une deuxième fois, comme pour nous rappeler que **connaître** est une chose, mais que **faire** en est une autre. Cependant, avant que le travail ne commence, il est encore question du **sabbat** (v. 1 à 3). Avant d'entreprendre quelque service que ce soit, il faut s'être tenu dans la présence du Seigneur, s'être « assis », l'esprit et l'âme en **repos** dans le sentiment de notre dépendance. C'est aux pieds de Jésus que Marie avait appris à le servir avec intelligence (Luc 10. 39). Aussi a-t-elle su, au moment convenable, apporter son parfum (comp. v. 8) et le répandre aux pieds du Maître. — Remarquons la variété de ce que les Israélites avaient à apporter, depuis l'or, les pierres précieuses, jusqu'aux pieux et aux cordages contribuant à retenir l'édifice (à soutenir la vérité). Dans cette longue liste chacun pouvait trouver quelque chose à offrir. Et vous aussi, ami qui connaissez le Seigneur, vous pouvez contribuer à l'édification de l'Assemblée. Un service discrètement rendu, l'exercice joyeux de la miséricorde (Rom. 12. 8) et des prières quotidiennes pour le témoignage, voilà qui est à la portée de chacun. Et cela est agréable au Seigneur.

1 juin

Les Israélites n'ont pu apporter que ce qu'ils n'avaient pas donné auparavant pour le veau d'or (ch. 32. 3). Nous ne pourrons mettre au service du Seigneur que ce que nous n'aurons pas employé pour le monde. Ne gaspillons donc pas notre jeunesse. — Quels étaient ceux qui donnaient ? « Tout homme qui avait un esprit **libéral**, tout homme que son **cœur** y porta ». C'est l'important ! Aimer le Seigneur, l'Assemblée, notre prochain, voilà la condition majeure aussi bien pour exécuter un travail que pour apporter un don. Ce qui ne procède pas de l'amour n'est d'ailleurs souvent pas bien fait. — Certains travaux pouvaient se faire **à la maison**, dans le cadre de la famille : filer par exemple. Ne pensons pas que travailler pour le Seigneur consiste nécessairement à devenir évangéliste ou missionnaire en pays lointain. — Remarquez le service des femmes. Si toutes n'étaient pas intelligentes (v. 25), ou habiles (v. 26), toutes pouvaient avoir un esprit libéral aussi bien que les hommes (v. 29), et être portées par leur cœur (v. 26) à donner ou à exécuter quelque chose pour le sanctuaire (Tite 2. 5). — Aux uns, Dieu a mis au cœur **d'enseigner** (v. 34). Qu'il mette au cœur des autres **d'écouter** ! Ainsi pourra être accompli par tous un service intelligent.

2 juin

Exode
36. 1 à 13

Dans une courte parabole de l'évangile de Marc, le Seigneur se présente comme un maître qui a quitté sa maison après avoir donné du travail à ses serviteurs. Il a laissé « à chacun son ouvrage... » (Marc 13. 34). Sauf pour le portier, la nature de cet ouvrage n'est pas précisée. En son absence, le Seigneur a préparé une tâche pour chacun des siens, en rapport avec son âge et ses capacités. Dans une autre parabole, celle des talents, nous voyons que le Maître, à son retour, demande des comptes à ses ouvriers. Certains recevront une récompense, d'autres seront rendus confus (Matth. 25. 14 à 30). Chacun de nous aura-t-il fait ce que le Seigneur attendait de lui ? — Notre lecture d'aujourd'hui nous permet de comprendre que beaucoup d'offrandes sont arrivées trop tard. Le moment d'accomplir un service, d'apporter un don, était passé. Ce que nous ne faisons pas immédiatement ne sert souvent plus à rien au moment où enfin nous nous décidons : il est trop tard, l'occasion est perdue. Importante leçon pour nous ! — « Et ce fut **un seul** tabernacle », conclut le v. 13. « Il y a un seul corps », affirme Eph. 4. 4. Malgré la division de la chrétienté en multiples dénominations, c'est ainsi que Dieu considère son Assemblée.

3 juin

Les matériaux étant rassemblés, les ouvriers désignés, la construction du Tabernacle va commencer. Nous aurons l'occasion d'y relever quelques images et quelques instructions nouvelles. – Les couvertures sont nommées d'abord. La première, faite de dix tapis décrits dans les v. 8 à 13, se voyait uniquement de l'intérieur, à la lumière du chandelier, quand le sacrificateur était dans le lieu saint. Ainsi les gloires variées de Jésus ne peuvent être comprises et appréciées autrement que par la lumière que donne le Saint Esprit et dans la présence de Dieu. Par contre, sous sa quatrième couverture faite de rudes peaux de taissons, le Tabernacle, à la différence des temples de l'antiquité (et de bien des édifices religieux modernes), n'avait rien extérieurement pour attirer les regards. Il nous rappelle Celui qui n'avait ni forme ni éclat, et qui n'a jamais rien fait en vue de plaire aux hommes (Es. 53. 2 ; Jean 5. 41). Que Dieu nous préserve des atteintes du monde et de son esprit ; qu'il nous garde de désirer ses gloires fugitives, de vouloir y briller davantage que n'y a brillé notre Maître ! – Solidement assujettis sur leurs bases d'argent, les ais, image des rachetés, nous font penser à cette exhortation de l'apôtre : « Demeurez ainsi fermes dans le Seigneur, bien-aimés » (Phil. 4. 1).

4 juin

Exode
36. 35 à 38 ; 37. 1 à 16

Le voile magnifique séparant le lieu saint du lieu très saint est porté par quatre piliers. **L'humanité** de Christ telle que les quatre évangiles la déploient devant nos yeux, est un sujet inépuisable d'admiration et d'adoration. Il est le Messie d'Israël (Matthieu), le Serviteur obéissant (Marc), le Fils de l'homme (Luc), Celui qui vient du ciel (Jean). Chaque fil : de bleu, de pourpre, d'écarlate ou de fin coton, chaque trait de son humanité, parfait en lui-même, est étroitement tissé, uni aux autres, de manière à constituer ce merveilleux ensemble qu'est la vie de notre Seigneur Jésus Christ. Mais cette **vie**, si belle qu'elle fût, ne pouvait pas nous conduire à Dieu. Au contraire, elle soulignait par contraste la profondeur de notre misère morale. Il a fallu Sa **mort**. Et comme signe, au moment même où le Sauveur laissait sa vie sur la croix, Dieu a déchiré le voile, frayant vers Lui à l'adorateur « un chemin nouveau et vivant » (Hébr. 10. 20). — L'arche et la table sont ensuite confectionnées. Les barres qui servaient à les porter à travers le désert nous font penser à la **marche** du Seigneur ici-bas. Recouvertes d'or pur, elles nous rappellent ce verset d'Esaïe : « Combien sont beaux... les pieds de celui qui apporte de bonnes nouvelles... » (Es. 52. 7).

Le **chandelier** d'or pur vient ensuite, avec son pied d'or battu, ses calices, ses pommes et ses fleurs « **sortant de lui** ». Dieu prend plaisir à répéter, en la détaillant, toute la plénitude (le chiffre 7) de fruits et de beautés émanant de ce chandelier, type de Christ, lequel n'est redevable à personne d'aucune de ses gloires. Mais n'oublions pas que le chandelier était d'or **battu**, et qu'il était alimenté par de l'huile **broyée** (ch. 27. 20), adjectifs qui font penser aux souffrances de Celui qui est venu comme la vraie lumière au milieu des ténèbres et n'a pas été reçu. Rejeté, il resplendit maintenant dans le saint Sanctuaire où les siens peuvent le contempler par la foi. — **L'autel d'or**, qui était aussi dans le lieu saint, devant le voile, est une autre image de Celui qui est l'objet central du culte, au Nom de qui nous nous approchons de Dieu pour adorer et aussi pour intercéder. L'encens qui y était offert, si nous nous reportons au ch. 30 v. 34 à 38, était « composé, d'ouvrage de parfumeur, salé, pur, saint ». Les diverses essences qui le constituaient nous parlent des perfections du Fils de Dieu et de la valeur que ces perfections ont pour le Père à qui nous les présentons. — L'huile sainte de l'onction est également préparée suivant les instructions du ch. 30.

L'**autel d'airain**, lieu où les sacrifices étaient offerts nous rappelle que Dieu a répondu par la croix à notre état de péché. Mais beaucoup de croyants sont troublés par les péchés commis **après** leur conversion. Ceux-ci peuvent-ils leur faire perdre leur salut ? Non, Dieu soit béni ! Comme Jésus le dit à Pierre : « Celui qui a tout le corps lavé » — ce qui a eu lieu une fois pour toutes pour le croyant (voir ch. 29. 4) — celui-là « n'a besoin que de se laver les pieds » (Jean 13. 10). Ce lavage des pieds après la marche, et des mains pour le service, se faisait à la **cuve d'airain**. Elle était faite de la même matière que l'autel pour nous apprendre que les péchés commis après notre conversion ont coûté, à Celui qui les a expiés, aussi cher que nos péchés précédents. Mais nous pouvons (et nous devons) les confesser à Dieu qui est fidèle et juste pour les pardonner à cause de l'œuvre de Jésus (1 Jean 1. 9). — Du v. 9 au v. 20, il est question de l'aménagement du **parvis**. Nous y relevons la dimension de la porte (v. 18) : vingt coudées = environ dix mètres. Image de la porte de la grâce, **grande ouverte** aux pauvres pécheurs et de l'accès facile que l'évangile offre à tous pour s'approcher de la croix (l'autel d'airain). Tous nos lecteurs ont-ils passé par cette porte ?

7 juin

Dieu fait tenir par les Lévites l'**inventaire** exact de tout ce qui a été fait et donné pour sa Maison. Il n'oublie rien ; jusqu'au moindre pieu et au plus petit crochet, sachant ce qu'a coûté à chacun l'objet qu'il a apporté. Le Seigneur Jésus, assis vis-à-vis du trésor du Temple, regardait comment la foule jetait ses dons, et appréciait hautement les deux pites d'une pauvre veuve. Car cette obole correspondait pour elle à un **entier renoncement**, c'était « tout ce qu'elle avait pour vivre » (Luc 21. 1 à 4). — La cuve d'airain mentionnée hier tient le même langage. Elle avait été faite avec les **miroirs** des femmes qui, à la suite de Moïse, étaient sorties vers la tente d'assignation (v. 8). Dans la présence de Dieu et par intérêt pour sa Maison, leur cœur les avait portées à **renoncer** à **l'occupation d'elles-mêmes** suggérée par le miroir (Matth. 16. 24, 25). Cela aussi Dieu l'apprécie et le mentionne dans sa Parole. Quant à l'argent du dénombrement, il a servi à fondre les bases des piliers et des ais. Tout repose sur la **rédemption** glorieuse dont l'argent est la figure (voir Nombres 3. 48) et c'est sur elle aussi qu'individuellement chaque racheté s'appuie par la foi pour être maintenu debout.

8 juin

Exode
39. 1 à 21

A la description des saints vêtements d'Aaron, le v. 3 ajoute un détail que ne donnait pas le ch. 28 : Des filets d'or devaient être brochés parmi les fils dont était tissé l'éphod. La gloire **divine** de notre grand Sacrificateur brille au milieu de tous les traits de sa sainte humanité. Contemplons-le dans les évangiles. Il dort sur un oreiller, mais l'instant d'après impose silence au vent et à la mer. Il pleure au tombeau de Béthanie, mais c'est avant de ressusciter Lazare. Il paie l'impôt, mais avec une pièce trouvée dans la bouche d'un poisson créé par lui. A tout moment l'or de sa divinité apparaît dans les circonstances les plus ordinaires de sa vie d'homme et d'homme de douleurs. Ce caractère inséparable des gloires de Jésus est souligné par les chaînettes, chatons, torsades et anneaux qui attachaient fermement tous ces vêtements les uns aux autres. On ne peut en retirer un, mettre en doute **une** vérité concernant la personne bénie de Christ, sans, en quelque sorte, le dépouiller entièrement. Hélas ! l'histoire de l'Eglise ne compte que trop d'exemples de gens audacieux qui n'ont pas craint de le faire. Que Dieu nous donne de reconnaître avec intelligence et adoration toutes les perfections morales, officielles et personnelles dont est revêtu le Seigneur Jésus !

Dans ces ch. 39 et 40, une expression revient continuellement : « comme l'Eternel l'avait commandé à Moïse ». Rien n'était laissé à l'imagination de ceux qui faisaient l'ouvrage. Et il en est de même aujourd'hui du culte des chrétiens. La Bible nous enseigne tout ce qu'il nous faut savoir sur la manière dont Dieu veut être adoré. Ajouter quelque chose à ses instructions, ou les remplacer par ce que nous estimerions meilleur, serait, n'est-il pas vrai, de la pure désobéissance ? Et en même temps de la prétention ! De quel droit déciderions-nous de ce qui convient à Dieu ? Eh bien, observons les religions chrétiennes, leurs clergés, leurs organisations, leurs pompeuses cérémonies ! Dieu « n'a pas commandé » ces choses, et le croyant qui connaît la Parole ne peut, par conséquent, pas s'y associer. — En contraste avec toutes les ordonnances de l'Ancien Testament, dont nous avons examiné quelques-unes dans ce livre de l'Exode, le culte des « vrais adorateurs » à l'égard du Père, est rendu « en **esprit** et en **vérité** » (Jean 4. 23, 24). Les formes extérieures d'une religion formaliste et les cérémonies sont mises de côté et remplacées par l'action du Saint Esprit. Ce ne sont plus des types et des images qui sont devant nous dans notre culte, mais la réalité des choses éternelles.

10 juin

Exode
40. 1 à 19

Le **premier** jour du **premier** mois, Moïse est invité à mettre en place le Tabernacle et son contenu, images des relations nouvelles que Dieu établit avec son peuple. Toutes choses sont faites nouvelles, et c'est l'Eternel lui-même qui a pourvu à toutes. Maintenant il reste à faire avancer les sacrificateurs : « Tu feras **approcher** » Aaron et ses fils (v. 12, 14). Nous pensons à cet homme qui fit un grand souper et envoya son esclave dire aux invités : « Venez, car déjà tout est prêt » (Luc 14. 17). Le **sanctuaire** a été préparé pour **l'adorateur** ; il faut aussi que l'**adorateur** soit préparé pour le **sanctuaire** : « tu les laveras... tu les revêtiras... tu les oindras... ». Lavés, justes, parfaits, nous entrons au saint lieu... dit un cantique. Et, pour le sacrificateur, vont commencer ses saintes fonctions dans leurs étapes successives : l'autel d'airain, la cuve, l'entrée dans le lieu saint, l'offrande du parfum sur l'autel d'or. Resterions-nous en arrière quand Dieu lui-même dit : « tu feras approcher », quand notre grand souverain Sacrificateur, vrai Aaron introduisant ses fils dans le Sanctuaire céleste, peut déclarer : « me voici, moi, et les enfants que Dieu m'a donnés » (Hébr. 2. 13) ?

Jusque dans les moindres détails, le sanctuaire et les objets du culte ont été préparés puis disposés chacun à sa place. « Moïse **acheva l'œuvre** » (v. 33). Il nous rappelle Celui qui a pu dire au Père : « J'ai achevé l'œuvre que tu m'as donnée à faire » (Jean 17. 4). Mais la fidélité de Moïse sur toute la maison de Dieu, évoquée en Hébr. 3. 2... pâlit à côté de celle du Fils, « fidèle à celui qui l'a établi ». Lui a révélé le Père, sanctifié ses « frères », édifié le vrai Tabernacle dont il est devenu le souverain Sacrificateur, établi un nouvel ordre de choses (non plus visible et matériel) dans lequel Dieu peut être connu, approché et servi (voir aussi Hébr. 8. 1, 2). Le merveilleux Tabernacle, dont nous terminons l'étude avec le livre de l'Exode, a illustré pour nous de multiples aspects de cette œuvre de Christ avec ses conséquences. Et la première de ces conséquences : Dieu descend en gloire pour demeurer au milieu de ce peuple (v. 34, 35). C'est ainsi qu'à la Pentecôte, sur la base de l'œuvre de Christ achevée, Dieu le Saint Esprit est descendu dans l'Eglise, formée selon Eph. 2. 22 pour être « une habitation de Dieu par l'Esprit ». Depuis lors, malgré la ruine, il est là, Guide divin, conduisant et dirigeant le peuple de Dieu, comme le faisait pour Israël la nuée au-dessus du Tabernacle.

12 juin

Lévitique
1. 1 à 17

Le Lévitique est un livre fermé pour celui qui n'en possède pas la « clé » divine. Celle-ci est **Christ**, que nous y trouvons sous tous les aspects de son sacrifice et de sa sacrificature. Le croyant possède **un seul** sacrifice, offert « une fois pour toutes », pleinement suffisant (Hébr. 10. 10). Mais pour le décrire sous ses différents côtés, l'Esprit de Dieu nous en donne des images variées et complémentaires. — **L'holocauste** est nommé le premier parce qu'il représente la part **de Dieu** dans l'œuvre de Christ. Elle est exprimée dans le Nouveau Testament par des passages comme Jean 10. 17 ; Eph. 5. 2 ; Phil. 2. 8. Chers amis chrétiens, quand nous pensons à la croix, au lieu d'y voir d'abord notre salut, commençons par considérer la satisfaction que **Dieu** a trouvée dans la personne et dans l'œuvre de son saint Fils. — Trois sortes de victimes pouvaient être présentées. Dans la manière de les offrir apparaissent quelques différences. Seules par exemple, les offrandes de bétail étaient coupées en morceaux qu'on arrangeait sur l'autel. Mais dans chacun des cas il s'agissait d'une « odeur agréable à l'Eternel ». Tel a été l'effet du feu du jugement qui passa sur la Victime sainte à la croix : faire ressortir dans ses moindres détails l'excellence de l'offrande « sans défaut » (Hébr. 9. 14).

Si l'holocauste évoque la bonne odeur de Christ dans sa **mort**, l'offrande de gâteau correspond aux perfections de sa **vie** comme homme sur la terre. Ce sacrifice ne comporte en effet ni victime ni sang, mais seulement de la **farine** et de l'**huile**, de l'**encens**, du **sel**. L'humanité du Seigneur : le grain de blé finement broyé, — né et baptisé du Saint Esprit : pétri et oint d'huile, — éprouvé par la souffrance de manière visible ou cachée : l'ardeur de la poêle, de la plaque ou du four, a été pour le Père un parfum du plus haut prix. Le croyant présente à Dieu cette vie parfaite de Jésus et en fait sa propre nourriture. Considérons cet homme merveilleux dans les évangiles. Sa dépendance, sa patience, sa confiance, sa douceur, sa sagesse, sa bonté, son dévouement qui n'ont pas varié au travers de toutes ses souffrances, voilà quelques-uns des sujets admirables qui correspondent à l'offrande de gâteau saupoudrée d'encens. C'était « une chose très-sainte » (v. 3, 10). Le **levain**, image du péché, n'y entrait pas, ni le **miel**, symbole des affections humaines. Par contre le **sel** de la séparation pour Dieu, qui préserve de la corruption, a marqué la vie de Jésus, et ne devrait jamais manquer dans la nôtre (Marc 9. 51 ; Col. 4. 6).

14 juin

Lévitique
3. 1 à 17

C'est toujours la même œuvre de Christ que présente le **sacrifice de prospérités**. Mais elle est considérée cette fois sous l'aspect de la communion, de la joie et de la paix qu'elle procure. Jésus n'est pas venu seulement glorifier le Père dans sa vie (l'offrande de gâteau), dans sa mort (l'holocauste), et expier nos péchés (les sacrifices du ch. 4). Il est aussi venu nous placer dans des relations nouvelles de communion avec Dieu. Notre cher Sauveur ne s'est pas contenté de nous délivrer du jugement éternel. Il a voulu nous rendre heureux et cela dès maintenant. Comme dans les autres sacrifices, la graisse était réservée à l'Eternel et on la faisait fumer sur l'autel. Elle est l'emblème de l'énergie intérieure, de la volonté qui gouverne le cœur. En Jésus cette énergie était entièrement pour Dieu. Sa volonté était de faire exclusivement ce qui plaisait à son Père (Jean 6. 38 ; 8. 29). Un tel sacrifice ne pouvait qu'être un parfum infiniment agréable pour Dieu (v. 5, 16). Quel privilège pour nous qui connaissons Jésus que d'avoir avec le Père un même « pain » (v. 11, 16), d'être invités à sa table pour partager sa joie et ses pensées au sujet de son Fils bien-aimé ! « Notre communion — dit l'apôtre Jean — est avec le Père et avec son Fils Jésus Christ » (1 Jean 1. 3).

Le sacrifice pour le péché clôt la liste des saintes offrandes. La première place revenait à l'holocauste : côté de Dieu dans l'œuvre de Christ ; la dernière aux besoins du pécheur. Mais il va de soi que nous faisons le chemin inverse. Avant de connaître la paix et la joie du sacrifice de prospérités, avant de comprendre ce que Jésus a été pour Dieu dans sa vie et dans sa mort, nous commençons par avoir affaire à Celui qui a souffert et qui est mort sur la croix pour expier nos péchés. Le **sang** était porté dans la tente comme pour donner à Dieu une preuve de l'œuvre achevée et au pécheur un gage de son acceptation. La **graisse** fumait sur l'autel, signe de la satisfaction trouvée par Dieu dans l'obéissance de la victime. Enfin, tandis que la chair de l'**holocauste** devait **fumer** sur l'autel et que celle du sacrifice de **prospérités** était **mangée** par celui qui le présentait, le corps des animaux offerts pour le **péché** était **brûlé** hors du camp. A cause de nos péchés qu'il portait, Jésus a souffert « hors de la porte », loin de la présence du Dieu saint. Et le verbe « brûler », différent de « faire fumer » employé pour les graisses et les parfums, traduit l'ardeur du jugement qui a consumé notre parfait Sacrifice (Hébr. 13. 11).

16 juin

Lévitique
4. 13 à 26

Bien des personnes ne s'estiment pas coupables de leurs fautes inconscientes ; elles partent du principe que Dieu ne peut pas leur reprocher leur ignorance et tiendra compte de leur « bonne volonté ». Funeste illusion ! Si Dieu doit prévoir un sacrifice pour les péchés commis par erreur, c'est la preuve que le pécheur même ignorant est coupable devant Lui. D'ailleurs nos lois ont la même rigueur ; nul n'est censé les ignorer. Une infraction au code, même involontaire, me fait encourir une contravention. Aux yeux du Dieu saint, le péché commis demeure ; il n'est aucunement excusé par mon indifférence. Mais j'apprends que, pour tout péché, s'il y a condamnation, il y a aussi sacrifice. Il n'a pas fallu moins que l'infini de l'œuvre de la croix pour effacer l'infini de l'offense faite à Dieu par mes péchés, volontaires ou non, ceux dont je me souviens et ceux que j'ai oubliés depuis longtemps. — En posant sa main sur la tête de la victime, celui qui la présentait faisait passer son péché sur elle. Il reconnaissait qu'il était coupable et aurait dû mourir, mais que l'animal offert le remplaçait pour porter ce péché et mourir à sa place. C'est ce qu'a fait pour nous Jésus, notre parfait Substitut.

17 juin

Pour son péché, un sacrificateur oint devait offrir un taureau (v. 3), le chef un bouc (v. 22, 23), quelqu'un du peuple seulement une chèvre ou un agneau (v. 27, 28, 32). Ceux qui doivent donner l'exemple ont une responsabilité plus grande, exprimée par l'importance de l'animal offert. Mais devant Dieu **tous ont péché** et n'atteignent pas à Sa gloire (Rom. 3. 22, 23). Qu'ils se trouvent en haut ou en bas de l'échelle sociale, honorés ou méprisés par leurs semblables, qu'ils soient de grands coupables ou qualifiés d'honnêtes gens, tous les hommes font partie d'une seule classe : celle des **pécheurs perdus**. Toutefois, dans son insondable miséricorde, Dieu a maintenant créé une catégorie nouvelle : celle des pécheurs **pardonnés**. Il a renfermé tous les hommes dans la désobéissance, afin de faire miséricorde à tous (Rom. 11. 32). — Soulignons l'expression des v. 23 et 28 : « si on lui a fait connaître son péché qu'il a commis ». Allusion au service délicat appelé « le lavage des pieds » qui consiste à aider un autre croyant à découvrir et à juger ses fautes (Jean 13. 14). — « Et il lui sera pardonné », conclut chacun de ces paragraphes. Réponse divine que Dieu peut faire au pécheur repentant, en vertu de l'œuvre de son Fils bien-aimé !

18 juin

Lévitique
5. 1 à 13

Les v. 1 à 4 fournissent quelques exemples des fautes qui devaient être expiées par un sacrifice. Il s'agit d'actes dont nous n'aurions peut-être pas discerné la gravité si la Parole, divine pierre de touche de la conscience, ne les avait pas condamnés : manquer de rendre son témoignage, avoir un contact passager avec ce qui est impur, proférer des paroles légères. On peut être coupable en gardant le silence (v. 1) ou au contraire en parlant trop (v. 4). Dans tous ces cas la confession s'imposait (v. 5) puis le recours au sacrifice (v. 6). Tel est encore le chemin que 1 Jean 1. 9 dicte au croyant qui a manqué, avec cette différence que le sacrifice n'a pas à être offert une seconde fois. Le sang de Jésus Christ est déjà devant Dieu pour nous, en sorte que la confession suffit ; Dieu est alors « fidèle et juste pour nous pardonner nos péchés et nous purifier de toute iniquité ». — Les v. 7 à 13 tiennent compte de différences entre les ressources de ceux qui apportaient leur offrande. L'un offrait un **agneau**, l'autre deux **tourterelles** et le troisième seulement une poignée de **farine**. Tous les hommes ne sont pas capables d'apprécier au même degré l'œuvre de Jésus. Ce qui compte, c'est la valeur **parfaite** qu'elle a **pour Dieu**.

19 juin

L'Israélite le plus scrupuleux pouvait toujours craindre d'avoir oublié un péché commis par erreur. Et à peine avait-il apporté un coûteux sacrifice qu'une nouvelle infidélité pouvait en exiger un autre. Hélas ! malgré les certitudes de la Parole de Dieu, de nombreux chrétiens vivent encore dans la même crainte. Ils font dépendre leur salut d'efforts sincères pour apaiser Dieu, par des aumônes, des pénitences, sans jamais être sûrs que ce soit suffisant. Combien c'est méconnaître la plénitude de la grâce divine ! Et quel bonheur nous possédons si nous sommes délivrés de cette crainte par l'assurance que **Jésus a tout fait** pour nous. — Notre passage distingue les péchés **contre Dieu** (v. 15, 17) des péchés **contre le prochain** (v. 21, 22). Souvent nous nous inquiétons moins des premiers que des seconds. Ce devrait être le contraire. Du reste, pour ce qui concerne le tort fait à autrui, il fallait non seulement le réparer, mais encore apporter un sacrifice **à l'Eternel** (v. 25 ; voir Ps. 51. 4). Inversement, il ne suffisait pas de se mettre en règle avec Dieu. Le jour où le coupable repentant offrait son sacrifice pour le délit, il devait aussi mettre sa situation en ordre devant les hommes (v. 24 fin). Les chrétiens d'Ephèse, jadis adonnés au spiritisme, se sont hâtés après leur conversion de brûler leurs livres de magie (Act. 19. 19).

20 juin

On a remarqué la correspondance entre les **quatre grands sacrifices** et l'aspect sous lequel chacun des **quatre évangiles** présente l'œuvre de Christ. Dans **Jean**, Jésus est le saint **holocauste**, celui que le Père aime parce qu'il a laissé sa vie de lui-même (ch. 10. 17, 18). **Luc** nous fait admirer la vie de l'Homme parfait dont parle **l'offrande de gâteau**. **Marc** place devant nous le Serviteur de Dieu représenté par le sacrifice de consécration ou de **prospérités**. Enfin **Matthieu**, plus que les autres, le désigne comme celui « qui sauvera son peuple de leurs péchés » (ch. 1. 21). — Les ch. 6 et 7 reprennent ces quatre classes de sacrifices pour en donner la loi, autrement dit la manière dont le sacrificateur devait les offrir. L'holocauste devait être **continuel** (v. 6), l'offrande de gâteau était « un statut **perpétuel** » (v. 11). Hier nous avons évoqué les craintes de l'Israélite qui n'était jamais sûr d'être rendu parfait par les mêmes sacrifices offerts **continuellement**. Mais le même ch. 10 des Hébreux nous montre le sacrificateur, qui lui non plus n'avait jamais fini, « se tenant **debout** chaque jour... et offrant souvent les mêmes sacrifices... ». Puis il présente Jésus qui, ayant offert **un seul sacrifice**, s'est **assis** à la droite de Dieu « à **perpétuité** » (Hébr. 10. 1, 11, 12).

L'épître aux Romains nous enseigne que Dieu a eu à s'occuper de deux questions : celle **des péchés**, jusqu'au ch. 5. 11, puis celle **du péché** jusqu'au ch. 8. Il a dû condamner l'arbre aussi bien que les fruits, le péché dans notre nature au même titre que les actes produits par lui. En exigeant un sacrifice pour le **délit** (l'acte commis) et un autre pour le **péché** (source de cet acte), Dieu nous apprend que l'œuvre de Christ répond à ces deux besoins du pécheur. — La loi du sacrifice de prospérités illustre les conditions nécessaires pour que soit réalisée la communion chrétienne. Il s'agissait d'un sacrifice d'**actions de grâces** (v. 12 ; 1 Cor. 10. 16) à caractère volontaire et joyeux (v. 16 ; 2 Cor. 8. 4), exempt de tout contact avec la souillure (v. 21). Les sacrifices pour le péché étaient offerts **parce qu**'on n'était pas pur. Il en était autrement des sacrifices de prospérités : **seuls** les Israélites qui étaient purs y avaient part (v. 19). Quiconque touchait la chair du sacrifice pour le péché devenait saint (ch. 6. 20), alors qu'inversement **toute impureté souillait le sacrifice de prospérités**. Nous veillons à la propreté de nos aliments. Prenons plus de soin encore pour qu'aucune souillure de notre esprit ne vienne interrompre la communion dont ce sacrifice est l'image.

22 juin

Lévitique
7. 22 à 38

Figure de la **communion** du racheté avec Dieu et avec ses frères, le sacrifice de prospérités était le seul dont **chacun recevait sa part**. Dieu avait la sienne, à savoir la graisse et le sang qui rappellent ses droits à notre dévouement et à notre vie. Aaron et ses fils se voyaient attribuer la poitrine tournoyée et l'épaule élevée (v. 34), image des affections et des forces du racheté qui appartiennent à Christ et aux siens. Enfin l'adorateur lui-même y trouvait son aliment. Et remarquons que la nourriture des sacrificateurs dépendait des sacrifices de prospérités. L'énergie spirituelle que le croyant pourra employer au service du Seigneur découle de la communion qu'il aura réalisée avec Lui. Les deux épîtres aux Corinthiens en sont la confirmation. La première traite de la **communion**, la seconde a pour sujet le **ministère**. Notre service ne sera utile et béni que dans la mesure où nous serons nourris du parfait Sacrifice de prospérités et où nous aurons, à son exemple, livré nous-mêmes nos corps en sacrifice vivant, saint, **agréable à Dieu**... (Rom. 12. 1). C'est le secret pour discerner selon le même chapitre « quelle est la volonté de Dieu, bonne et **agréable** et parfaite » (v. 2) et l'accomplir ensuite joyeusement (v. 3 à 8).

Nous avons considéré dans les sept premiers chapitres le sujet des **sacrifices** et arrivons à présent à celui de la **sacrificature**. Si le pécheur a besoin d'un **sacrifice**, le **croyant**, lui, a besoin d'un **sacrificateur** pour exercer le service dont il est chargé. Or, c'est en Christ que nous avons l'un et l'autre. Il est celui qui s'est offert lui-même, parfaite victime, pour nous **mettre en relation** avec Dieu, et il est maintenant aussi celui qui remplit les fonctions de souverain sacrificateur pour nous **garder dans cette relation**. Il était donc nécessaire qu'il fût sacrifice **avant** d'être sacrificateur. — Nous avons trouvé dans le ch. 29 de l'Exode les instructions données par l'Eternel à Moïse pour la consécration d'Aaron et de ses fils. Le moment vient où cette cérémonie peut avoir lieu. Toute l'assemblée d'Israël est convoquée à l'entrée de la tente d'assignation pour y assister, et contemple Aaron revêtu de ses vêtements de gloire et de beauté. Combien plus grande est la vision que l'épître aux Hébreux, appelée « l'épître des cieux ouverts », offre aux regards de notre foi. Elle nous invite à « **considérer** l'apôtre et le souverain sacrificateur de notre confession, **Jésus** », revêtu des attributs glorieux de sa sacrificature (Hébr. 3. 1).

En retrouvant ensemble dans ce chapitre Aaron avec ses fils, notre pensée s'élève vers Celui qui n'a pas honte de nous associer à lui, de nous appeler ses frères. Que Dieu nous garde en ce qui nous concerne d'avoir honte devant le monde de notre relation avec Jésus ! (2 Tim. 2. 12, 13). — Il est souvent question dans ces chapitres d'offrandes **tournoyées**. Faire tourner un objet sur lui-même permet de bien le montrer sous toutes ses faces. Nous sommes invités à présenter ainsi à Dieu tous les aspects de l'excellent sacrifice que nous apportons devant lui, en lui parlant de Jésus dans ses gloires variées, et de son œuvre sous ses différents caractères. — La poitrine du bélier de consécration, part spéciale de Moïse, était, elle aussi, tournoyée. Nous pouvons y admirer sous leurs multiples côtés les affections de Christ qui étaient la source et la puissance de sa consécration à Dieu. « **J'aime** le Père, — disait Jésus —, et **selon que le Père m'a commandé, ainsi je fais** » (Jean 14. 31). La même cause dans notre vie produira le même effet. L'amour seul suscitera une vraie consécration, autrement dit le sentiment profond que le Seigneur Jésus a tous les droits sur notre cœur. Le v. 24 étend ces droits à nos oreilles, à nos mains, à nos pieds, symboles respectivement de l'obéissance, de l'activité et de la marche.

25 juin

L'épître aux Hébreux nous présente le souverain sacrificateur qui nous convenait, « saint, innocent, sans souillure, séparé des pécheurs... » (Hébr. 7. 26). Quel contraste avec Aaron, le « sacrificateur pris d'entre les hommes », mentionné dans la même épître comme obligé d'offrir des sacrifices pour le péché non seulement pour le peuple, mais aussi « **pour lui-même** » (Hébr. 5. 1 à 3). C'est ce que nous le voyons faire ici. Avant de pouvoir s'occuper des fautes du peuple, Aaron est contraint de régler devant Dieu la question de ses propres péchés. C'est un principe général dont le Seigneur rappelle l'importance dans ce qu'on appelle « le sermon sur la montagne ». Pour pouvoir enlever le fétu qui est dans l'œil de notre frère, il faut avoir ôté d'abord la poutre qui est dans notre œil (Matth. 7. 3 à 5). — La fin du chapitre nous montre comment, la propitiation étant faite, la question du péché étant réglée, la bénédiction peut venir sur le peuple par le moyen de celui qui en a été l'artisan, la gloire de Dieu peut se manifester et la joie est libre de s'exprimer. Telles sont aujourd'hui pour le peuple de Dieu les conséquences bienheureuses de la croix de Christ. Que Dieu nous apprenne à les admirer et à y répondre de la même manière !

26 juin

Lévitique
10. 1 à 20

Il nous a été rappelé au ch. 9 qu'il pouvait arriver aux sacrificateurs « pris d'entre les hommes » de **pécher**. Nous n'avons pas eu à aller loin pour le vérifier tristement. Chaque fois que Dieu place l'homme dans une relation nouvelle, celui-ci démontre qu'il n'est pas capable d'y faire face. Jusqu'ici chaque détail avait été exécuté « **comme l'Eternel l'avait commandé** » (expression répétée quatorze fois dans les ch. 8 et 9). Mais à présent Nadab et Abihu, fils aînés d'Aaron, font « ce qu'Il ne leur avait **pas commandé** » (v. 1). A peine consacrés, ils présentent devant l'Eternel un feu ne venant pas de l'autel. Le solennel châtiment qui s'ensuit nous rappelle combien il est grave de substituer notre volonté aux instructions de la parole de Dieu (comp. en 2 Sam. 6. 3... l'épisode de l'arche placée sur un **chariot neuf**, suivi de la mort d'Uzza). Pas plus les **pensées de la chair** que ce qui excite ses **sentiments** (les boissons fortes) ne sont tolérés pour rendre culte à Dieu. Mépriser ouvertement les vérités que l'on connaît amène le transgresseur sous le gouvernement de Dieu. En revanche, comme le montre la fin du chapitre, le Seigneur est plein d'indulgence envers les ignorants et les errants, ainsi que pour ceux qui se courbent sous sa discipline.

Comme l'explique le Seigneur Jésus, ce ne sont pas les choses qui entrent dans l'homme qui le souillent, mais bien celles qui **sortent de lui** (Marc 7. 15). Aussi cette distinction entre animaux purs et impurs n'a-t-elle plus pour le chrétien qu'une application spirituelle. Quatre groupes d'animaux sont considérés dans ce chapitre : quadrupèdes, poissons, oiseaux et reptiles. Pour être purs, les premiers devaient réunir deux conditions : **ruminer** et avoir le **pied divisé**. La pureté du croyant dépend à la fois de la manière dont il se **nourrit** et de la manière dont il **marche**. — Aux poissons il fallait aussi deux attributs : des nageoires et des écailles. Sans les premières, comment se diriger, comment lutter contre la force du courant ? Et sans écailles, le corps n'est pas protégé. Résister à l'entraînement du monde et à ses facilités, c'est le moyen pour un jeune croyant de rester pur. — Les oiseaux impurs étaient les carnivores et les omnivores. Si nous donnons en pâture à notre esprit ce qui vient de la chair, ou indifféremment toute lecture ou spectacle qui s'offre à nous, nous en serons inévitablement souillés. — Enfin voici les reptiles et les animaux qui leur sont assimilés. Figure de la puissance du mal, « chose abominable » ! « Ayez en horreur le mal », enjoint Rom. 12. 9.

28 juin

Lévitique
11. 29 à 47

En observant les reptiles et les animaux qui « fourmillent » sur la terre, reconnaissons certains traits et dangers moraux dont nous avons à nous méfier. La **taupe** et la **souris** par exemple nuisent aux jeunes plantes, détruisent les racines vitales ; le **caméléon** évoque ceux qui prennent toujours la couleur de leur milieu : chrétiens parmi les chrétiens, mondains en compagnie des gens du monde. — Les v. 32 à 40 montrent comment les choses les meilleures et les plus utiles peuvent être gâtées par ce qui vient du « serpent ». Que le Seigneur nous apprenne à veiller sur nos esprits et à user de la provision **inaltérable** qu'il nous a préparée : une fontaine, un puits, un amas d'eau, images de la Parole divine, restaient toujours nets. « J'ai caché ta parole dans mon cœur, afin que je ne pèche pas contre toi » — disait le psalmiste (119. 11). Un Israélite pieux se gardait avec soin de tout aliment impur ou immonde (Act. 10. 14). Ayons une conscience non moins délicate pour distinguer entre ce qui est spirituellement pur ou impur, entre ce qui est susceptible de nourrir notre âme et ce qui est un poison pour elle. La raison profonde de cette séparation rigoureuse, nous la trouvons au v. 45 : Dieu est saint, et nous sommes son peuple.

29 juin

Comme pour nous montrer que les ressources divines ont **devancé** l'apparition du péché, le Lévitique considère les sacrifices et la sacrificature **avant** le péché lui-même. Le ch. 11 nous a appris à veiller pour ne pas être contaminés par l'impureré **extérieure**. Mais le mal n'est pas seulement autour de nous, il est également **en nous** ; l'ennemi est pour ainsi dire dans la place. Le ch. 12 nous fait prendre conscience de son caractère héréditaire. « Voici, j'ai été enfanté dans l'iniquité, et dans le péché ma mère m'a conçu » (Ps. 51. 5). La nature pécheresse d'Adam s'est transmise à toute sa race ; un petit enfant nouveau-né est un pécheur en puissance avant d'avoir commis encore aucun acte coupable. Et il a besoin au même titre qu'un adulte du sacrifice de Christ. – Les ch. 13 et 14 traitent de la **lèpre** qui représente toujours le péché sous son caractère de **souillure**. La lèpre : maladie rongeante, contagieuse, affreuse à voir, supprimant la sensibilité et qu'on ne pouvait pas guérir ! Aux yeux de Dieu le **péché** présente ces différents traits. Il se traduit en actes et en paroles, même chez des croyants, nous ne le savons que trop ! Exemples : en **Marie** la médisance (Nombr. 12. 10) ; en **Guéhazi** la convoitise et le mensonge (2 Rois 5. 27) ; en **Ozias** l'orgueil spirituel (2 Chron. 26. 20).

30 juin

Lévitique
13. 9 à 28

Pour que la lèpre soit diagnostiquée, le malade doit présenter deux symptômes : Le **poil blanc** fait penser au déclin spirituel qui a sa source dans la perte de la communion avec le Seigneur. La **tache plus enfoncée** que la peau indique qu'il ne s'agit pas d'un défaut superficiel et trahit un mal profond. Mais, chose paradoxale et difficile à comprendre, tandis qu'une seule tache a suffi à établir l'impureté du lépreux, à partir du moment où celui-ci se trouve **entièrement couvert** par la maladie, il peut être déclaré **pur** ! Il en est pourtant ainsi. Tel le pauvre lépreux qui longtemps s'est efforcé de couvrir les parties malades et à présent ne peut plus rien dissimuler, à partir du moment où un homme est contraint de se reconnaître **entièrement souillé** Dieu peut le déclarer net en vertu de l'œuvre de Christ. « Je t'ai fait connaître mon péché, et je n'ai pas couvert mon iniquité — dit le psalmiste — et toi tu as pardonné l'iniquité de mon péché » (Ps. 32. 5). Mais toute apparition de chair vive rendait de nouveau impur, car elle est l'image des vains efforts de la vieille nature pour s'améliorer. Au ch. 5 de Luc (v. 12, 14) un « homme **plein de lèpre** » venant à Jésus est aussitôt guéri, et le Seigneur l'invite pour en rendre témoignage à se conformer aux instructions du ch. 14 de notre livre.

1 juillet

Certaines taches, certaines maladies de peau, pouvaient induire en erreur. Le malade était alors enfermé pendant sept jours puis examiné pour vérifier s'il s'agissait ou non d'une plaie de lèpre. Ne jugeons jamais précipitamment ! Exerçons-nous à présumer le bien chez les autres plutôt que de leur prêter d'emblée de mauvais motifs. « L'amour... n'impute pas le mal » (1 Cor. 13. 5). Remarquons que le malade n'avait pas à donner son avis. C'était le sacrificateur qui **voyait** puis **déclarait** la nature de la plaie. Peu importait ce que l'homme pensait à son propre sujet. Il pouvait ne rien sentir, se croire en parfaite santé, tout en étant gravement malade. Combien de personnes ignorent qu'elles sont atteintes de la maladie du péché. Elles n'ont jamais considéré leur état à la lumière de la parole de Dieu ; elles ne se sont pas tenues devant le Sacrificateur. C'est lui qui établit la culpabilité de l'homme et le déclare irrémédiablement perdu. « Finissez-en avec l'homme... car quel cas doit-on faire de lui ? » (Es. 2. 22). Mais le Sacrificateur qui **constate** ainsi notre état est aussi celui qui **s'en est occupé** en grâce comme le grand Médecin et a donné à nos âmes une entière guérison (Luc 5. 31).

2 juillet

Lévitique
13. 45 à 59

Elle était terrible la condition du lépreux en Israël : chassé du camp sans espoir d'y retourner jamais, séparé des siens, obligé de proclamer de loin son misérable état : « Impur, impur ». Exclu de la congrégation, il est une image de ce que nous étions, gens des nations, « sans droit de cité en Israël,... n'ayant pas d'espérance... ». Mais maintenant, annonce l'apôtre, « vous avez été approchés par le sang du Christ » (Eph. 2. 12, 13) ; ce qui nous conduit à l'œuvre de la purification décrite au ch. 14. L'évangile nous montre plusieurs de ces pauvres lépreux implorant la pitié du Maître. Et lui, plein de compassion, posait ses mains sur eux pour les guérir sans être lui-même souillé par ce contact. Non seulement il **pouvait**, mais dans son amour il **voulait** les rendre parfaitement nets (Matth. 8. 1 à 3 ; voir aussi Luc 17. 11...). De même ce cher Sauveur peut et veut encore aujourd'hui purifier de tous ses péchés quiconque se reconnaît impur. — La lèpre dans un **vêtement** (v. 47 à 59) représente le mal qui peut s'insinuer dans nos habitudes et dans notre témoignage. Que le Seigneur nous donne de la vigilance pour le déceler, du courage pour le « brûler », autrement dit **le juger** à la moindre apparition !

Le jour de la purification du lépreux est arrivé. On l'amène au sacrificateur. Remarquons le rôle effacé mais indispensable de l'ami qui conduit le malade à celui qui va lui annoncer la guérison. Il est précieux d'être employé par Dieu pour amener des pécheurs au Seigneur Jésus. C'est un service qu'un jeune chrétien peut déjà accomplir (Jean 1. 42, 46). — Mais si le sacrificateur était demeuré dans le Tabernacle ou dans le camp, le lépreux, qui en était chassé, n'aurait jamais pu le rencontrer. Le sacrificateur sortait donc hors du camp (v. 3). Pour rencontrer le pécheur, Jésus a quitté la gloire. Nous ne pouvions faire un pas vers lui, alors lui a fait tout le chemin pour venir jusqu'à nous. Comment le fils prodigue serait-il entré sale et en haillons dans la maison de son Père ? Celui-ci sort à sa rencontre et le fait revêtir de la plus belle robe pendant qu'il est encore dehors. — Suivent les détails de la purification. Les deux oiseaux ensemble nous parlent du remède divin applicable au péché de tout homme : **la mort du Seigneur**, le premier oiseau était égorgé ; **sa résurrection**, le second oiseau s'envolait, marqué du sang qu'il emportait au ciel pour le placer symboliquement sous le regard d'un Dieu satisfait.

« Il sera pur », concluent les v. 9 et 20. Là non plus, il ne s'agit pas de l'opinion du lépreux guéri. Dieu déclare pur, saint, le pécheur régénéré à qui cette parole doit suffire même s'il ne ressent pas d'émotion particulière. « Vous avez été lavés,... sanctifiés,... justifiés au nom du Seigneur Jésus », affirme l'Ecriture (1 Cor. 6. 11). — Avec les oiseaux, image de l'œuvre de Dieu **pour nous**, il fallait deux choses, figure de son œuvre **en nous** : **l'eau**, puissance purifiante de la Parole, et **le rasoir**. Le lépreux rasait ses cheveux, sa barbe, ses sourcils. Tout ce qui rappelait la force de l'homme était mis de côté. On appelle l'**affranchissement** ce travail de l'Esprit qui nous conduit à juger ce que produit notre vieille nature. — Le sang du sacrifice était appliqué à l'oreille, à la main et au pied du lépreux guéri, exactement comme il avait été fait au sacrificateur le jour de sa consécration (Ex. 29. 20) et de même avec l'huile. En outre le lépreux était **oint d'huile** (v. 18). Détail extraordinaire, il était seul en Israël avec les rois et les sacrificateurs, à recevoir cette sainte onction qui correspond à l'opération du Saint Esprit dans le cœur du racheté ! (1 Jean 2. 20). De pécheurs souillés, lavés dans son sang, Christ a fait « un royaume, des sacrificateurs pour son Dieu et Père » (Apoc. 1. 6).

5 juillet

La lèpre dans la maison est l'image du péché dans une assemblée ou même dans ce qui porte le nom d'Eglise, la chrétienté tout entière. En regardant de près l'assemblée d'Ephèse au ch. 2 de l'Apocalypse, nous y discernons, ou plutôt le Seigneur, grand Sacrificateur dont les yeux sont semblables à une flamme de feu, y discerne déjà une petite tache suspecte : **l'abandon du premier amour**. Tout le reste semble bon : œuvres, travail, patience, mais voyez ce que devient ce petit commencement : une lèpre véritable à Pergame où certaines pierres de la maison sont atteintes de la « doctrine de Balaam », d'autres de celle des Nicolaïtes. Puis, le mal se développe comme un levain à Thyatire, à Sardes, jusqu'à ce que, à Laodicée qui représente l'état final de l'Eglise responsable, le Seigneur soit contraint d'annoncer : « je vais te vomir de ma bouche » (ch. 3. 16). La « grande maison » de la chrétienté professante sera rejetée, démolie. — Le ch. 15 poursuit le sujet de la souillure. Sous l'image du « flux », il nous montre tout ce que, dans notre vie de tous les jours, notre détestable caractère naturel est capable de laisser échapper pour empoisonner à la fois notre entourage et nous-même. Le remède existe pour nous en purifier : c'est la sacrificature exercée en notre faveur par le Seigneur Jésus (v. 15 et 30).

Aaron reçoit ici des instructions pour une occasion spéciale, celle du grand jour des propitiations (voir ch. 23. 27). C'est à cette scène que fait allusion le ch. 9 des Hébreux (lire les v. 7, 12, 25). Une fois l'an, après avoir présenté un sacrifice pour lui-même, le souverain sacrificateur offrait une victime pour tous les péchés du peuple commis pendant l'année. Puis il portait le sang de ce sacrifice au-dedans du voile, sur le propitiatoire dont le nom se trouve ainsi expliqué. Le sang qui fait **propitiation** pour l'âme (ch. 17. 11) y était apporté. Il rendait l'Eternel **propice**, favorable, à son peuple. Non pas que ce sang d'un bouc ait eu le pouvoir d'effacer un seul des péchés que tout ce peuple avait pu commettre pendant une année. Mais à l'avance il parlait à Dieu du sang précieux de son Agneau. — Contrairement à ce que nous aurions pensé, ce n'est pas dans ses vêtements magnifiques qu'Aaron devait se présenter devant l'Eternel. Il dépouillait toute gloire devant celle de Dieu et ne pouvait se tenir là que vêtu de fin lin, symbole de justice pratique (v. 4 ; Apoc. 19. 8). — La bonne odeur de l'encens accompagnait Aaron au-dedans du voile, de même que Christ est entré au saint lieu, offrant à Dieu le plein parfum de toutes ses gloires excellentes.

Le sacrificateur pénétrait à l'intérieur du voile, entouré d'un nuage d'encens, pendant que le peuple dans la crainte attendait au dehors. L'Eternel accepterait-il le sacrifice ? Si quelque chose n'était pas en ordre, Aaron n'allait-il pas périr comme ses deux fils aînés ? Quel soulagement au moment où il ressortait, son service achevé ! Prophétiquement cette scène s'accomplira quand, venant en gloire pour Israël, Christ « apparaîtra une seconde fois... à salut à ceux qui l'attendent » (Hébr. 9. 28). — Il restait à s'occuper du bouc vivant. Le premier, celui dont le sort était tombé pour l'Eternel (v. 9), avait été sacrifié et ôtait le péché **de devant Dieu**. Le second, le bouc « pour azazel » ôtait le péché **de dessus la conscience du peuple**. C'est pourquoi tous les péchés étaient confessés sur sa tête et il les emportait pour toujours dans une terre inhabitée (lire Ps. 103, 12 et Hébr. 8. 12 cité de Jér. 31. 34). Le premier bouc servait à faire **propitiation** ; il était **pour tous**. Le second nous parle de **substitution** : d'une victime portant les péchés **de plusieurs** (Hébr. 9. 28) à savoir de ceux seulement qui, confessant leurs péchés (v. 21), s'approprient par la foi la valeur de la victime. Le sacrifice de Christ a ce double caractère.

8 juillet

Lévitique
16. 23 à 34

Voyez combien était grand et délicat pour le sacrificateur et ses aides le travail nécessaire pour ôter les péchés. Et encore, tout ce service n'était-il valable que pour une année. En effet la source des péchés, le cœur des hommes, n'était pas purifiée pour autant et ce méchant cœur ne pouvait manquer de produire encore de méchantes actions tout au long de la nouvelle année. Toujours à nouveau il faudrait renouveler ces sacrifices, les sacrificateurs se succédant de père en fils « parce que la mort les empêchait de demeurer » (Hébr. 7. 23 à 25). — Combien plus grande est l'œuvre de Christ dans toute sa réalité, dans toute sa portée, exigeant son propre sacrifice ! Pour ôter le péché du monde, pour annuler toutes ses conséquences, mais aussi en atteindre la **source** : le cœur de l'homme et le purifier, Jésus a été entièrement seul. Personne ne pouvait y prendre la moindre part. Que faisait le peuple pendant ce grand travail du sacrificateur ? Il ne pouvait et ne devait rien faire, sinon affliger son âme. Une œuvre était accomplie en sa faveur sur laquelle il se reposait. Eh bien, c'est aussi tout ce que nous avons à faire ! nous reposer sur l'œuvre suffisante et parfaite du Seigneur Jésus.

9 juillet

Dieu se réserve la propriété du **sang** (voir déjà ch. 7. 26, 27). Sous son regard, dans le lieu très saint se trouve désormais, renouvelé chaque année, le sang des sacrifices offerts (ch. 16). Et ce sang, indispensable au maintien des relations du peuple avec Lui, parle constamment au cœur de Dieu de l'œuvre de son Fils bien-aimé. — Plusieurs passages de l'Ecriture établissent les vertus du sang de Christ : Il « **fait propitiation** pour l'âme » (v. 11). Il **purifie** de tout péché (1 Jean 1. 7). La moindre faute que nous avons commise doit être effacée par ce sang et ne peut l'être qu'ainsi. Par lui nous avons été **achetés** de toute nation (Apoc. 5. 9), **rachetés** (1 Pier. 1. 18, 19), **lavés** (Apoc. 1. 5), **justifiés** (Rom. 5. 9), **réconciliés** (Col. 1. 20), **sanctifiés** (Hébr. 13. 12), **approchés** (Eph. 2. 13) ; par lui **un chemin** a été ouvert jusque dans les lieux saints (Hébr. 10. 19). Par lui encore, la **victoire** nous est acquise (Apoc. 12. 11). — Précieux sang de Jésus ! Sa vertu, son efficacité, est une pierre d'achoppement pour ceux qui ne la saisissent pas par la simple foi, mais pour les rachetés, elle est un motif éternel de louange et d'adoration. « A celui qui nous aime, et qui nous a lavés de nos péchés dans son sang ;... — à lui la gloire et la force aux siècles des siècles ! Amen ».

10 juillet

Lévitique
18. 1 à 5 ; 19. 1 à 19

Les ordonnances contenues dans ces chapitres ont en vue la sainteté pratique du peuple de l'Eternel. Elles ont trait à la miséricorde (ch. 19. 10), à l'honnêteté et à la vérité (v. 11, 12), à la justice (v. 13 à 15), à la bienveillance et à l'amour (v. 16 à 18). Il est humiliant de retrouver les mêmes mises en garde adressées à des chrétiens, dans des épîtres telles que celles aux Ephésiens ou aux Colossiens. Ce qui prouve que la vieille nature chez un enfant de Dieu n'est pas meilleure que celle de l'Israélite autrefois. « Vous ne ferez pas ce qui se fait dans le pays d'Egypte... », commence le ch. 18, avant d'énumérer les souillures de la chair que l'Eternel a en abomination. « Voici donc ce que je dis, enseigne Paul aux Ephésiens, c'est que vous ne marchiez plus comme le reste des nations marche... qui, ayant perdu tout sentiment moral, se sont livrés à la débauche... » (Eph. 4. 17, 19 ; comp. aussi v. 25 et 28 avec Lév. 19. 11). « **Marchez dans l'amour** », conclut l'apôtre (Eph. 5. 2) et c'est aussi le résumé que propose le v. 18 : « tu aimeras ton prochain comme toi-même ». Le Seigneur Jésus a cité ce verset et l'a lui-même parfaitement illustré. Jacques l'appelle pour cette raison : « la loi **royale** (celle **du Roi**) selon l'Ecriture » ! (Luc 10. 28 à 37 ; Jacq. 2. 8).

Cette section du livre, constituée par les ch. 19 et 20, commence et s'achève de même, en spécifiant qu'Israël devait être le peuple **saint** d'un Dieu **saint**. Et presque chacun des commandements de ces chapitres est ponctué par le rappel : « Moi, je suis l'Eternel votre Dieu ». A plus forte raison, ceux qui font aujourd'hui partie de la famille de Dieu ont-ils à reproduire la sainteté du « **Père saint** » dont ils sont les **enfants** (Jean 17. 11). Pierre cite le v. 2 du ch. 19 en le complétant : « comme celui qui vous a appelés est saint, vous aussi soyez saints » (1 Pier. 1. 15, 16). Ce n'est plus seulement « **car** moi je suis saint », mais « **comme** ». Quelle mesure nous est donnée là ! — Le v. 32 attire notre attention sur le respect dû aux vieillards, au sujet duquel le jeune chrétien ne devrait jamais être en défaut. C'est dans tout notre comportement que doit se lire notre christianisme, non seulement dans l'abstention des péchés affreux que Dieu est obligé de dénoncer dans sa Parole, mais dans les mille détails où trouvent à s'exercer l'amour et la justice pratique (v. 34 à 36). N'oublions jamais que le beau nom de **Christ** a été invoqué sur nous (Jacq. 2. 7), en sorte que notre conduite, suivant ce qu'elle est, honore ou déshonore ce nom précieux.

12 juillet

Lévitique
21. 1 à 24

De même que le seul fait d'appartenir à la famille d'Aaron conférait **le titre** de sacrificateur, tous les rachetés du Seigneur sont aujourd'hui des adorateurs. Par contre s'il s'agissait d'**exercer son service**, un sacrificateur pouvait être disqualifié. Le contact avec la mort, un mariage qui n'était pas selon Dieu, un défaut naturel incorrigible, privaient le fils d'Aaron de ses saintes fonctions. Il était autorisé à se nourrir du **pain de Dieu** tout comme ses frères (v. 22), mais il ne connaissait pas la joie de Le servir. Malheureusement, beaucoup de croyants sont dans ce cas ! Ceux qui sont **aveugles** au sens de 2 Pier. 1. 9 ou **boiteux** au sens de Hébr. 12. 13, tout en conservant leurs titre et privilège d'enfants de Dieu, ne peuvent s'acquitter comme ils le devraient de leur service d'adorateurs. Et c'est une grande perte non seulement pour eux mais d'abord pour le Seigneur. — Si notre souverain sacrificateur supporte avec indulgence les défauts et **infirmités** des siens (ch. 21 — ce qui nous est confirmé par Hébr. 4. 15), il ne peut en revanche avoir aucune communion avec ce qui, au ch. 22, est l'image en eux d'un péché positif : un flux ou une lèpre (v. 4). La souillure chez un croyant le prive de la jouissance des « choses saintes ».

13 juillet

Du ch. 21. 1 au ch. 22. 16, Dieu veille au maintien d'une **sacrificature** sans tache, tandis que dans les v. 17 à 33, il s'occupe de la qualité des **offrandes**. N'est-il pas vraiment triste qu'il soit obligé de préciser : vous ne m'offrirez pas de bête malade ou ayant un défaut ? Malgré ces instructions qui n'auraient pas dû être nécessaires, le prophète Malachie nous apprend que le peuple apportait de telles offrandes. Agir ainsi était doublement une iniquité : D'abord parce que c'était **mépriser** l'Eternel. Ce qu'on n'aurait pas osé offrir au gouverneur (Mal. 1. 8), ce qui était invendable, on le trouvait assez bon pour Dieu. Ensuite, parce que tous ces sacrifices, parlant de Christ, victime **parfaite**, devaient être **sans défaut**. Et nous, chers chrétiens, que réservons-nous au Seigneur de notre temps, de nos forces, de notre intelligence, de notre argent ? Le meilleur, ou seulement le surplus, ce dont nous ne savons que faire ? — A la différence des sacrifices pour le péché **nécessaires**, **obligatoires**, il s'agit ici d'offrandes de prospérités, « **volontaires** », facultatives. De notre part non plus, rien n'est forcé. Dieu n'exige rien. Mais plus l'amour de Jésus aura d'emprise sur notre cœur, plus nous serons exigeants à l'égard de ce que nous lui donnons en retour.

14 juillet

Lévitique
23. 1 à 14

Ce chapitre constitue le calendrier des « jours solennels » de l'Eternel, autrement dit des fêtes qui revenaient chaque année. Elles étaient au nombre de **sept**, sans parler du sabbat, jour de repos hebdomadaire dont il est question en premier lieu. On a observé que ces fêtes, dans leur succession, déploient devant nos yeux l'histoire d'Israël depuis la croix, les desseins de Dieu concernant ce peuple, ses desseins concernant l'Eglise (quoique d'une manière plus voilée), enfin ses desseins concernant son Fils. Tout commençait à la **Pâque**. Le point de départ des bénédictions d'Israël, de l'Eglise, comme aussi du bonheur de tout homme, c'est **la croix**. Aussitôt après, la **fête des Pains sans levain** évoque Celui qui n'a pas connu le péché et dont la séparation du mal doit être reproduite dans la marche de l'Assemblée, c'est-à-dire de chaque racheté. Le « vieux levain » doit être ôté, car nous sommes « sans levain », rappelle Paul aux Corinthiens (1 Cor. 5. 7). — Vient ensuite **la fête des prémices**. Cette première gerbe tournoyée c'est encore Christ, dans sa résurrection triomphante, premier-né d'entre les morts, présenté à Dieu selon les divers côtés de ses gloires, « pour que nous soyons agréés » (v. 11).

Cinquante jours séparaient la fête des prémices de celle des semaines ou **Pentecôte**. Toutes deux avaient lieu le lendemain du sabbat, c'est-à-dire le premier jour de la semaine. Nous savons qu'après sa résurrection, avant de monter au ciel, le Seigneur est apparu à plusieurs reprises à ses disciples pour les consoler, les encourager et les envoyer annoncer l'Evangile. Puis, le ch. 2 du livre des Actes nous montre comment le Saint Esprit est descendu du ciel le jour de la Pentecôte pour habiter dans l'Assemblée. Les deux pains mentionnés au v. 17 sont un symbole de cette Eglise, composée de chrétiens juifs et « gentils ». Mais ceux qui la constituent sont encore sur la terre, c'est pourquoi le levain, image du péché, ne peut être absent de ces pains. (1 Jean 1. 7, 9) Tels sont « les premiers fruits » de l'œuvre de la croix présentés à Dieu par le sacrificateur. Et Jésus, parlant de lui-même comme du « grain de blé » qui devait tomber en terre et mourir, pouvait ajouter : « s'il meurt, il porte **beaucoup de fruit** » (Jean 12. 24). La gerbe des prémices était le gage d'une riche moisson (v. 22). Christ, homme ressuscité, ne restera pas seul dans la gloire. Il reviendra avec chant de joie, portant ses gerbes (Ps. 126. 6).

16 juillet

Lévitique
23. 23 à 44

Historiquement nous nous trouvons actuellement dans la période qui suit la Pentecôte. Israël est mis de côté, c'est le temps de l'Eglise pendant lequel le Seigneur Jésus rassemble en un les enfants de Dieu dispersés (Jean 11. 52). Cependant le jour vient où tout Israël sera à son tour rassemblé. Après l'enlèvement de l'Eglise, le « **mémorial de jubilation** », ou fête des trompettes (Nombr. 29. 1), convoquera le peuple, et le réunira dans son pays en vue de la grande affliction de la sixième fête : le jour des **propitiations**, qui correspond aux cérémonies du ch. 16. Israël dans l'angoisse attendra que paraisse à salut pour sa délivrance, celui qui est maintenant dans le sanctuaire avec les siens (Hébr. 9. 28). Et nous en arrivons à la fête des **Tabernacles** décrite en détail dans notre lecture. Elle préfigure le règne de justice et de paix sur la terre, qu'on appelle le millénium. Comptons combien de fois il est répété dans ce chapitre : « Vous ne ferez aucune œuvre de service ». Dans tout le merveilleux plan de grâce qui va de la croix à la gloire, Dieu s'est réservé le privilège de travailler lui-même. L'homme et ses efforts n'y sont pour rien. C'est une œuvre divine. Elle est « glorieuse et magnifique » (Ps. 111. 3).

17 juillet

Il y avait ainsi au cours de l'année des occasions spéciales de rassemblement et de fête pour les fils d'Israël. Leur service n'avait lieu que périodiquement. En revanche le service **en leur faveur** ne cessait jamais. Les lampes étaient arrangées **continuellement** (v. 3). Quel bonheur de penser que, même quand nous sommes trop occupés par les affaires de la vie pour penser au ciel, quand notre communion subit des éclipses, la lumière de Christ, divin chandelier, ne cesse de briller devant Dieu de tout son éclat ! Et qu'éclaire-t-elle ? Précisément les douze pains arrangés sur la table, qui représentent le peuple de Dieu au complet, rassemblé en ordre parfait dans le saint sanctuaire. — L'épisode du blasphémateur et de son châtiment nous apprend comment, malgré cette place privilégiée, l'apostasie fera son apparition au milieu du peuple et quelle en sera la terrible sanction. « Le Nom » par excellence a été blasphémé quand le Fils de Dieu venu sur la terre a été insulté, rejeté et crucifié. Il le sera dans un avenir proche lorsque « l'homme de péché », l'Antichrist, s'élèvera contre tout ce qui est appelé Dieu. Le Seigneur Jésus l'anéantira par l'apparition de sa venue (2 Thess. 2. 8).

18 juillet

Lévitique
25. 1 à 19

Dieu qui a donné le sabbat à l'**homme** pense aussi à sa **création**. Tous les sept ans, les travaux des champs devaient être interrompus pour laisser reposer la terre. Et après sept fois sept ans, chaque cinquantième année, le son de la trompette retentissait en Israël annonçant le **Jubilé**, le rétablissement de toutes choses. Si bien qu'aucune transaction, aucun achat immobilier, n'avait lieu sans penser à cette date du Jubilé dont on se rapprochait et dont il fallait sans cesse tenir compte. Chers enfants de Dieu, cette trompette dont tous les Israélites — et spécialement les opprimés — attendaient le signal, ne nous fait-elle pas penser à la dernière trompette avec laquelle le Seigneur descendra du ciel pour rassembler ceux qui lui appartiennent ? (1 Cor. 15. 52). Oui, le Seigneur vient, ne l'oublions pas ! Vivons dans cette perspective. Ne donnons aux choses de la terre qu'une valeur relative. Elles ont un caractère précaire ; nous n'en avons la jouissance que pour un temps. Fixons nos regards au-delà, sur les choses qui ne se voient pas et qui sont éternelles (2 Cor. 4. 18). Puissent nos décisions, nos projets, nos sujets de satisfaction comme aussi nos épreuves porter toujours à nos yeux la marque « provisoire » que leur confère notre bienheureuse espérance !

« Le pays est à moi » — rappelle l'Eternel à son peuple — et « vous, vous êtes **chez moi**... comme des hôtes » (v. 23). De même qu'un maître de maison a la charge de ses invités, Dieu s'engage à subvenir à l'entretien des siens et à leur donner d'une manière miraculeuse, chaque sixième année, une triple récolte permettant de respecter le sabbat d'années. Le chrétien est encore moins qu'Israël un propriétaire ici-bas. Si nous avions toujours présente à l'esprit cette pensée que rien n'est à nous mais que tout appartient **au Seigneur**, n'y aurait-il pas moins de convoitises dans nos cœurs et moins de disputes entre nous ? C'est au ciel, non sur la terre, que nous possédons de **vraies** richesses, ce qui est **nôtre** (Luc 16. 11, 12). — Dans tout ce chapitre, Dieu se plaît à déployer sa grâce magnifique, nous montrant comment il délivre les siens, s'occupe de leur repos, de leur joie, veille à ce qu'ils ne soient pas victimes de la dureté de leurs frères ou de leur propre insouciance. Et en cela il nous donne un exemple nous invitant à user vis-à-vis d'autrui de la même miséricorde dont nous sommes les objets (v. 35 à 38). Ce sera pour nous l'occasion de montrer au Seigneur que nous apprécions sa grâce et que nous n'avons pas oublié ce que Lui a fait pour nous (comp. Matth. 18. 32, 33).

20 juillet

Lévitique
25. 39 à 55

Lorsque retentissait la trompette de la délivrance, l'esclave retrouvait sa liberté, le pauvre sa possession, les familles se reconstituaient, chaque héritage retournait à son véritable propriétaire. C'était une restauration, une joie générale, image de celle que connaîtront Israël et le monde tout entier, lorsque Satan sera **lié** et la création au contraire **déliée** de sa servitude. Jusqu'à maintenant souffrante et « en travail », la terre jouira sous le règne de Christ de la liberté de la gloire des enfants de Dieu (Rom. 8. 21). Semblable à ce pauvre qui s'est vendu à l'étranger (v. 47), le peuple d'Israël qui par sa faute a perdu son héritage le recouvrera alors définitivement des mains de Celui qui l'a racheté : Christ, le vrai Boaz (Ruth 4). — Si Dieu doit avoir le dernier mot en ce qui concerne sa création, soyons certains qu'il veut aussi affranchir pleinement chacun de ceux qui lui appartiennent. Un frère en Christ peut s'être laissé ravir la jouissance de son héritage, être devenu pauvre spirituellement. La pensée du Seigneur est de le restaurer dans la grâce **en effaçant tout le passé** (il nous laisse ignorer les motifs pour lesquels ce frère est devenu pauvre) et de le faire jouir à nouveau de toutes les **richesses célestes**.

Deux principes divins vont toujours ensemble : L'un est la **grâce** souveraine — nous avons admiré son déploiement au ch. 25. L'autre est le **gouvernement**, sujet de ce chapitre 26. En effet, si d'une part Dieu donne sans poser de conditions, de l'autre il fait en sorte que chacun récolte ce qu'il a semé. L'Eternel prend la peine d'avertir son peuple des conséquences en bien ou en mal qu'aura sa conduite selon qu'elle sera bonne ou mauvaise. Et comme il présume toujours le bien, il commence, non par les menaces, mais par des promesses encourageantes, l'exposé des bénédictions qui résulteront pour Israël d'une marche obéissante. Certes, ce sont des bénédictions terrestres à la différence de celles du chrétien qui, lui, est « béni de toute bénédiction spirituelle dans les lieux célestes en Christ » (Eph. 1. 3). Mais l'une de ces promesses du Seigneur, d'un prix tout particulier, est commune au peuple terrestre et au peuple céleste : c'est celle du v. 12 que Paul cite aux Corinthiens : « J'habiterai au milieu d'eux, et j'y marcherai, et je serai leur Dieu, et eux seront mon peuple ». Elle entraîne la même responsabilité pour le chrétien et pour Israël : celle d'être entièrement séparé de toute idolâtrie (v. 1 : comp. 2 Cor. 6. 16).

22 juillet

Lévitique
26. 14 à 33

L'Eternel avait mis son peuple une fois de plus sérieusement en garde contre l'idôlatrie (v. 1). Hélas, il faudra une parole du prophète Amos (ch. 5. 25 à 27) citée par Etienne (Act. 7. 42, 43) pour que nous le sachions : dans le désert déjà, la maison d'Israël rendit hommage aux idoles qu'elle s'était fabriquées, en particulier à l'abominable Moloch (voir Lév. 20. 1 à 5). C'est la raison pour laquelle toutes ces menaces, de plus en plus sévères, s'exécutèrent plus tard sur le peuple coupable. Combien est dur le cœur de l'homme ! Pour le briser Dieu est obligé de frapper des coups **de plus en plus forts**. Eh bien, il arrive qu'il soit obligé d'agir ainsi avec nous ! Il commence par nous corriger avec douceur, et, si nous n'écoutons pas, sa voix se fait de plus en plus impérieuse. Prov. 29. 1 nous avertit que « l'homme qui, étant souvent repris, raidit son cou, sera brisé subitement, et il n'y a pas de remède ». Apprenons donc à reconnaître tout de suite la voix du Seigneur et à ne pas refuser sa répréhension (Ps. 141. 5). **Parce qu'il nous aime**, il ne nous châtiera jamais plus qu'il n'est nécessaire pour que la leçon soit apprise. **Parce qu'il est fidèle**, il insistera cependant, jusqu'à ce que tout ce travail patient ait enfin tourné vers Lui notre pensée et notre cœur.

D'une manière ou de l'autre, il faudra que les droits de Dieu soient respectés. Si le peuple n'observe pas les sabbats d'années prescrits au ch. 25, l'Eternel l'y contraindra en le chassant par la force de ce pays qui est le Sien. Israël n'aura pour ainsi dire pas rempli vis-à-vis de son propriétaire les conditions de location. Et ce sera une des causes de la transportation à Babylone. Les 70 ans de la captivité correspondront aux 70 sabbats d'années non respectés durant toute la période des rois. (2 Chron. 36. 20, 21). – Elles seront terribles les conséquences de l'iniquité d'Israël. Dieu est plus sévère envers ce peuple qu'envers les autres nations. Sa responsabilité est en effet beaucoup plus grande. Les oracles divins lui ont été confiés. Il est en relation avec le vrai Dieu dont le nom, à cause de lui, ne manquerait pas d'être blasphémé parmi les nations (Rom. 3. 2 et 2. 24). Or si Dieu a été plus exigeant envers Israël qu'envers les nations païennes, ne pensons-nous pas qu'il doit l'être encore davantage envers ceux qui, comme nous, ont entre les mains sa Parole ? « A celui à qui il aura été beaucoup confié, il sera plus redemandé » (Luc 12. 48). – Notons aussi que confesser son iniquité (v. 40) et en accepter la punition (v. 43) sont les conditions de la restauration.

24 juillet

Lévitique
27. 1 à 15

Ce chapitre traite des **vœux** que pouvaient prononcer les enfants d'Israël et de la manière dont le sacrificateur avait à les estimer. Dans le ch. 30 de l'Exode, notre attention a été attirée sur le fait que le prix du rachat était identique pour tous. Ici au contraire, les estimations varient de l'un à l'autre. Il ne s'agit plus en effet de ce qui représente notre salut, mais plutôt des **capacités** que possède chacun. Rachetés au même prix : le sang précieux de Jésus, tous les enfants de Dieu sont loin d'avoir le même niveau spirituel, la même aptitude au service. Et le sacrificateur devait intervenir pour apprécier l'œuvre de chacun : « Il en sera selon **ton** estimation, sacrificateur ! » Si nous avons tendance à critiquer ce que font ou ne font pas les autres croyants, rappelons-nous que Celui qui juge, c'est le Seigneur et que dans le corps de Christ chaque membre a son importance et sa fonction particulière. (1 Cor. 4. 4, 5). — Personnes, bêtes ou maisons, tout pouvait être consacré à l'Eternel. Certes, nous n'avons rien de plus précieux à vouer au Seigneur que notre propre personne. C'est ce qu'avaient fait les Macédoniens dont parle l'apôtre : ils s'étaient « donnés **premièrement eux-mêmes** au Seigneur ». Et tout leur service, spontané, abondant en joie, découlait de ce don initial (2 Cor. 8. 2 à 5).

25 juillet

Laissons le Seigneur apprécier et estimer ce que font les autres. Mais ne nous préoccupons pas non plus de rechercher pour nous l'estime d'autrui ; n'attendons pas des hommes davantage que Celui qui fut « estimé par eux » à seulement trente pièces d'argent (Zach. 11. 12, 13). Etudions-nous par contre à être présentés « approuvés **à Dieu** » (2 Tim. 2. 15). — Nous avons considéré le sacrificateur et ses offices dans ce livre du Lévitique dont nous terminons l'étude. Etude un peu ardue parfois, mais qui nous a permis de porter nos regards sur Jésus, notre grand sacrificateur ! Et nous avons pu constater son intervention dans tous les domaines de la vie des siens. Pour le **salut** : il est entré dans les lieux saints avec son propre sang, ayant obtenu une rédemption éternelle. Pour la **marche** : il veille à écarter toute lèpre. Pour le **service** enfin : il est, dans notre chapitre, celui qui apprécie tout à sa propre mesure ! Chose triste à dire, il existe des chrétiens qui acceptent bien le salut, mais préféreraient ensuite que le Seigneur ne s'occupe pas de leurs affaires. Alors, pour ceux-là, il faudra peut-être de tristes expériences, comme celles du ch. 26, jusqu'à ce que leurs affections soient réveillées. Que le Seigneur nous donne une confiance entière dans sa Personne et dans son œuvre !

26 juillet

Nombres
1. 1 à 21

Les instructions du Lévitique concernaient le culte et la communion. Les Nombres reprennent l'histoire du peuple à travers le désert pour nous parler d'autres aspects de la vie chrétienne : **la marche** et **le service**. L'Eternel commence par procéder au dénombrement (« Nombres ») des tribus d'Israël : soldats, lévites, sacrificateurs. Chacun avait à déclarer sa **filiation** (v. 18). Au temps d'Esdras, ceux qui remonteront de l'exil devront prouver qu'ils font bien partie d'Israël. Et certains sacrificateurs seront exclus comme profanes pour n'avoir pu, par négligence, trouver leur « inscription généalogique » (Esdr. 2. 59, 62). Chers amis, chacun de nous doit savoir en tout premier lieu s'il est ou non un **enfant de Dieu**. Et il doit être prêt à le déclarer devant les autres (Rom. 10. 9). Mais attention ! Etaient Israélites tous ceux dont les parents appartenaient à une des douze tribus. Tandis qu'aujourd'hui on est un chrétien seulement quand on croit **personnellement** au Seigneur Jésus Christ. On fait alors partie de ce peuple céleste dont Dieu, dans son « état civil », ou plutôt dans son livre de vie, tient le compte exact et parfaitement à jour. Si aujourd'hui vous venez à Jésus, votre nom viendra s'y inscrire. Car « à tous ceux qui l'ont reçu, il leur a donné le droit d'être enfants de Dieu » (Jean 1. 12).

Vingt ans est encore aujourd'hui dans certains pays l'âge auquel les jeunes gens sont astreints au service militaire. Reconnu apte à porter les armes, le conscrit se doit à sa patrie. Sitôt incorporé, il renonce à son indépendance pour se plier à des servitudes collectives ; il apprend le respect dû aux supérieurs, le sens de la discipline, du devoir, de l'honneur ; il est entraîné au combat... (Luc 7. 8). Cet « appel sous les drapeaux » n'a-t-il pas pour tout jeune chrétien son application spirituelle ? Sans doute n'est-ce pas dès le lendemain de sa conversion qu'un « nouveau-né en Christ » sera d'emblée « **propre au service militaire** ». La famille de Dieu se compose de « petits enfants », de « jeunes gens » et de « pères » (1 Jean 2. 13...). Et comme toute famille comptant des enfants de développement différent, celle de Dieu, bien qu'unie par une même vie et des droits identiques, embrasse des capacités et des responsabilités diverses. Mais il doit se produire une **croissance** (comp. Luc 2. 40, 52). Il arrive un moment où le petit enfant doit être devenu spirituellement un **jeune homme**, fort, ayant l'expérience de victoires sur le Méchant (1 Jean 2. 14), un **homme fait** selon Hébr. 5. 14. En sommes-nous là ? Ou bien n'avons-nous fait que peu de progrès depuis notre conversion ?

28 juillet

Nombres
1. 38 à 54

Tous les fils d'Israël recensés dans ce chapitre avaient traversé la mer Rouge l'année précédente. Ils avaient « été **baptisés** pour Moïse dans la nuée et dans la mer » ; ils avaient eu part à tous les privilèges attachés à la qualité de peuple de l'Eternel : la manne, l'eau du rocher (1 Cor. 10. 2...). Mais sur les plus de six cent mille dénombrés du v. 46, combien atteindront le pays ? Deux seulement, en qui Dieu pourra prendre plaisir parce qu'ils ont **la foi** (comp. 1 Cor. 10. 5 et Hébr. 11. 6). Dans la multitude de ceux qui portent aujourd'hui le nom de chrétiens, seul le Seigneur sait combien d'âmes lui appartiennent véritablement (2 Tim. 2. 19). Répétons-le, ce n'est pas le baptême mais **la foi en Jésus Christ** qui fait de quelqu'un un membre du peuple de Dieu. — Les fils de Lévi n'étaient pas dénombrés parmi les hommes de guerre (v. 47). La force et la puissance n'entrent pas en ligne de compte pour le service du Seigneur. Remarquons cependant que le croyant est aujourd'hui enrôlé **à la fois** parmi les soldats et parmi les serviteurs. Il doit être apte comme Timothée à **combattre** « le bon combat de la foi » (1 Tim. 6. 12) et en même temps, tel le jeune Archippe il faut qu'il prenne garde au **service** qu'il a reçu du Seigneur (Col. 4. 17).

Les croyants ne sont pas appelés à traverser le « désert » isolément. Pour leur donner conscience qu'ils sont un **peuple**, une **famille**, le Seigneur les rassemble autour de lui. Représentons-nous le camp d'Israël. L'Eternel en occupe le centre ; l'arche est là ; la nuée de sa gloire demeure sur le Tabernacle. Autour de celui-ci, chacun a sa place assignée. D'abord les Lévites, puis, sans ordre de préférence, les douze tribus campant, par groupes de trois, sous une même bannière à chacun des quatre points cardinaux. Dieu est un Dieu d'ordre (1 Cor. 14. 33). Dans sa sagesse souveraine, « il a placé les membres (du Corps de Christ) – chacun d'eux – dans le corps **comme il l'a voulu** » (1 Cor. 12. 18). Il a fixé la place où il veut chacun des siens. Qu'il nous donne de l'occuper ! Beaucoup de chrétiens ont dressé des **bannières** à leur idée ou à leur convenance. Le nom d'un homme ou d'une doctrine est pour eux comme un drapeau, un signe de ralliement qui les distingue des autres. Dieu ne reconnaît pas ces dénominations, ces bannières déployées par **l'homme**. Il ne reconnaît que le centre établi par **lui-même** : **Jésus**, « le vrai Tabernacle », rassemblant les enfants de Dieu dispersés, lui qui est appelé aussi « un **porte-bannière** entre dix mille » (Cant. 5. 10).

30 juillet

Nombres
3. 1 à 16

L'Eternel a mis à part les fils de Lévi pour en faire les serviteurs du sanctuaire. Mis à l'épreuve à l'occasion du jugement qui suivit le veau d'or, ils ont été trouvés fidèles (Ex. 32. 26 à 29 ; Mal. 2. 4 à 6), aussi sont-ils maintenant choisis pour le service d'**Aaron** et de **toute l'assemblée** (v. 7). Image du privilège qui est celui de chaque chrétien : servir le Seigneur et servir l'Assemblée, l'un n'allant pas sans l'autre ! A remarquer que le mot traduit par **service** aux v. 7 et 8 est rendu ailleurs par **garde**, surveillance. L'attention et la vigilance font partie du service pour le Seigneur. Ce mot caractérise notamment l'activité de la sentinelle en Es. 21. 8 : elle est là **faisant sa garde** toutes les nuits. Que le Seigneur nous accorde d'être de ceux qui savent veiller **pour** et **sur** le peuple de Dieu ! Notons qu'au ch. 4. 3 un autre mot traduit par « service » signifie aussi labeur, souffrances, guerre. – Au v. 13, l'Eternel rappelle quand et comment il s'est acquis ces Lévites. La nuit de la Pâque – pour nous la croix – a marqué leur mise à part (lire 2 Cor. 5. 15). Mais de plus ces serviteurs sont « **absolument donnés** » à Aaron et à ses fils (v. 9). N'est-ce pas ainsi que notre grand Sacrificateur désigne ses chers disciples en s'adressant à son Père ? Ils sont « **ceux que tu m'as donnés** » (Jean 17. 9, 12, 24...).

31 juillet

De même que personne n'avait le droit de choisir l'emplacement de sa tente, aucun Lévite ne pouvait librement décider quel service il voulait accomplir. Ce que nous avons à faire n'est pas nécessairement ce qui nous intéresse, ce qui nous paraît répondre à nos capacités, ou ce qui se présente justement devant nous. C'est **ce que le Seigneur veut** que nous fassions. « Il y a diversité de services, et **le même Seigneur** », affirme 1 Cor. 12. 5. Lui est le vrai Prince des princes établi sur toutes les charges (v. 32) et seul il est en mesure de fixer la fonction de chacun dans le programme d'ensemble. Imaginons ce qui se passerait sur une ligne de chemin de fer si un aiguilleur décidait un jour de changer de travail ou si un garde-barrière abandonnait son passage à niveau. Quel désordre, quelles catastrophes en résulteraient ! — De toute façon, quelle que soit l'activité des Lévites, chacune des trois familles campait à proximité du Tabernacle (v. 23, 29, 35). Nous pensons à ces ouvriers au temps de David qui habitaient « auprès du roi, pour ses travaux » (1 Chron. 4. 23). « Celui qui est le plus près de Christ sera celui qui le servira **le mieux** et, sans cette proximité, on ne peut le servir » (J. N. D.).

1 août

A l'encontre des autres fils d'Israël, les Lévites étaient dénombrés dès l'âge d'un mois. Pensons au petit Samuel, à Jérémie (ch.1. 5), à Jean le baptiseur, (Luc 1. 15) à Paul (Gal. 1. 15). La mise à part précède l'appel au service du Seigneur, le moment venu. Le jeune Esaïe, aussitôt qu'il a entendu la bonne nouvelle que « propitiation est faite pour son péché », est prêt à répondre spontanément à l'appel du Seigneur : « Me voici, envoie-moi » (Es. 6. 7, 8). Dès sa vision du chemin de Damas, Saul apprend de la bouche du Seigneur qu'il est désigné pour être « **serviteur et témoin** » (Act. 26. 16). Aucun racheté ne s'appartient à lui-même. S'il s'est, par grâce, tourné des idoles vers Dieu, c'est comme les Thessaloniciens, « **pour servir** le Dieu vivant et vrai... » (1 Thess. 1. 9). Le même enseignement découle de la fin de notre chapitre. Les Lévites **se substituaient** aux premiers-nés en Israël, c'est-à-dire à ceux que la grâce divine avait épargnés de la mort par la vertu du sang de l'agneau. Autrement dit, **chaque racheté devient un serviteur** de Celui qui l'a sauvé de la mort, arraché au pouvoir du monde et de son prince. Ne sommes-nous pas des « premiers-nés » dans la famille de Dieu par l'abondance des privilèges reçus ? Veuille le Seigneur nous rendre conscients de ses droits sur notre vie (lire 2 Chron. 29. 11).

2 août

Nombres
4. 1 à 15

Bien que différentes les unes des autres, les fonctions des Kehathites, des Guershonites et des Merarites étaient toutes en rapport avec le Tabernacle. Ils devaient le démonter, le transporter et le remonter d'étape en étape à travers le désert. S'il y a « diversité de services », tous sont en relation avec Jésus, notre Seigneur, et chaque croyant a en fait la même charge : **présenter Christ** en traversant le monde et en manifester les différentes gloires morales. En parole et en œuvre, les serviteurs du Seigneur sont responsables de maintenir intact et vivant l'enseignement chrétien. — Pendant leurs déplacements à travers le désert, la plupart des ustensiles étaient cachés sous l'humble peau de taisson, nous rappelant que les croyants possèdent leur trésor — Christ — « dans des vases de terre... » (2 Cor. 4. 7). Une exception : **l'arche**, sous son drap tout **bleu**, symbole du caractère céleste de l'Homme-Dieu marchant ici-bas. Le chandelier sur une **perche** se faisait reconnaître de tous, figure du témoignage bien en vue rendu dans le monde par Celui qui en est la lumière. Et **l'autel** d'airain, sous son drap de **pourpre** (v. 13), rappelle sans cesse au racheté, traversant le monde, les souffrances de Christ et les gloires qui suivent.

3 août

On a pu comparer les attributions respectives des trois familles des Lévites aux principales formes du ministère dans l'Assemblée : prophètes, pasteurs, docteurs... (Eph. 4. 11), les premiers présentant Christ en rapport avec les besoins du désert (Kehathites), les autres veillant aux « assemblages de tapis et couvertures », autrement dit ayant charge de l'assemblée comme témoignage pratique — ce qu'on voit (Guershonites), les derniers enfin, responsables des « structures », des fondements de la vérité (fils de Merari). Et pour que l'édifice soit complet, la collaboration des trois familles était indispensable. Un Kehathite pouvait être employé à porter l'arche alors qu'un Guershonite ne s'occupait peut-être que d'un simple cordage. Mais ce n'est pas l'importance ni la noblesse apparente d'un travail qui compte aux yeux du Seigneur. C'est la **fidélité** (1 Cor. 4. 2). Avec **deux** comme avec **cinq** talents, l'esclave fidèle en **peu** de chose sera établi sur beaucoup (Matth. 25. 20 à 23). Abstenons-nous d'envier le service d'un autre, ou au contraire de le sous-estimer. Qui sommes-nous pour « juger le domestique d'autrui » ? (Rom. 14. 4). Seul le vrai Aaron a qualité pour placer lui-même « chacun à son service et à son fardeau » (v. 19). Et quelle sécurité pour le Lévite ! Guidé par le sacrificateur, il savait **que** faire et **comment** le faire.

4 août

Nombres
4. 34 à 49

Le premier dénombrement des Lévites au ch. 3 comprenait tous les mâles depuis l'âge d'un an. Ce deuxième recensement ne tient compte que des hommes de **trente à cinquante** ans. Le Seigneur attend de nous que nous lui réservions **les meilleures** années de notre vie. Il ne s'agit plus de l'âge physique, mais de la maturité spirituelle, fruit de l'expérience acquise peu à peu. A un jeune qui aura été fidèle dans « ce qui est très petit », le Seigneur pourra, le moment venu, confier « ce qui est grand » (Luc 16. 10). — 8580 Lévites sont ainsi reconnus en âge de servir. Eu égard au volume et au poids du Tabernacle, nul n'était surchargé ; l'un pouvait relayer l'autre. Pourquoi alors le Seigneur est-il obligé de constater avec tristesse que, pour sa grande moisson, il dispose de **peu d'ouvriers** ? (Matth. 9. 37). Hélas ! parce que beaucoup « ne plient pas leur cou au service de leur Seigneur » (Néh. 3. 5). Constatation humiliante et qui devrait parler à chacun de nous ! — Le dénombrement des Lévites est achevé « chacun selon son service et selon son fardeau » (v. 49). Ces mots **fardeau**, **charge** (voir note 3. 7...), nous rappellent que celui qui sert le Seigneur et les siens ne peut le faire sans en sentir spirituellement le poids, sans en avoir le **cœur chargé** (2 Cor. 11. 28).

Nombres
5. 1 à 17... 27 à 31

5 août

Le camp d'Israël devait être préservé de toute impureté, et ceci pour une raison primordiale : l'Eternel y habitait (v. 3). Le même motif est invoqué par l'apôtre pour inviter chaque enfant de Dieu à se garder de toute souillure : **son corps est le temple du Saint Esprit** (1 Cor. 6. 19). L'homme atteint de **lèpre** (le péché) ou d'un **flux** (incapacité de retenir les manifestations de la chair) devait être éloigné du camp jusqu'à sa guérison. — A partir du v. 11, il est question de l'épreuve de **jalousie**. Elle suggère pour chacun de nous l'examen soigneux et fréquent de nos affections. Christ en est-il resté l'objet ? Si nous aimons le monde, la Parole nous applique la terrible qualification d'**adultères**. Même si extérieurement tout paraît en ordre, nous sommes devenus ennemis de Dieu, nous avons trahi le Seigneur (Jacq. 4. 4 ; 1 Cor. 10. 22). Oui, tenons-nous devant Lui, comme cette femme suspectée devant le sacrificateur, et laissons la Parole (l'eau sainte) pénétrer notre conscience, mettre en évidence nos sentiments les plus secrets. « Sonde-moi, ô Dieu ! et connais mon cœur ; — demande le psalmiste — éprouve-moi, et connais mes pensées. Et regarde s'il y a en moi quelque voie de chagrin, et conduis-moi dans la voie éternelle » (Ps. 139. 23, 24).

6 août

Nombres
6. 1 à 12

A côté des Lévites, tout Israélite homme ou femme appartenant aux autres tribus pouvait être consacré à l'Eternel en faisant vœu de nazaréat. Mais à la différence des fils de Lévi, sa consécration était **individuelle** et **facultative**. Le nazaréen était libre de ne pas faire ce vœu, mais une fois celui-ci contracté, sa liberté cessait ; sa vie privée et publique devenait soumise à de strictes obligations. Ainsi dans une armée, l'engagé volontaire est astreint à la même discipline que les recrues des classes mobilisées. Les conditions du nazaréat étaient au nombre de trois : 1° S'abstenir de tout ce que produit la **vigne** : symbole des joies du monde. 2° Laisser croître sa **chevelure** : image de la mise de côté de soi-même qui doit caractériser le disciple de Christ. 3° Fuir le contact avec la **mort**, salaire et preuve du péché. En principe chaque enfant de Dieu porte ce triple caractère. Il est mort au **monde**, au **moi** et au **péché** (Gal. 6. 14 ; 5. 24 ; 2. 17 à 20). Mais pour avoir la force de tenir dans cette position difficile et contraire à notre nature, il faut que son nazaréat, cette mise à part pour Christ, résulte d'une joyeuse décision de son cœur. Les v. 9 à 12 rappellent combien il est facile par manque de vigilance de perdre notre caractère de nazaréen, et difficile de le retrouver.

7 août

L'Ecriture mentionne quelques nazaréens : **Samson, Samuel, Amasia** (2 Chron. 17. 16), **Jean** le baptiseur. Mais le nazaréen par excellence a été **Jésus**. Mis à part pour Dieu avant sa naissance, occupé à douze ans des affaires de son Père, sa consécration à Dieu a été totale jusqu'à la mort de la croix. Venu **dans** le monde, il n'était « pas **du** monde » et restait étranger à ses fêtes et à ses joies (Jean 7. 8 ; 17. 14). Jamais il n'a laissé ses circonstances de famille entraver son ministère (Luc 8. 20, 21). Sa dépendance était continuelle (Jean 5. 19). Aucune souillure n'a pu l'atteindre (1 Pier. 2. 22). Quel modèle ce cher Sauveur est pour nous dans le chemin de l'entier dévouement ! Chemin difficile mais au bout duquel l'attendait cette **joie** dont le vin est l'image et qu'il veut partager avec ceux qui auront ici-bas partagé **son opprobre** (v. 20 fin ; Hébr. 12. 2 ; Matth. 26. 29 et 25. 21). — A la fin des jours de son vœu, le nazaréen offrait tous les sacrifices. Avoir pris position ici-bas avec le parfait Nazaréen permet en effet d'entrer pratiquement dans les divers aspects de son œuvre à la croix. — Les v. 22 à 27 couronnent ce chapitre comme pour nous montrer que la mise à part pour le Seigneur est le sûr chemin de la **bénédiction**.

8 août

Nombres
7. 1 à 17... 84 à 88

Ce long chapitre est consacré aux offrandes des douze princes. Les premières : six chariots et douze bœufs destinés aux Lévites nous parlent de l'aide pratique que nous pouvons apporter aux serviteurs du Seigneur pour faciliter leur ministère : hospitalité, déplacement etc... A plusieurs reprises par exemple, il est question dans les épîtres de faire la conduite aux serviteurs de Dieu (Rom. 15. 24 ; 1 Cor. 16. 6, 11 ; 3 Jean 6). — Ces offrandes remises aux Lévites « à chacun **en proportion** de son service » (v. 5), rappellent que le Seigneur fournit toujours aux siens les moyens d'accomplir la tâche qu'il leur a confiée. Puis viennent les offrandes pour la dédicace de l'autel. Servir les frères, les aider matériellement n'est pas tout. Ces plats, bassins, coupes, remplis jusqu'aux bords de ce qui parle des perfections et du parfum excellent de Christ, correspondent au culte des vrais adorateurs. Les divers sacrifices en font aussi partie et évoquent les aspects variés de l'œuvre de la croix. Mais pourquoi Dieu consacre-t-il tant de place à ces offrandes, alors que tout pouvait être résumé par un seul paragraphe ? Comprenons-le : il donne sa pleine valeur à ce qu'apporte **chacun** et n'omet rien de ce qui est fait pour Lui.

9 août

Le v. 89 nous livre le secret de « Moïse, homme de Dieu » (Ps. 90). C'est la **prière**. Considérons-le sous le poids des responsabilités qui l'accablent, harcelé par les murmures du peuple, se retirant dans l'ombre et le silence du sanctuaire pour s'entretenir avec son Dieu. Il écoutait « la Voix » et ensuite, « il Lui parlait ». Et pensons à Jésus qui, longtemps avant l'aube ou le soir venu, après les fatigues de la journée, se retirait seul à l'écart **pour prier** (Marc 1. 35 ; 6. 46). — Pourquoi est-il de nouveau question du chandelier au début du chapitre 8, entre l'offrande des biens au ch. 7 et la consécration des Lévites dans les versets suivants ? N'est-ce pas pour montrer que la lumière sonde et apprécie aussi bien le **don** que la **personne**, non seulement le service mais également celui qui l'accomplit ? Dieu sait ce que vaut notre dévouement dont parle cette scène de consécration. Et nous remarquons que les Lévites étaient présentés par Aaron en offrande **tournoyée**, comme pour laisser cette lumière divine successivement tout éclairer en eux sans rien laisser dans l'ombre. S'il était resté la moindre tache à leurs vêtements, cela se serait vu immédiatement. Combien il est important de nous tenir toujours **devant Dieu** pour le servir (exemple : 1 Rois 17. 1).

10 août

Nombres
8. 15 à 26

Avant d'être présentés en offrande tournoyée, les Lévites étaient purifiés et des sacrifices étaient offerts pour eux. Ils faisaient passer le rasoir sur tout leur corps (v. 7) et lavaient leurs vêtements. Nous avons déjà rencontré ces images à l'occasion de la consécration des sacrificateurs et de la purification des lépreux. Elles ne correspondent pas à la conversion, mais au travail que fait le Saint Esprit par le moyen de la Parole pour que les croyants **restent purs**. Le rasoir est l'image du jugement que nous avons à porter sur tout ce que produit la chair. Pour le serviteur **l'orgueil** en particulier croît vite si le « rasoir » n'est pas là pour en surveiller les apparitions. D'autre part, quand nous venons de nous laver, nous n'aimons pas remettre des habits sales. Et, pour servir le Seigneur, il nous faut non seulement une bonne conscience, mais également une conduite extérieure irréprochable. — « **Après cela** » seulement, le Lévite pouvait faire son service (v. 22). Leçon importante ! N'importe quel métier comporte un apprentissage, une période de préparation. A plus forte raison le service **du Seigneur**. Avant de commencer hâtivement un travail pour Christ, laissons-le faire celui que, par sa grâce, lui veut accomplir en nous.

Nombres
9. 1 à 14

11 août

Un an s'est écoulé depuis la sortie d'Egypte. Et l'Eternel communique à Moïse ses instructions pour célébrer ce grand anniversaire. La chrétienté fête chaque année la naissance et la mort du Sauveur. Mais ensuite beaucoup n'y songent plus jusqu'à l'année suivante. Les rachetés du Seigneur, eux, ont le privilège de rappeler ensemble ses souffrances et sa mort **chaque premier jour de la semaine** en prenant part à la Cène qu'il a instituée. — En Israël la grâce donnait une ressource à celui qui était impur ou en voyage. Le Seigneur connaît les circonstances des siens et y répond par sa miséricorde, mais il ne change rien à sa propre mesure. Même au second mois, la fête devait être célébrée selon tous les statuts de la Pâque (v. 12). De même que la confession de fautes était ici nécessaire (v. 7), la Parole invite le croyant à se juger, à s'éprouver lui-même avant de prendre part à la **Cène du Seigneur** (1 Cor. 11. 28). Y participer aujourd'hui n'est nullement comme au temps de la Pâque une contrainte à laquelle nous avons à nous soumettre sous peine de **châtiment** (v. 13). Le désir du Seigneur a-t-il pour cela moins de force sur le cœur de son racheté ? Sous prétexte que ce n'est plus une obligation, est-ce moins grave de s'abstenir quand le Seigneur a dit en donnant la coupe aux siens : « Buvez-en **tous** » ? (Matth. 26. 27).

12 août

Nombres
9. 15 à 23 ; 10. 1 à 10

Israël n'avait aucune question à se poser pour ses étapes à travers le désert. Chaque départ et chaque halte avaient lieu « au commandement de l'Eternel ». La nuée se levait-elle ? Il fallait partir même si on était à peine arrivé, même si l'endroit plaisait. Restait-elle sur le tabernacle ? On devait camper sans aller plus loin. La direction divine était aussi indispensable pour camper que pour partir, pour la nuit que pour le jour. Belle figure de la **dépendance** continuelle qui convient aux rachetés du Seigneur et que lui-même a parfaitement illustrée. Malgré le message qu'il a reçu des sœurs de Lazare et l'amour qu'il porte aux membres de cette famille, Jésus ne se rend à Béthanie que deux jours plus tard, lorsqu'il connaît la volonté de son Père (Jean 11). — Quand la volonté de l'Eternel était révélée, les trompettes d'argent des sacrificateurs donnaient le signal des divers mouvements du peuple. Elles sonnaient lors des rassemblements (v. 3, 4), des départs (v. 5, 6), des batailles (v. 9) ou des fêtes solennelles (v. 10). Ces trompettes nous parlent du témoignage de Dieu, rendu tant dans le rassemblement des saints que dans leur marche, dans leurs combats, dans leur culte. Au milieu d'un monde ennemi, « n'ayons pas honte du témoignage de notre Seigneur » (2 Tim 1. 8).

13 août

Lorsque la nuée se levait pour le départ, les trompettes retentissaient, le peuple se rassemblait, les Lévites démontaient le Tabernacle, chacun prenait son ordre de marche. Puis la trompette sonnait à nouveau « avec éclat » et les tribus s'ébranlaient dans l'ordre de leurs bannières. – Les chrétiens aujourd'hui attendent le signal du grand départ. Le Seigneur reviendra « avec la trompette de Dieu » pour enlever son Eglise (1 Thess. 4. 16). Mais celle-ci ne peut oublier ceux qui restent encore en arrière. Avec l'Esprit elle se tourne vers le monde : « Que celui qui a soif vienne ». (Apoc. 22. 17). C'est ce que semble dire Moïse à Hobab : Viens jouir avec nous du bien que Dieu a promis de faire aux siens. Mais pourquoi lui demande-t-il ensuite son aide pour diriger le peuple à travers le désert ? Ne le jugeons pas trop sévèrement, nous qui nous confions souvent plus volontiers dans les conseils d'autrui que dans les directions du Seigneur. Comme pour rappeler **qui** conduit les siens, le v. 33 montre **l'arche** prenant la tête pour assurer au peuple **« un lieu de repos »**. Le chemin de **trois jours** par lequel Christ a passé en traversant pour nous la mort ouvre une voie nouvelle à un peuple ressuscité, en marche vers le repos céleste.

14 août

Nombres
11. 1 à 9

Dans son ingratitude le peuple se plaint et l'Eternel le châtie. Mais la leçon n'a pas suffi. La convoitise, condamnée par le dixième commandement de la loi, s'allume au sein du « ramassis » (ce « grand amas de gens » sortis d'Egypte avec Israël — Ex. 12. 38). Où sont les aliments que nous mangions en Egypte **pour rien** ? Le pauvre peuple oublie les briques, la paille, et combien l'oppresseur faisait payer **cher** le peu qu'il donnait. Ces mets de l'Egypte : poireaux, oignons, ail etc... ont pour la plupart une forte **saveur**, excitent l'appétit, mais ne sont **pas nourrissants**, parfois indigestes. De quoi les gens de ce monde nourrissent-ils leur esprit ? De lectures et spectacles souvent douteux... attrayants pour la chair, mais sans profit pour l'âme, bien au contraire ! — Israël se souvient à présent de ces aliments parce que la manne a perdu pour lui son goût exquis de gâteau au **miel** ! (Ex. 16. 31). Elle n'est plus qu'un gâteau à **l'huile**, en attendant d'être franchement appelée un pain **misérable** (21. 5). Chers amis, si nous sommes tentés par les « mets » du monde, que chacun de nous se pose la question : Ne serait-ce pas parce que la Parole a perdu pour moi sa saveur ? « Celui qui vient à moi **n'aura jamais faim** », a promis le Seigneur Jésus (Jean 6. 35).

15 août

Et voici Moïse découragé ! Il reproche à l'Eternel le fardeau de tout ce peuple (v. 11), lui qui, à la fin du chapitre précédent, parlait avec triomphe des « dix mille milliers d'Israël ». Certes, Moïse ne pouvait « lui seul » porter ce peuple, mais précisément il n'était pas seul ! L'Eternel lui-même portait Israël « sur des ailes d'aigle » (Ex. 19. 4) et dans ses bras paternels (Deut. 1. 31). — Le Ps. 106 évoque ce triste épisode : « Ils oublièrent vite ses œuvres,... ils furent remplis de convoitise dans le désert. Et il leur donna ce qu'ils avaient demandé, **mais** il envoya **la consomption** dans leurs âmes » (v. 13 à 15). Ceci contient une vérité bien sérieuse. Quand nous insistons pour obtenir ce que Dieu n'avait pas l'intention de nous donner, il peut arriver qu'il nous l'accorde finalement, mais avec les conséquences désastreuses qui pour le peuple sont celles des v. 19. 20, 33. La **consomption**, nous dit le dictionnaire, est un amaigrissement et un **dépérissement** progressifs. Un dépérissement **de nos âmes** n'est-il pas bien plus grave qu'une maladie ? Que Dieu nous garde de ces convoitises « **qui font la guerre à l'âme** » (1 Pier. 2. 11), en nous apprenant à être satisfaits de ce qu'il nous donne... et de ce que, dans sa parfaite connaissance de nos vrais besoins, il trouve bon de ne pas nous donner.

16 août

Nombres
11. 24 à 35

A sa demande, Moïse est déchargé d'une part de ses responsabilités au profit de soixante-dix anciens. Déjà, au ch. 4 de l'Exode, Aaron lui avait été adjoint « pour lui servir de bouche ». Il est humiliant de penser que notre manque de foi oblige souvent le Seigneur à faire accomplir par d'autres une partie de notre travail. — Les anciens sont assemblés à la Tente où l'Esprit vient sur eux. On apprend alors que deux de ces hommes, Eldad et Médad, sont restés dans le camp et y prophétisent. Josué voudrait les en empêcher (comp. Luc 9. 49). Mais pour Moïse c'est une bonne nouvelle. Paul lui aussi se réjouissait sans arrière-pensée de ce que l'évangile était annoncé même « par esprit de parti » (Phil. 1. 15 à 18). Si Dieu nous a montré le chemin de la séparation « hors du camp » religieux chrétien, gardons-nous de juger dans un sentiment de supériorité les croyants peut-être plus pieux et dévoués que nous, qui n'ont pas compris cette séparation. Tout ce que nous possédons ou connaissons, c'est à la pure grâce de Dieu que nous le devons. — On imagine ce qu'est vite devenu l'amas de cailles sous le soleil du désert. Gal. 6. 8 prévient que « celui qui sème pour sa propre chair moissonnera de la chair **la corruption** ».

17 août

La langue, dit Jacques, est « un mal désordonné plein d'un venin mortel » (Jacq. 3. 8...). Une fois encore nous constatons ses ravages. Non plus sous forme de plaintes et de murmures au milieu du « ramassis » (ch. 11), mais de **critiques** et de **médisances** qui contaminent les membres les plus honorés de la famille des conducteurs du peuple : Aaron le souverain sacrificateur et Marie la prophétesse. Leurs paroles malveillantes avaient peut-être été chuchotées « à l'oreille », dans le plus grand secret (Luc 12. 3). Mais... **« l'Eternel l'entendit »** (v. 2 fin ; comp. ch. 11. 1). N'oublions jamais que nos propos les plus confidentiels ont un Auditeur dans le ciel. Moïse se tait. Chaque fois qu'il s'agit d'une atteinte aux droits de l'Eternel, sa colère s'embrase à juste titre, tandis que pour sa propre défense, son extrême douceur se traduit par le silence. Aussi est-ce Dieu qui prend la défense de son serviteur. Il convoque les trois intéressés à la tente d'assignation, puis fait avancer les deux coupables. La gravité du châtiment fait ressortir celle du péché commis. Marie est frappée de lèpre. Pour la première fois Moïse ouvre la bouche, intercédant pour sa malheureuse sœur qui sera restaurée. — Que le Seigneur nous préserve de « l'envie et de toutes médisances » ! (1 Pier. 2. 1).

18 août

Nombres
13. 1 à 26

Le peuple approche du pays de la promesse. Moïse envoie douze hommes en éclaireurs avec pour mission d'explorer le pays et d'en rapporter à la fois des renseignements et des fruits. Quarante jours sont nécessaires pour accomplir cette reconnaissance. Les espions montent à Hébron, lieu que nous connaissons déjà ; c'est là qu'Abraham a acheté pour sépulture la caverne de Macpéla. Ils rapportent une grappe si lourde que deux hommes sont nécessaires pour la porter. — Le pays de la promesse pour nous, c'est le ciel. Comme le peuple, nous sommes encore dans le désert, image de ce monde. Nous n'avons pas vu l'héritage dans lequel Dieu veut nous faire entrer. Mais quelqu'un le connaît et peut nous en parler. C'est le **Saint Esprit**, qui nous entretient des sujets célestes. De même que la grappe d'Eshcol apportait une preuve palpable de la richesse du pays, l'Esprit nous donne des « arrhes », c'est-à-dire l'avant-goût des joies du ciel. Il nous fait connaître les choses de Dieu (1 Cor. 2. 12). Il prend ce qui est à Christ et nous le communique (Jean 16. 14). Alors que nous sommes encore dans un monde qui moralement est un désert pour l'âme, nous pouvons être occupés déjà de Celui que nous n'avons pas vu, mais que **nous aimons** (1 Pier. 1. 8).

19 août

Douze éclaireurs étaient partis : un pour chaque tribu. Au départ rien ne les distinguait. Mais les quarante jours du voyage ont mis ces hommes à l'épreuve (le chiffre 40 dans la Bible parle toujours de mise à l'épreuve). Au retour chacun montre ce qu'il y a dans son cœur. Le résultat ? Dix sont incrédules ; deux seulement, Josué et Caleb, ont confiance en Dieu. La foi connaît le Seigneur et apprécie les circonstances d'après lui ; l'incrédulité au contraire les mesure aux dimensions humaines et s'arrête aux obstacles visibles. Les géants, fils d'Anak, n'étaient pas imaginaires, ni non plus les hautes murailles. Mais la faute des hommes était de considérer leur propre petitesse et de s'occuper **de ce que ces ennemis pouvaient penser d'eux** (fin du v. 34). C'était à l'Eternel qu'il fallait regarder. Josué et Caleb n'ont pas honte de déclarer leur foi devant tous. Ils attachent du prix à l'héritage promis et pressent leurs frères de se l'approprier. Bel exemple, n'est-ce pas ? Faisons-nous partie de ceux qui recommandent « le pays » ou de ceux qui découragent les âmes de suivre Jésus ? — Ne pas être d'accord avec les autres est toujours difficile, parfois dangereux. Les deux hommes manquent être lapidés par le peuple (v. 10), mais ils ont Dieu de leur côté.

20 août

Nombres
14. 11 à 25

Ce peuple m'a **méprisé**, déclare l'Eternel (voir v. 11 et 23). En décriant « le pays désirable » (13. 33 ; comp. Ps. 106. 24), c'est Dieu qui, en réalité, est l'objet de leur mépris et de leur ingratitude. Comment alors qualifier l'attitude de tant de personnes méprisant un don qui n'est autre que le **ciel**, un donateur qui est **Dieu** lui-même ? — Moïse intervient de nouveau, comme au moment du veau d'or. Pas plus qu'alors, il ne se laisse tenter par l'offre qui ferait de lui un nouveau chef de race (v. 12 ; Ex. 32. 10 fin). Développant un argument irréfutable, il rappelle à l'Eternel que la grandeur de Son nom est en cause devant les nations. Puis, faisant valoir ce qu'il a appris à connaître de Lui et reprenant Ses propres paroles (Ex. 34. 6, 7), il le fait souvenir qu'Il est **lent à la colère, grand en bonté** et suggère que c'est précisément pour Lui l'occasion de **pardonner l'iniquité et la transgression**. Là où il n'existe pas de faute, le pardon n'a pas sa raison d'être. Mais le péché de l'homme, le mien et le vôtre, a fourni à Dieu l'occasion de déployer sa grâce. Enfants de Dieu, nous connaissons aussi ce Dieu qui pardonne. Il est notre Père. Et nous avons auprès de lui un avocat plein d'amour : Jésus notre Sauveur (1 Jean 2. 1).

21 août

Au milieu de cette triste scène, quelle consolation de pouvoir considérer Josué et Caleb. Ils sont « animés d'un autre esprit » (v. 24). Aussi ne perdront-ils pas leur récompense. Seuls de toute leur génération, ils entreront dans le pays. Jusque-là ils devront partager le sort du peuple coupable : errer quarante années à travers les sables du désert. Mais pendant ce long pèlerinage, ils seront continuellement encouragés par le souvenir du pays qu'ils ont visité, cette terre de Canaan dont ils ont déjà goûté le fruit. – Moïse annonce la fâcheuse nouvelle. Comment réagit le peuple ? Lorsque Caleb exhortait à monter hardiment et à prendre possession du pays, ils voulaient retourner en Egypte ou parlaient de périr dans le désert (ch. 13. 31 ; 14. 2). Maintenant que le jugement les condamne à rebrousser chemin vers la mer Rouge, et que Dieu annonce qu'ils mourront dans le désert, ils veulent se soustraire au châtiment et répondent : « Nous voici, nous monterons » (v. 40). Le cœur de l'homme n'est jamais d'accord avec Dieu, principalement quand il s'agit de reconnaître les fautes commises, de se courber sous la discipline et d'accepter avec humiliation les conséquences de ses péchés. Malgré Moïse qui leur dit : Ne montez pas, ils **s'obstinent** et subissent une cruelle défaite.

22 août

Nombres
15. 1 à 21

Après les scènes tragiques du ch. 14, on serait en droit de penser que l'incrédulité et la rébellion du peuple lui ont fait perdre tous ses droits au pays de Canaan. C'est pourquoi Dieu vient parler, aussitôt après, du **pays de la promesse**, montrant par là que rien ne pourra le dissuader d'accomplir ses desseins de grâce. De même il fait mention dans ce ch. 15 des différents sacrifices : holocaustes (v. 3), sacrifices de prospérités (v. 7), pour le péché (v. 24) avec les offrandes de gâteau et libations, comme pour rappeler qu'il a des ressources pour les pires forfaits, ou plutôt une ressource unique qui est, sous ses côtés multiples, **l'œuvre de son Bien-aimé**. De celle-ci monte, si fâcheux que soit l'état du peuple, « une odeur agréable à l'Eternel » (expression cinq fois énoncée). Présentée en figure sous ses aspects les plus variés, l'œuvre de Christ se déploie aussi en faveur du plus grand nombre. Le statut de **l'étranger** était identique à celui de l'Israélite de naissance ; il lui était permis d'offrir les mêmes sacrifices et les mêmes libations, préfiguration d'une grâce s'étendant au-delà d'Israël, d'un évangile prêché dans toute la création (Col. 1. 23). — Les v. 17 à 21 traitent des prémices et nous rappellent que le Seigneur a toujours les premiers droits sur tout ce que nous possédons (Matth. 6. 33).

23 août

La Parole qui discerne les intentions du cœur établit soigneusement la distinction entre les péchés « **par erreur** », résultant de l'ignorance ou de l'étourderie, et les péchés « **par fierté** » (v. 30), commis volontairement au mépris de la volonté divine. Aucune ressource n'était prévue pour ces derniers, comme le montre à titre d'exemple le châtiment de l'homme qui n'a pas respecté le sabbat (v. 32 à 36). « Qui est-ce qui comprend ses **erreurs** ? Purifie-moi de mes fautes cachées », demande le psalmiste. Mais il ajoute, conscient de sa faiblesse : « Garde aussi ton serviteur des péchés commis **avec fierté** ; qu'ils ne dominent pas sur moi... » (Ps. 19. 12, 13). — Par rapport au mal, l'Israélite avait en outre un moyen **préventif** : cette houppe, attachée à sa robe par un cordon de bleu, rappel de ses liens avec l'Eternel et avertissement permanent de ne pas souiller son vêtement. Beau symbole pour nous croyants de notre caractère céleste que nous ne devrions jamais oublier ! Ainsi serons-nous gardés de pécher dans notre marche et aussi de rechercher les « pensées de notre cœur » et « les désirs de nos yeux » (v. 39). « Cherchez les choses qui sont en haut... ; pensez aux choses qui sont en haut... », enjoint Col. 3. 1, 2. C'est là que Christ — qui doit suffire à nos cœurs — est assis à la droite de Dieu.

24 août

Nombres
16. 1 à 15

A cette sombre histoire du peuple dans le désert, s'ajoute maintenant une autre page funeste. L'épître de Jude lui donne pour titre « **la contradiction de Coré** » (Jude 11). Ce récit montre jusqu'où peut conduire la « fierté » dont nous a parlé le ch. 15 : une véritable révolte contre Dieu. Coré est un Lévite de la famille de Kehath. Non content de son noble service, il ambitionne la sacrificature que l'Eternel a confiée à Aaron et à sa famille. Faire le **service** du tabernacle, « se tenir devant l'assemblée **afin de la servir** » (v. 9), ne suffit pas à Coré et à ses complices ; ils veulent s'élever. Il peut arriver que certains chrétiens ne se contentent pas non plus du service dont le Seigneur les a chargés. Ils veulent avoir de l'importance, se placer au-dessus des autres. L'apôtre Jean est obligé de dénoncer dans sa 3e épître un certain Diotrèphe qui aimait à être le premier dans l'assemblée. Parfait contraste avec Celui qui « n'est pas venu pour être servi, mais pour servir... » ! (lire Marc 10. 45). — Quant à Dathan et Abiram, ils osent appliquer à l'Egypte l'expression désignant le pays de Canaan : « un pays ruisselant de lait et de miel » (v. 13). Et la « domination » de Moïse leur est insupportable (v. 13 fin). Ces hommes incarnent la rébellion **civile**, tandis que Coré personnifie l'apostasie **religieuse**.

25 août

Coré s'était **élevé** dans son esprit (v. 1). Or, il est écrit : « Quiconque s'élève sera **abaissé** » (Luc 14. 11). Les Proverbes confirment cette règle si souvent vérifiée dans l'histoire des hommes : « L'orgueil va devant la ruine... » (Prov. 16. 18). Pour les insurgés, cette ruine ne s'est pas fait attendre. Quelle scène effrayante ! La terre s'ouvre sous leurs pieds ; ils sont engloutis vivants avec tout ce qui leur appartient. Moïse avait pris soin d'avertir : « Eloignez-vous d'auprès des tentes de ces méchants hommes » (v. 26), et c'est évidemment ce qu'ont fait les **fils de Coré**. Ils ont su prendre parti pour Dieu plutôt que pour leur père, reconnaissant en celui-ci un méchant homme. En effet, le ch. 26. 11 nous apprend : « les fils de Coré ne moururent pas ». Nous les rencontrons plus tard comme chantres et compositeurs de psaumes. Parmi ceux-ci le Ps. 84 où leur histoire est comme résumée : « J'aimerais mieux me tenir sur le seuil dans la maison de mon Dieu (les Corites sont aussi portiers du temple), que de demeurer **dans les tentes de la méchanceté** » (v. 10). Même si ces tentes sont celles de leur propre père ! — Enfants d'une race coupable, nous sommes, si nous avons cru, épargnés d'un jugement plus terrible encore. Combien grande est la grâce de Dieu !

26 août

Nombres
16. 36 à 50

Ce n'est pas seulement « **contre Moïse et contre Aaron** » ni « **contre l'Eternel** » (v. 3, 11), que Coré et ses hommes ont péché. C'est aussi « **contre leurs propres âmes** » (v. 38). Il en est ainsi de tous les incrédules : ils seront éternellement leurs propres victimes. Un châtiment subit vient de frapper ces meneurs, et Dieu veille à ce qu'il ne soit pas oublié ; il est comme affiché sur l'autel (v. 38). Malgré cela, dès le lendemain, le peuple entier s'assemble et prend à partie ses deux conducteurs. A l'origine s'est levé un chef de file : Coré, avec Dathan et Abiram. Puis deux cent cinquante hommes se sont joints. Maintenant c'est toute l'assemblée qui s'insurge (v. 41). Combien le cœur humain est influençable ! Déjà nous avons vu dix espions suffire à entraîner tout le peuple (ch. 13). C'est pourquoi Gal. 6. 7 nous met en garde : « Ne soyez pas **séduits** ; on ne se moque pas de Dieu ; car ce qu'un homme sème, cela aussi il le moissonnera ». — La plaie va commencer. Comme au v. 4, Moïse tombe sur sa face avec Aaron. Après quoi ce dernier ne perd pas un instant. Lui qui a été jalousé, insulté, accusé injustement, fait propitiation pour le peuple avec le seul encensoir agréé. Belle figure de Christ, encore une fois, le suprême Intercesseur !

27 août

En consumant les deux cent cinquante rebelles, l'Eternel a montré qui il avait désigné pour exercer la sacrificature. **Aaron** seul a été accepté avec son encensoir. Un autre test qui, cette fois, parle de vie va confirmer le choix divin. D'entre les douze verges apportées par les princes, une seule, celle d'Aaron, donne une extraordinaire preuve de vitalité : en une nuit, elle produit bourgeons, fleurs et fruits. Image admirable de la **résurrection** de Christ, « preuve certaine à tous » de la gloire de Jésus et de l'efficacité de son œuvre ! (Act. 17. 31). Beaucoup d'imposteurs ont prétendu avoir reçu une mission divine. Mais ils sont morts et aucun n'est jamais ressuscité. Seul homme ayant traversé la mort « selon la puissance d'une vie impérissable » (Hébr. 7. 16), Christ exerce à présent en haut sa sainte sacrificature en faveur des siens. Plus que cela : **le fruit** produit en chacun de ceux qui lui appartiennent constitue présentement — nous pourrions dire hors saison — le témoignage visible à un Sauveur **vivant** quoique encore caché. — La verge d'Aaron est ensuite placée dans l'arche (v. 10 ; Hébr. 9. 4), comme pour nous rappeler à travers le désert que **la source de vie ne se trouve qu'en Christ**.

28 août

Nombres
18. 1 à 19

Par la verge qui a bourgeonné, l'Eternel vient de confirmer la dignité de la famille d'Aaron. C'est la raison pour laquelle ce ch. 18 reparle de la sacrificature en énumérant ses privilèges. Le premier : les fils de Lévi sont **adjoints** (signification du nom Lévi) aux sacrificateurs. Ils leur sont donnés en don pour l'Eternel (v. 6) : image du ministère de la Parole qui instruit l'adorateur. Le ch. 8 de Néhémie nomme quelques lévites qui enseignent la Parole au peuple et bénissent l'Eternel avec Esdras. Le deuxième de ces dons, c'est **le service** lui-même (v. 7 fin). Loin d'être un mérite pour celui qui l'exerce, tout service est une **grâce** que Dieu nous accorde. Pensons que nous sommes des **esclaves inutiles** (Luc 17. 10). Si le Seigneur consent à nous employer, ce n'est pas qu'il ait besoin de nous, mais parce qu'il veut nous accorder la joie de travailler pour lui. — Enfin les v. 8 à 18 énumèrent les dons divers correspondant aux « choses saintes » apportées par les fils d'Israël. Une fois encore ce sont les offrandes variées, figure de Christ, dont nous sommes appelés à nous nourrir, à jouir. C'est là « tout le meilleur » et en même temps « les prémices » (v. 12), nous rappelant le dessein de Dieu et le vœu de l'apôtre « **qu'en toutes choses il tienne, lui** (Christ), **la première place** » (Col. 1. 18).

29 août

A tous les dons qu'il vient de faire à Aaron et à sa famille (v. 1 à 19), l'Eternel ajoute le plus excellent : il se donne **lui-même** en partage aux siens. « Moi je suis ta part et ton héritage », dit-il au v. 20. « **L'Eternel** est la portion de **mon héritage** et de ma coupe » — « **Dieu** est... **mon partage pour toujours** », répondent respectivement David et Asaph (Ps. 16. 5 et 73. 26). Le premier de tous les dons que Dieu nous a faits, n'est-ce pas **son propre Fils** ? Réalisons avec les Lévites que nous n'avons pas d'autre héritage, pas d'autre possession véritable **ici-bas**. En revanche nous avons tout **dans le ciel** puisque nous y possédons Jésus. — L'Israélite était tenu de donner la dîme de son revenu pour le service du sanctuaire (Lév. 27. 30). Ces dîmes subvenaient aux besoins des Lévites qui n'avaient ni aire, ni cuve (v. 30), ni héritage à faire fructifier. Mais ils n'étaient pas privés pour autant du privilège de faire part de leurs biens. A leur tour les Lévites donnaient la dîme de tout ce qu'ils recevaient. En Néhémie 10. 37 fin et 38, ces instructions sont remises en vigueur par un fidèle homme de Dieu. — Nous résumerions volontiers ce ch. 18 par un beau verset du Nouveau Testament : « Toutes choses sont à vous — dit l'apôtre — et vous à Christ, et Christ à Dieu » (1 Cor. 3. 23).

30 août

Nombres
19. 1 à 10

Le sacrifice de la **génisse rousse** occupe une place à part, au milieu du livre du **désert**, parce que précisément il n'est prévu en figure que pour les besoins de ce dernier. Comme les autres sacrifices, celui-ci représente sous certains aspects la personne et l'œuvre de Christ. Cette génisse rousse, sans tare, sans aucun défaut, et qui n'avait jamais porté le joug, évoque Celui qui a été la victime sans tache et n'a pas connu comme nous le terrible joug du péché. — Quand la victime avait été égorgée hors du camp, il était fait aspersion de son sang devant la tente d'assignation. Puis elle était brûlée entièrement. La graisse n'était pas offerte à l'Eternel et le sacrificateur ne mangeait aucune portion. Par contre **la cendre** était recueillie, et procurait une abondante provision d'eau de purification, suffisante pour laver **tous** les péchés de **tous** les Israélites pendant **tout** le long désert. Ce sacrifice ne correspond pas comme ceux de Lév. 4 aux besoins des **inconvertis**, mais à ceux des **croyants** quand ils ont manqué. L'œuvre de Jésus, accomplie **une fois**, est la ressource suffisante pour purifier de leurs péchés et maintenir dans la communion ses rachetés exposés à la souillure. Le Saint Esprit applique par la Parole (l'eau) le souvenir des souffrances de Christ (les cendres) à la conscience et au cœur du croyant en chute.

31 août

La vertu de l'eau contenant les cendres de la génisse répondait aux multiples occasions de contracter la souillure en marchant dans le désert. Toucher un mort ou un simple ossement correspond pour nous au contact avec la corruption et la violence de ce monde. La chair peut se montrer dans la famille (la tente : v. 14) et alors attention aux enfants, ces « vases découverts » facilement scandalisés ! (v. 15 ; Luc 17. 2). Elle peut apparaître au dehors, dans notre travail (aux champs : v. 16). Une petite fraude, une médisance, une parole folle ou une plaisanterie malséante (Eph. 5. 4), chacun peut faire la liste de ces « petits ossements », manifestations charnelles sur lesquelles nous passons souvent sans même y faire attention. Eh bien ! le croyant est souillé par ces manquements. Ils ne semblent pas bien graves à ceux qui ne connaissent pas Jésus. Mais nous qui l'aimons, nous les prenons au sérieux parce que nous nous souvenons que, pour expier le moindre d'entre eux, il a fallu ses souffrances et sa mort. A chaque fois nous avons à renouveler ce qui correspond à ce long travail de purification : jugement de nous-mêmes à la lumière de la parole de Dieu et nouvelle réalisation de l'efficacité de l'œuvre de Christ.

Nombres
20. 1 à 13

1 septembre

Pas d'eau ! Les murmures reprennent. Le peuple s'attroupe et conteste comme à Mériba (Ex. 17). N'a-t-il fait aucun progrès depuis le commencement du désert, malgré les riches expériences de l'amour de Dieu ? « Et pourquoi,... et pourquoi... ? » (v. 4 et 5). Pas d'eau ? Pourtant **le rocher** est toujours là. L'Eternel est obligé de le rappeler même à Moïse. Seulement ce ne sont pas les « pourquoi » qui peuvent faire couler son eau. Il faut **parler** à ce rocher. Belle figure de la **prière**, ne trouvez-vous pas ? Dieu pourrait nous donner tout ce qui nous est nécessaire sans jamais attendre que nous en manquions. Mais il désire que nous le lui demandions pour nous rappeler que **nous dépendons de lui**. Moïse fait ici une expérience fâcheuse. Au lieu de parler au rocher, comme l'avait dit l'Eternel, il le frappe avec impatience et brusquerie. Geste en apparence de peu d'importance, en réalité grave par sa signification ! De même que le rocher avait été frappé une fois en Horeb (Ex. 17. 6) et ne devait plus l'être, Christ a reçu une fois pour toutes à la croix les coups du jugement divin. Dorénavant il n'a plus à souffrir et à mourir. Son œuvre est suffisante pour donner en abondance aux siens l'eau vive tout au long du désert. A condition de **Lui parler**. Le faisons-nous ?

2 septembre

Nombres
20. 14 à 29

Un coup d'œil sur la carte montre que pour passer du désert aux plaines du Jourdain en contournant la mer Morte, il faut traverser Séhir, le pays d'Edom. Se souvenant de sa parenté avec ce peuple (Esaü ancêtre d'Edom était frère de Jacob), Israël lui demande le droit de passage. Mais Edom répond par un refus sec accompagné de menaces. Quelle dureté de cœur ! La fatigue qui a atteint son frère en chemin (v. 14) le laisse insensible. L'égoïsme, la crainte d'être dérangé, l'emportent sur tout autre sentiment. Edom avec son roi représente le monde et son prince qui voudraient empêcher les enfants de Dieu d'atteindre le ciel, leur demeure. — Elle est belle cette demande d'Israël ! Il témoigne de sa condition d'autrefois, et de ce que Dieu a fait pour lui. Il prévient ensuite qu'il n'a besoin de rien ; il passera seulement « avec ses pieds » sans rien devoir à personne. Ni les **champs**, ni les **vignes** (pour nous, les **affaires de la vie** et les **joies** du monde) ni les **puits** d'Edom puisque le **rocher** a été retrouvé, rien de tout cela ne peut attirer ni détourner un peuple en marche vers sa patrie. — Comme l'Eternel l'avait annoncé au v. 12, Aaron meurt avant l'entrée en Canaan et sa succession est assurée par son fils Eléazar.

Nombres
21. 1 à 15

3 septembre

La victoire de Horma est remportée quarante ans après la défaite du même nom (ch. 14. 45). Il est triste de constater que sitôt après, le découragement survient : « il n'y a pas de pain... il n'y a pas d'eau » (v. 5). La **manne** ne manque pas, mais elle est méprisée. Le **rocher** a été frappé, mais on oublie de lui parler. Image de ce qui se produit quand nous négligeons la **Parole** et la **prière** ! Perdre conscience de ces ressources, c'est sombrer dans le découragement et les plaintes, c'est s'exposer aux attaques de Satan. La morsure des serpents amène Israël à sentir et à confesser ses péchés. Alors Moïse intercède — une fois de plus — et l'Eternel ordonne un remède : ce **serpent d'airain** placé sur une perche. **Un seul regard** vers lui apportait la guérison. Le Seigneur Jésus, dans son entretien avec Nicodème, explique la portée spirituelle de cet épisode du désert. Le serpent d'airain élevé par Moïse, c'est lui, le Fils de l'homme élevé sur la croix, c'est Christ « **fait péché pour nous** » (2 Cor. 5. 21), assimilé à la puissance même du mal pour en subir la condamnation. Telle est la mesure de l'amour de Dieu pour le monde ! (Jean 3. 14 à 16). Cher ami qui lisez ces lignes, avez-vous dirigé le regard de la foi vers le Sauveur élevé sur la croix ? Avez-vous la vie éternelle ?

4 septembre

Nombres
21. 16 à 35

Au commandement de l'Eternel, le peuple s'assemble autour du puits (Beër). Princes et nobles ont creusé et l'eau jaillit des sources profondes pour le rafraîchissement de tous. Figure des trésors de la Parole mis au jour par des serviteurs de Dieu pour notre enrichissement. Nous nous sentons responsables de profiter du ministère écrit que nous ont laissé ces conducteurs. Princes au labeur fécond (ceux qui travaillent sont ceux qui sont à la tête selon 1 Thess. 5. 12), ces « hommes nobles du peuple », tels les Béréens — plus nobles que ceux de Thessalonique (Act. 17. 11) — se sont appliqués à l'étude de l'Ecriture. Voilà la noblesse que la Bible reconnaît et nous propose, car chaque enfant de Dieu est invité à **sonder les Ecritures** (Jean 5. 39). Le rafraîchissement spirituel goûté autour du puits a réjoui le cœur du peuple. « Quelqu'un est-il joyeux, qu'il chante des cantiques » (Jacq. 5. 13). Et Israël chante. Depuis la mer Rouge, quarante ans plus tôt, nous ne voyons pas qu'il l'ait fait (à part les chants et les danses profanes autour du veau d'or). A présent les **murmures**, ont enfin fait place à la **louange**. — Avec la joie Israël a aussi trouvé de la **force** (Néh. 8. 10 fin). Il la déploie en livrant ses premières batailles contre Sihon et Og et en remportant des victoires éclatantes.

5 septembre

Nous quittons à présent le peuple afin de voir ce qui se passait pendant ce temps chez ses ennemis. Plein d'effroi, **Moab**, avec son roi Balak, a vu Israël monter du désert, couvrir le pays, s'installer vis-à-vis de lui. Il tremble pour ses récoltes et méprise ce peuple qui risque de tout « brouter comme le bœuf ». Que Moab se rassure ! Quand la manne, le Pain de vie, est appréciée par le peuple de Dieu, ce que le monde possède ne lui fait aucune envie. Pour vaincre Israël, Balak imagine de recourir à des moyens surnaturels. Il appelle à l'aide le devin Balaam dont il connaît la réputation. Ce dernier personnifie à travers l'Ecriture un clergé complaisant se louant « à prix d'argent » (Deut. 23. 4 ; Jude 11). Balaam est partagé entre son désir de mériter les richesses et les honneurs promis par les ambassadeurs de Balak et le sentiment de ne pouvoir outrepasser la volonté du Dieu souverain qu'il redoute. Visité par Lui, pendant la nuit, Balaam a entendu cette déclaration catégorique, sans appel : tu n'iras pas... tu ne maudiras pas... le peuple est béni ! En espérant faire revenir l'Eternel sur sa déclaration, le prophète infidèle oublie que Dieu ne change pas (comp. ch. 23. 19). En sorte que, lors de la seconde ambassade, il lui est permis d'aller où le pousse son cœur cupide.

6 septembre

Nombres
22. 22 à 41

Ainsi Balaam a sellé son ânesse et est parti d'un cœur léger, supputant à l'avance son salaire d'iniquité. Mais devant l'Eternel, son chemin est **pervers** (v. 32), ce qui signifie qu'il mène à la perdition (note). Balaam feint d'obéir à Dieu alors qu'il est en réalité « amorcé par sa propre convoitise » (Jacq. 1. 14). L'Eternel veut le lui faire comprendre et lui parle de façon miraculeuse par la bouche de son ânesse. Peine perdue ! Alors l'Ange lui-même se montre à lui et l'avertit (lire 2 Pier. 2. 15, 16). Plus fou et plus aveugle que son âne, Balaam s'obstine et l'Eternel le laisse aller… N'arrive-t-il pas que, pour nous arrêter, Dieu se mette en travers de notre chemin de propre volonté ? Il y dresse des **obstacles** qui ont un langage de sa part, si nous savons les écouter. Autant d'occasions pour nous demander si le Seigneur ne s'oppose pas à un projet qu'il désapprouve. — Le Nouveau Testament mentionne « le **chemin** de Balaam », puis son « **erreur** » (Jude 11), enfin sa « **doctrine** » (Apoc. 2. 14). La propre volonté égare toujours davantage. — Balak et Balaam se sont maintenant rencontrés pour leur œuvre malfaisante. Ensemble ces deux complices sont une figure du méchant roi appelé « la Bête », et du faux prophète ou Antichrist, qui, dans les temps de l'Apocalypse, seront poussés par Satan contre Israël et contre Dieu.

7 septembre

Balaam, qui a déjà obtenu d'aller où il désirait, voudrait bien à présent faire dire à Dieu ce qu'il a envie de dire. Mais malgré lui, pour la plus grande colère de Balak, ses quatre discours sentencieux se changent en bénédictions glorieuses. Tel est aussi l'effet final des présentes accusations de Satan contre les rachetés du Seigneur (Apoc. 12. 10). Comme nous l'apprend l'histoire de Job, Dieu permet que de telles attaques tournent au bien des siens. Et remarquons que tout se passe sur la montagne **à l'insu du peuple** dans la plaine ; il ignore tant les intentions funestes de l'ennemi que la manière dont Dieu les déjoue. — « Un peuple qui habitera seul » (v. 9) ; c'est le premier caractère d'Israël, d'être un peuple **séparé** pour Dieu. Il en est ainsi de la vraie Eglise et de chaque croyant. Le chrétien est moralement séparé d'un monde jugé. Il est mis à part pour le Seigneur. « Que ma fin soit comme la leur » ! souhaite Balaam en terminant (v. 10). Mais pour mourir « de la mort des hommes **droits** », il faut en avoir vécu la vie. Or Balaam, comme beaucoup d'autres, est un homme **double**, essayant de servir deux maîtres. Il professe craindre l'Eternel, offre le nombre parfait des sacrifices, tout en n'écoutant que les convoitises de son cœur.

8 septembre

Nombres
23. 13 à 30

« Qui intentera accusation contre des élus de Dieu ? — C'est Dieu qui justifie ; qui est celui qui condamne ? » (Rom. 8. 33, 34). Comme pour se moquer de l'accusateur, l'Eternel le charge de proclamer lui-même du haut de la montagne qu'Il « n'a pas aperçu d'iniquité en Jacob, ni vu d'injustice en Israël ». En lisant ce v. 21, on ne peut pourtant s'empêcher de se demander : Comment Dieu peut-il affirmer ce qui est si manifestement contredit par les faits ? A-t-il oublié les murmures, les convoitises, l'idolâtrie, la rébellion ? Le v. 23 nous apporte la réponse : « Selon ce temps, il sera dit de Jacob et d'Israël : Qu'est-ce que **Dieu a fait** ? » Pendant que le peuple accumulait les faux pas dans le désert, l'Eternel accomplissait l'œuvre nécessaire pour le rendre propre à entrer dans le pays. Il avait pourvu à tous les péchés des siens en donnant les sacrifices, la sacrificature, le serpent d'airain, autant d'images de l'œuvre de Jésus. De sorte que si Dieu parle ainsi, ce n'est pas manque de mémoire ni qu'il passe avec indulgence par dessus le mal. Mais en contemplant son peuple, il voit **son** propre ouvrage. Il a constamment devant les yeux l'œuvre de son Fils et ne serait pas fidèle et juste envers ce parfait Sauveur s'il imputait encore la moindre faute à ceux que Lui a lavés dans son sang (1 Jean 1. 9).

9 septembre

Pour prononcer sa troisième prophétie, Balaam s'abstient des précédents sortilèges (v. 1). Homme adonné au spiritisme, instrument habituel des démons, il est contraint de prononcer les oracles que Dieu met dans sa bouche. Et plus Balaam s'obstine, plus le peuple sera béni. Le v. 5 constate non seulement l'absence d'iniquité en Jacob (la grâce), mais l'admirable beauté des tentes d'Israël (la gloire). Au milieu de ces tentes s'élevait **celle de l'Eternel** lui-même, la demeure de sa gloire, en sorte que tout le camp était rendu participant de cette gloire. — L'Eglise est encore dans le désert, mais déjà Dieu la considère selon sa relation glorieuse avec son Fils bien-aimé. Elle est l'Epouse de Christ, revêtue à ses yeux de toutes les perfections de son Epoux divin. Dieu nous invite à regarder l'Assemblée et chaque frère ou sœur individuellement depuis « le sommet des rochers » (ch. 23. 9), c'est-à-dire **de la même manière que lui les voit** du ciel. Nous en aurons alors une vision toute différente. Nous verrons briller la beauté de la robe de justice dont le Seigneur a revêtu les siens. Nous remarquerons en eux des reflets des gloires de Jésus. Et s'il y a des sujets de peine, que nous ne pourrons pas éviter de voir aussi, ce sera encore une occasion pour admirer la grandeur de la **patience** et du **pardon divins**.

10 septembre

Nombres
24. 14 à 25

Cette dernière prophétie du devin Balaam commence en fait par un oracle à son propre sujet. Combien cet homme est responsable ! Selon ses propres déclarations, il **entend** les paroles de Dieu ; il **connaît** la connaissance du Très-haut ; il **voit** la vision du Tout-puissant !... Plusieurs soi-disant chrétiens diront : « Seigneur, Seigneur, n'avons-nous pas **prophétisé** en ton nom... ? » (Matth. 7. 22, 23). Mais ils partageront le sort final de Balaam **parce que la connaissance des vérités bibliques n'aura pas eu d'effet sur leur conscience**. Avoir « les yeux ouverts » pour voir Jésus, mais « pas maintenant » et « **pas de près** », quel avenir tragique ! C'est celui du riche de la parabole contemplant depuis les tourments le bonheur des élus (Luc 16). « Tout œil le verra » (Apoc. 1. 7), mais pas dans les mêmes conditions. Quand et comment verrez-vous le Seigneur ? — Devant « l'homme qui tombe » se déroule tout un panorama prophétique. Une étoile brillante l'illumine : Christ, le roi de gloire. Son apparition correspondra au jugement des nations voisines d'Israël : en premier lieu Moab lui-même. Jésus est cette splendide Etoile du matin, annonçant le lever du jour (Apoc. 2. 28 ; 22. 16 fin). Encore invisible du monde, elle est déjà **levée dans le cœur** du racheté (2 Pier. 1. 19 fin).

11 septembre

Il faut attendre le ch. 31. 16 pour comprendre ce qui se passe maintenant. Nous y apprenons que dans l'esprit de Balaam, qui a vu lui échapper la récompense tant convoitée, a germé une idée diabolique. Il avait lui-même annoncé que Dieu n'apercevait aucune iniquité ni injustice en Israël (ch. 23. 21). Qu'à cela ne tienne, s'est-il dit, induisons ce peuple à **pécher** ! De cette manière l'Eternel sera bien obligé de le maudire. C'est une nation qui doit habiter **seule** ? (ch. 23. 9). Incitons-là à se **mélanger** avec les autres peuples. De sorte que Balaam enseigna à Balak « à jeter une pierre d'achoppement devant les fils d'Israël, pour qu'ils mangent des choses sacrifiées aux idoles et qu'ils commettent la fornication » (Apoc. 2. 14). De cette machination ténébreuse résulte la triste et humiliante affaire de Baal-Péor. Comme quoi les **invitations** du monde sont plus à craindre que ses **malédictions** ! Le peuple tombe dans le piège tendu par Moab et son allié Madian. Il faut le zèle de **Phinées** pour détourner la colère de l'Eternel et arrêter la plaie. Son attitude reçoit aussitôt sa récompense et nous apprend combien est agréable au Seigneur un jeune homme ou une jeune fille qui, au milieu d'un relâchement moral généralisé, a gardé pure sa voie et a su prendre avec courage position pour Lui.

12 septembre

Nombres
26. 1 à 4 ; 51 à 65

Quarante ans ont passé depuis le dénombrement du ch. 1. L'Eternel fait de nouveau relever, cette fois par familles, « la somme de toute l'assemblée des fils d'Israël ». La comparaison de ces deux recensements, au début et à la fin du désert, met en évidence les conséquences désastreuses et irrémédiables des fautes commises. La tribu de Siméon, plus coupable que les autres dans l'affaire de Baal-Péor, a été décimée (ch. 25. 14). Il s'ensuivra une réduction proportionnelle de l'héritage en Canaan puisque, selon les instructions de l'Eternel à Moïse, « ...à ceux qui sont peu nombreux, tu diminueras l'héritage » (v. 54). Cette vérité nous parle à tous : Une marche défaillante entraîne pour un chrétien une perte éternelle et peut le priver de sa « couronne » (Apoc. 3. 11). De Ruben à Nephthali, le dénombrement se fait dans le même ordre que la première fois, selon les bannières des tribus (ch. 2). Le total presque identique (v. 51 ; ch. 1. 46) fait ressortir la puissance de la grâce d'un Dieu qui a pris en charge cette immense armée de six cent mille hommes, sans compter femmes et enfants, pendant quarante ans à travers le désert. Dieu n'a jamais été dépassé par les besoins des siens et aura soin aussi de chacun de nous jusqu'à notre dernier jour ici-bas.

13 septembre

Nous avons remarqué hier que les **hommes** seulement devaient être dénombrés. Voici pourtant quelques femmes auxquelles est consacré ici tout un paragraphe et plus loin le chapitre 36 en entier. Qu'ont-elles de remarquable, ces cinq filles de Tselophkhad pour qu'il en soit autant parlé ? On pourrait plutôt les trouver bien effrontées d'oser se présenter devant Moïse, Eléazar, les princes et toute l'assemblée, pour réclamer une part d'héritage. Ne sont-ce pas là des murmures comme ceux que nous avons déjà si souvent entendu s'élever au milieu du peuple ? Absolument pas ! Les murmures exprimaient le regret de ce qu'on laissait en arrière, en Egypte, tandis que la demande de ces femmes est dictée par l'attachement pour ce qui est devant : le pays de la promesse. C'est pourquoi l'Eternel lui-même les approuve hautement. En réponse à Moïse qui « **apporte leur cause** » devant Lui, il déclare : « Les filles de Tselophkhad ont bien parlé ». Quel exemple elles donnent à ceux d'entre nous qui ont eu des parents chrétiens ! Demandons-nous si « l'héritage de nos pères » : ce qui a fait l'objet de l'attente fervente des générations précédentes, possède le même attrait et le même prix pour **notre cœur** (comp. 1 Rois 21. 3).

14 septembre

Nombres
27. 12 à 23

L'Eternel entretient maintenant son serviteur Moïse de la fin de sa carrière. A cause de sa faute aux eaux de Mériba, il ne lui sera pas permis de faire entrer le peuple dans le pays. Ce qui inquiète aussitôt l'homme de Dieu, c'est qu'Israël pourrait se trouver sans conducteur. Au lieu de penser à lui-même, il intercède une nouvelle fois pour le peuple en demandant qu'il ne soit pas comme un troupeau sans berger (v. 17). La même pensée occupait le cœur du Seigneur Jésus. Considérons-le en Matth. 9. 36 « ému de compassion » envers les gens qui l'entouraient « parce qu'ils étaient las et dispersés comme des brebis qui n'ont pas de berger ». Pourtant n'était-il pas au milieu d'eux, lui le **bon Berger** ? Mais on ne voulait pas de lui. — En réponse à la demande de Moïse, l'Eternel désigne **Josué**, « un homme en qui est l'Esprit ». Dans l'intérieur de la tente, celui-ci a appris dès sa jeunesse à connaître l'Eternel (Ex. 33. 11). Il a plus tard rempli avec fidélité une mission de haute confiance : l'exploration du pays. Enfin, comme Moïse autrefois, Josué a été formé pendant quarante ans à l'école du désert, la longue école de la patience. Alors seulement Dieu l'appelle pour le service qu'il lui a réservé : introduire le peuple en Canaan.

Nombres
28. 1 à 10 ; 29. 1 à 16

15 septembre

Dans ces ch. 28 et 29, les sacrifices ne sont pas classés suivant leur signification, mais d'après les occasions dans lesquelles on devait les présenter. Exerçons-nous, chers enfants de Dieu, à faire de toute circonstance une occasion de rendre grâces (1 Thess. 5. 18). — Au ch. 29, il est question des offrandes du septième mois et, à partir du v. 12, nous constatons de jour en jour une diminution du nombre des taureaux offerts. Cela suggère les périodes de notre vie pendant lesquelles la personne de Jésus peut, si nous ne veillons pas, perdre peu à peu de son prix pour nos âmes. Prophétiquement, ce ch. 29 s'accomplira pendant le règne de mille ans. Beaucoup ne se seront soumis que par contrainte à l'autorité du Seigneur Jésus Christ (Ps. 18. 44) de sorte qu'un déclin général dans l'appréciation des gloires de Christ aboutira à la révolte finale de Gog et Magog (Apoc. 20. 7...). — Observons le contraste entre la place occupée par l'holocauste (treize taureaux, quatorze agneaux...) et celle du sacrifice pour le péché : seulement un bouc. L'accent est mis en effet sur la pleine et continuelle satisfaction que **Dieu** trouve en Christ : il est **son** offrande, **son** pain, en odeur agréable **pour lui** (ch. 28. 2).

16 septembre

Nombres
30. 1 à 17

Après les sacrifices **nécessaires** des ch. 28 et 29, nous trouvons ici les **vœux** par lesquels on s'engageait **spontanément** envers l'Eternel. Quand un homme faisait un vœu, il devait obligatoirement l'accomplir. On appelait cela payer ou acquitter ses vœux (Ps. 22. 25 ; 116. 14, 18). Une femme n'était pas aussi responsable si elle vivait avec son père ou avec son mari. Ceux-ci avaient le droit de casser le vœu qu'ils désapprouvaient. — Ce chapitre rappelle la présomption avec laquelle Israël s'est lui-même placé sous la loi, s'engageant à faire tout ce que Dieu avait dit. « Mieux vaut que tu ne fasses point de vœu — conseille l'Ecclésiaste — que d'en faire un et de ne pas l'accomplir » (Eccl. 5. 5). D'une manière générale, combien il est important que tout ce que nous décidons puisse être ratifié dans le ciel, **approuvé par le Seigneur**. Jacques nous enseigne à subordonner tous nos projets à cette réserve : « **Si le Seigneur le veut** et si nous vivons, nous ferons aussi ceci ou cela » (Jacq. 4. 15). Et quant aux **serments** mentionnés dans notre v. 3, le même écrivain enjoint : « ne jurez pas, ni par le ciel, ni par la terre, ni par aucun autre serment ; mais que votre oui soit oui, et votre non, non... » (ch. 5. 12 ; voir ausi Matth. 5. 33 à 37).

Nombres
31. 1 à 12 et 48 à 54

17 septembre

A l'instigation de Balaam, les femmes de Moab et de Madian ont entraîné Israël à adorer leurs idoles. L'heure du châtiment a sonné. La vengeance sur les Madianites est impitoyable : ce peuple est presque complètement anéanti. Image pour nous de l'empressement avec lequel nous sommes appelés à « couper » et à « jeter loin de nous » toutes les **occasions de chute** (lire Matth. 5. 27 à 30). Si nous sentons par exemple qu'une fréquentation présente un danger pour notre âme, n'hésitons pas à la rompre, quoi que l'autre puisse en penser. — Les v. 25 à 54 suggèrent les heureux résultats que nous pouvons attendre en « exterminant » ce qui est en piège à nos âmes. Loin de nous appauvrir (pas un combattant ne manque), c'est l'occasion d'un grand butin spirituel, dont profite « toute l'assemblée » (v. 27) et dont Dieu a sa part sous forme de reconnaissance et d'actions de grâces. — Balaam est, lui aussi, passé au fil de l'épée (v. 8). Il n'a pas connu « la mort des hommes droits » (23. 10), et n'a pas joui longtemps de la récompense en échange de laquelle il avait vendu son âme. Telle est la fin d'un chemin pervers, d'un chemin qui conduit à la perdition. « Car que profitera-t-il à un homme s'il gagne le monde entier, et qu'il fasse la perte de son âme ? » (Matth. 16. 26).

18 septembre

Nombres
32. 1 à 15

Parvenus à la frontière de Canaan, les fils de Ruben et de Gad se présentent devant Moïse et devant les princes avec une triste demande : « Ne nous fais pas passer le Jourdain » ! (v. 5). Moïse indigné pense aussitôt à Kadès-Barnéa, quarante ans plus tôt. Est-ce encore une fois l'incrédulité, la crainte des géants et des villes fortifiées qui font reculer ces deux tribus ? Non pas ! Mais une autre raison inattendue : leurs troupeaux ! La victoire sur les Madianites a procuré un important butin (ch. 31). Ruben et Gad en ont eux aussi profité ; leurs troupeaux sont à présent « en grand nombre ». Alors leurs yeux se portent sur les riches pâturages du pays de Galaad dans lequel ils séjournent, et ils souhaitent s'y établir. Pour eux, une installation immédiate dans des conditions avantageuses et confortables a plus d'attrait que le pays promis par l'Eternel. Beaucoup de chrétiens sont ainsi, le savons-nous ? Ils sont sauvés sans doute ; ils font partie du peuple de Dieu. Mais les affaires de la vie courante les intéressent plus que l'éternité. Ils ont un christianisme terrestre, un cœur partagé. Le ciel n'a pas pour eux de valeur **présente**. N'est-ce pas montrer peu d'attachement pour Celui qui s'y trouve ?

19 septembre

En proposant d'aider leurs frères à conquérir le pays de Canaan, les fils de Ruben et de Gad montrent du zèle, du courage et même du désintéressement. Tout cela ne remplace pas aux yeux de l'Eternel l'amour pour Lui et pour le pays qu'il a donné. Les guerriers de ces deux tribus connaîtront la terre de la promesse. Ils passeront le Jourdain pour aider leurs frères. Mais leurs femmes et leurs **petits enfants** n'y entreront pas. Par leur faute, ces derniers ne jouiront pas de la promesse de l'Eternel (ch. 14. 31). Nous nous souvenons que jadis le Pharaon essayait d'empêcher les petits enfants de **partir** d'Egypte (Ex. 10. 10). A présent ce sont leurs propres parents qui font obstacle à leur **arrivée** en Canaan. « Laissez venir à moi les petits enfants — enjoint le Seigneur Jésus — ; **ne les en empêchez pas** » (Marc 10. 14). Il existe, malheureusement, plus d'un moyen pour retenir un enfant de venir à Jésus ! — Dans le riche territoire de Galaad les troupeaux vont incontestablement prospérer. Au contraire pour les familles, ce sera la **décadence**, comme le montre l'histoire de ces tribus. — Chers amis, qu'est-ce qui est le plus important ? La prospérité de nos **affaires** ou celle de notre âme ? Elles sont loin d'aller toujours ensemble.

20 septembre

Nombres
33. 1 à 36

Arrivés à la frontière du pays, Moïse et les fils d'Israël sont invités à se retourner, à porter leurs regards en arrière. Que de chemin parcouru depuis la grande nuit de la Pâque ! A côté d'heureuses ou même de glorieuses étapes — **Pi-Hahiroth** et le passage de la mer Rouge, **Elim** avec ses sources et ses palmiers — que de noms sonnaient douloureusement : **Sin** et ses murmures, **Rephidim** et ses contestations, **Sinaï** avec le veau d'or, **Kibroth-Hattaava** avec les convoitises et la triste affaire des cailles... Ils jalonnent misérablement le parcours du désert comme autant de leçons nécessaires pour apprendre à Israël — et à chacun de nous — à connaître peu à peu son cœur. Sans doute le peuple aurait-il souhaité effacer quelques-uns de ces noms de son itinéraire. Moïse aurait eu des raisons personnelles pour passer sous silence **Kadès**, avec les eaux de Mériba. Eh bien, ce n'est pas possible ! Nous ne pouvons pas faire disparaître les fautes passées ni revenir en arrière pour recommencer une seule heure de notre existence. Mais ce que nous pouvons faire, c'est nous souvenir des **leçons** apprises en chemin, de la **patience** qui nous a supportés et de la **miséricorde** de Celui qui nous a tout pardonné.

Nombres
33. 37 à 56

21 septembre

Le vent du désert a depuis longtemps effacé les traces du long pèlerinage. Mais dans le livre de Dieu chaque pas a été enregistré : « Et ils partirent et campèrent..., et ils partirent et campèrent... ». Quelques versets vite lus résument quarante années et un nombre égal d'étapes dont beaucoup ne sont mentionnées qu'ici. Mais bien que nous n'en sachions rien de plus, Dieu a tenu à inscrire chaque nom dans son saint Livre, comme pour nous rappeler ce touchant verset : « Lui, ne voit-il pas mon chemin, et **ne compte-t-il point tous mes pas** ? » (Job 31. 4). — Pour nous aussi, le temps a effacé le souvenir de la plus grande partie de notre passé. Pourrions-nous même dire sans rien oublier ce que nous avons fait hier ? Mais le Seigneur en a gardé la trace. Rien ne lui a échappé. Il y a comme un film qui a été pris de notre vie entière, sans aucune coupure. Lors du « tribunal de Christ » (2 Cor. 5. 10), ce film sera projeté sous nos yeux dans la pleine lumière de Dieu. Pensée bien sérieuse ! Si c'était maintenant, aucun de nous ne pourrait le supporter. Mais près de Jésus nous ne connaîtrons ni honte ni crainte de jugement. Il ne restera place que pour le sentiment inexprimable de la grandeur de sa grâce, source d'une adoration éternelle.

22 septembre

Nombres 34. 1 à 29

Après avoir regardé **en arrière** avec Israël, l'Eternel l'invite à porter ses yeux **en avant** sur le but de son long voyage. Certaines personnes sont sans cesse occupées du passé. Elles regrettent ceci ou cela, ou bien se vantent de ce qu'**elles** ont fait. Ce qui doit occuper le croyant c'est ce que **Dieu** a fait. Il peut donner dans son cœur mille réponses à la question de Balaam : « Qu'est-ce que Dieu a fait ? » Mais en même temps il regarde devant lui, en direction de sa patrie. Les limites de l'héritage étaient tracées pour Israël par la même main divine qui avait dirigé son voyage. — Pour nous enfants de Dieu, c'est la maison du Père qui nous a été préparée. Le Seigneur ne nous laisse pas à ce sujet dans l'incertitude. S'il en était autrement, il nous l'aurait dit. Il y a plusieurs demeures dans la maison de son Père où il est allé nous préparer une place (Jean 14. 2). — A Israël, l'Eternel n'indique que le contour, les frontières de son pays. Et le chrétien de son côté, n'en sait guère davantage sur sa céleste patrie. La Bible ne nous décrit pas le ciel. Mais ce que nous en savons nous suffit. C'est la maison du Père, de **notre Père**. Le Seigneur Jésus s'y trouve et nous y serons toujours **avec lui**.

23 septembre

Dans ce pays de Canaan, à l'intérieur des limites qui viennent d'en être tracées, chaque tribu recevra sa possession à l'exception des fils de Lévi. D'après la prophétie de Jacob, ceux-ci devaient être dispersés en Israël à cause de la méchante conduite de leur père (Gen. 49. 7). Mais, par la grâce de Dieu, ce châtiment tournera en bénédiction. Quarante-huit villes réparties dans tout Israël seront attribuées aux fils de Lévi. Chaque tribu devra leur en donner quelques unes proportionnellement à son héritage. Ainsi ces Lévites, serviteurs de l'Eternel et de leurs frères, chargés en particulier d'enseigner la loi, seront amenés par leur dispersion à exercer leur ministère au profit de tout le peuple. — Il est ensuite question des **villes de refuge** pour l'homicide. La loi dans toute sa rigueur réclamait le sang pour le sang, qu'il ait été répandu avec intention, par haine, ou au contraire **involontairement**. Mais pour répondre à ce dernier cas, l'Eternel avait donné, en même temps que la loi, une promesse (lire Ex. 21. 12, 13). Il s'était engagé à fournir un asile où le responsable de la mort d'un autre serait autorisé à fuir pour sauver sa vie. Belle illustration du refuge que Dieu offre au pécheur coupable et qui nous rappelle que « Christ est la fin de la loi pour justice à tout croyant » (Rom. 10. 4) !

24 septembre

Nombres
35. 16 à 34

Sous son aspect prophétique, la ville de refuge pour l'homicide abrite le **peuple juif** qui a crucifié son Messie sans mesurer la portée de son crime (Luc 23. 34). Il est depuis lors gardé providentiellement par Dieu loin de son héritage jusqu'à la fin de la période actuelle, c'est-à-dire tant que Christ est sacrificateur selon le type d'Aaron. — En fait c'est l'humanité tout entière qui est coupable de la mort du Fils de Dieu. Mais, dans son infinie miséricorde, Dieu a fourni à l'homme un refuge contre Sa propre colère, et ce refuge n'est autre que la victime elle-même. Jésus est celui « qui nous délivre de la colère qui vient » (1 Thess. 1. 10). — Représenté dans ce chapitre à la fois par la **victime** et par la **ville de refuge**, Christ l'est d'une troisième manière, par le **grand sacrificateur** dont la mort marquait le moment du retour dans l'héritage en pleine sécurité (v. 28). — Le v. 31 affirme qu'aucune **rançon**, si élevée fût-elle, ne pouvait se substituer pour l'homicide au moyen de salut auquel l'Eternel avait pourvu. Ni argent, ni or (1 Pier. 1. 18), ni œuvres quelconques (Eph. 2. 9) ne peuvent remplacer pour le pécheur l'abri qu'il trouve en Jésus Christ. « Il n'y a de salut en aucun autre ;... » (lire Act. 4. 12).

25 septembre

Nous retrouvons les cinq filles de Tselophkhad que nous connaissons déjà. Ici ce sont les chefs de la tribu de Manassé qui reparlent à Moïse et aux princes de cette question d'héritage en apparence de minime importance. De quoi s'agit-il ? Chaque tribu devait posséder son propre territoire. Mais dans les cas comme celui-ci où une femme en recevait une part, son mariage avec un homme d'une autre tribu aurait fait passer l'héritage à cette tribu de son mari. Il ne devait pas en être ainsi. Moïse règle ce problème de la part de l'Eternel. Les mariages se feraient entre personnes de la **même** tribu. Jeunes gens et jeunes filles qui appartenez au Seigneur, cette instruction vous concerne ! Le mariage peut vous faire perdre la jouissance de votre héritage céleste. Si celle ou celui avec qui vous pensez vous unir un jour n'a pas la même part que vous, ne vous engagez à aucun prix dans un tel chemin ! — Il est remarquable que ce livre du désert se termine sur cette note concernant l'héritage. En effet le Jourdain n'était pas encore franchi. N'avait-on pas largement le temps d'y penser ? Telle n'est pas la pensée de Dieu. Il nous entretient dès à présent de notre patrie céleste, car son désir est que notre cœur en soit occupé.

26 septembre

Deutéronome
1. 1 à 18

Dernier livre de Moïse, le Deutéronome reprend partiellement les récits et les enseignements des livres précédents. Parvenu à la fin de sa course, le fidèle conducteur retrace, à l'intention d'une nouvelle génération, les événements du désert et leurs leçons pour Israël. Les hommes sortis d'Egypte ont tous péri, de sorte qu'il est devenu nécessaire d'avertir et d'enseigner la jeune génération. A ce titre la lecture du Deutéronome sera particulièrement profitable aux **jeunes croyants**. Comme pour les engager à ne pas perdre un temps précieux, le livre commence par un éloquent contraste. **Onze journées** auraient suffi, selon le v. 2, pour conduire le peuple d'Horeb en Canaan. Mais il a fallu **quarante ans** ! (v. 3). Plusieurs d'entre nous reconnaissent avec tristesse avoir perdu bien des années. Il n'est nullement nécessaire d'attendre l'âge mûr ou la vieillesse pour entrer par la foi en pleine possession des « lieux célestes ». C'est **dès le début de notre vie chrétienne** que le Saint Esprit veut nous en enseigner les vérités et les principes. — Les v. 13 à 18 nous rappellent notre triste tendance à nous « quereller en chemin » (Gen. 45. 24) et les dispositions que le Seigneur est obligé de prendre dès les premiers pas de son peuple dans le désert.

27 septembre

D'Horeb son point de départ, Israël se dirige vers Canaan, à travers le « grand et terrible désert ». Et la triste scène de Kadès-Barnéa est de nouveau sous nos yeux. Nous apprenons ici que c'est **sur la demande** du peuple que les hommes ont été envoyés pour explorer le pays (v. 22), ce que le ch. 13 des Nombres ne précisait pas. La racine du mal était là, dans le **manque de confiance** envers l'Eternel. On éprouvait le besoin de contrôler ses déclarations. Et lorsqu'on marche ainsi « par la vue », non « par la foi », l'Ennemi s'empresse, pour nous faire reculer, de placer devant nous des obstacles d'apparence insurmontable (v. 28). — A cause de son incrédulité, toute cette génération est tombée dans le désert, à l'exception de Josué et de Caleb. L'épître aux Hébreux se sert de cet exemple solennel pour avertir tous ceux qui, aujourd'hui encore, endurcissent leur cœur en entendant la parole de Dieu. Celle-ci ne sert de rien quand elle n'est pas « mêlée avec de la foi » (Hébr. 4. 2). — « C'est parce que l'Eternel nous hait » (v. 27), gémit le misérable peuple. Quel est le côté le plus triste de l'incrédulité ? C'est qu'elle soit capable de **mettre en doute un amour** qui a pourtant fait ses preuves, l'amour d'un Dieu qui n'a pas épargné à la croix son propre Fils (Rom. 8. 31, 32).

28 septembre

Deutéronome
1. 29 à 46

Le désert était grand et terrible. Mais comment Israël l'avait-il traversé ? Dans les bras de l'Eternel (v. 31). A cette déclaration de la plus noire ingratitude : « C'est parce que l'Eternel nous hait, qu'il nous a fait sortir du pays d'Egypte » (v. 27), écoutons ce que Dieu répond par la bouche de Moïse : « Je vous ai portés, **comme un homme porte son fils** ». Quelle tendresse dans cette comparaison ! Le ch. 13 des Actes (v. 18) complète : « Et il prit soin d'eux dans le désert, **comme une mère**, environ quarante ans ». Puissant amour d'un père, profonde tendresse d'une mère, Dieu veut être tout pour les siens ! (voir aussi Ps. 103. 13 ; Es. 66. 13). Que demande en retour un amour tel que celui-là ? Rien d'autre que la **confiance** entière d'un petit enfant qui se laisse porter dans les bras. — Une autre preuve de la fidélité de l'Eternel était la manière dont il avait **ouvert la marche** à son peuple, reconnaissant les lieux et le guidant ensuite d'étape en étape (v. 33). Envoyer des éclaireurs (v. 22) n'était-ce pas se méfier et douter de ces soins diligents ? — Aux craintes incrédules succèdent la légèreté et la présomption. Attitude qui conduit inévitablement à la défaite devant l'ennemi et fait verser ensuite des larmes amères (v. 45).

29 septembre

Le Seigneur Jésus, vrai Moïse, désire que nous nous souvenions du désert non seulement comme du lieu où nous avons multiplié les faux pas (ch. 1. 32 à 46), mais en évoquant sa bonté inépuisable et sa patience tout au long du chemin parcouru. « L'Eternel, ton Dieu, a été avec toi ; **tu n'as manqué de rien** », fait constater Moïse au peuple (v. 7). « Avez-vous manqué de quelque chose ? » – demandera Jésus à ses disciples au moment de les quitter – « Et ils dirent : De rien » (Luc 22. 35). C'est ainsi que la présence du Seigneur avec nous tous les jours selon sa promesse fidèle (Matth. 28. 20) est pour nous la garantie qu'il connaît nos besoins et y répondra par les ressources de sa propre plénitude. « Il a connu ta marche par ce **grand** désert ; pendant ces quarante ans... ». Le Seigneur mesure l'étendue du désert aussi bien que le temps nécessaire à sa traversée. Et ce qu'il donne est en proportion. – L'instant vient où la voix de Dieu se fait entendre : « vous avez assez tourné autour de cette montagne » (v. 3). – Chrétien mon frère, nous entendrons bientôt du ciel l'appel qui mettra fin à notre pèlerinage : la voix connue du Seigneur Jésus nous appelant à sa rencontre « en l'air ». Quelle heureuse perspective !

30 septembre

Deutéronome
2. 14 à 25

La longue errance d'Israël à travers le désert était le juste châtiment de son incrédulité. Mais la durée du voyage avait aussi un autre motif. Tant qu'il comptait des guerriers valeureux, le peuple était en danger d'attribuer à sa propre force la conquête du pays. **Trente-huit ans** ont donc été nécessaires pour que périsse cette génération des hommes de guerre (v. 14). Le ch. 5 de Jean relate l'histoire d'un infirme que Jésus guérit au réservoir de Béthesda. C'est aussi au bout de **trente-huit ans** que ce malheureux a complètement renoncé à tout secours humain. Il doit convenir : « je n'ai personne... », et c'est alors que Jésus le fait marcher. Maintenant les adultes sont morts et ce sont les petits enfants dont le peuple avait dit qu'ils seraient une proie, ce sont justement eux qui vont entrer dans le pays (ch. 1. 39 ; comp. Nombr. 14. 3). Portés par les bras de l'Eternel, ils sont plus forts que tous les guerriers. Quand la force de l'homme s'en est allée, l'heure de Dieu a sonné (ch. 32. 36). Il a préparé des victoires éclatantes et fait dire au peuple : Levez-vous, partez, passez l'Arnon,... commence, prends possession, fais la guerre (v. 24). Lui se charge de tout le reste.

1 octobre

En nous reportant au ch. 15 v. 16 de la Genèse, nous entendons l'Eternel faire état auprès d'Abraham de **l'iniquité des peuples de Canaan** (voir aussi Deut. 9. 5). Mais elle n'était « pas encore venue à son comble ». Quatre cents ans ont été nécessaires pour que ce mal vienne à maturité. Combien grande est la patience de Dieu ! Il supporte depuis près de deux mille ans un monde qui a crucifié son Fils. — Ces nations des deux côtés du Jourdain viennent d'entendre parler de tout ce que l'Eternel a fait pour Israël. Elles ne se sont pas repenties pour autant. Alors le jugement doit avoir lieu et ne pourra épargner personne. Les enfants périront aussi. Comme nous savons qu'un petit enfant qui meurt est pour le ciel, un sort autrement plus affreux que la mort est ainsi écarté pour eux. N'est-on pas en effet en droit de penser qu'en devenant adultes ceux-ci auraient suivi les traces coupables de leurs parents, les conduisant à la perdition ? — Ces nations étaient des ennemis de l'Eternel et le peuple devait les détruire à cause de la gloire de Dieu. Le chrétien n'est jamais appelé comme Israël à combattre des hommes. Ce qu'il doit par contre imiter, c'est la douceur avec laquelle Israël rend ici son témoignage (v. 27 à 29).

2 octobre

Deutéronome
3. 1 à 17

Quand l'ennemi sort à la rencontre du peuple, l'Eternel commence par encourager et rassurer Moïse : « ne le crains pas » (v. 2). Puis la victoire est remportée : « nous le battîmes... nous détruisîmes entièrement... nous prîmes possession... ». Les villes murées **jusqu'aux cieux** (ch. 1. 28) avaient paru imprenables à Israël incrédule. Moïse proclame à présent : « Il n'y eut pas de ville qui fut **trop haute** pour nous » (ch. 2. 36). Et ces géants qui les avaient épouvantés ? Dieu rappellera plus tard : « Moi, j'ai détruit devant eux l'Amoréen, dont la taille était comme la hauteur des cèdres, et qui était fort comme les chênes » (Amos 2. 9). Og, le roi de Basan, un de ces terribles géants, est livré avec tout son peuple entre les mains d'Israël comme l'a été Sihon avant lui. Dieu démontre ainsi sa puissance et la déploie en faveur des siens. Pensée propre à nous encourager quand le pouvoir de Satan risque de nous effrayer ! « Tout ce qui est né de Dieu est victorieux du monde », affirme la 1ere Epître de Jean, et « c'est ici la victoire qui a vaincu le monde, savoir notre foi » (1 Jean 5. 4). Celle-ci triomphe parce qu'**elle se fonde sur Celui qui est plus puissant que le monde**. « Ayez bon courage, nous dit le Seigneur Jésus, **moi** j'ai vaincu le monde » (Jean 16. 33).

3 octobre

Certaines personnes regrettent toute leur vie d'avoir manqué d'ardeur au temps de leur scolarité ! Et les parents, pas toujours écoutés, avertissent leurs enfants qu'ils travaillent pour eux-mêmes et que des **études** médiocres risquent fort d'être sanctionnées par une **carrière** médiocre ; ils engagent tout leur avenir. N'en est-il pas ainsi du chrétien ? Avec cette différence que sa vie entière constitue ses **années d'école**. S'il est un élève paresseux, un amateur manquant de saine ambition, s'il « **ne voit pas loin** », l'entrée dans le royaume céleste ne lui sera pas « richement donnée » ; il subira une perte éternelle (2 Pier. 1. 9, 11). Les fils de Ruben et de Gad nous instruisent à cet égard. Ce n'est pas parce qu'ils entrent les premiers en possession de leur héritage qu'ils ont la meilleure part. Bien au contraire ! C'est **au-delà du Jourdain** que sont « **le bon pays** » et « **la bonne montagne** » (v. 25). Moïse le sait bien. Quel contraste entre le cher conducteur dont le cœur est au-delà du Jourdain, mais à qui il n'est pas permis d'entrer, et ces deux tribus et demie qui, elles, pourraient pénétrer en Canaan, mais n'en ont aucunement le désir ! Et votre cœur, cher ami, où se trouve-t-il ? Dans le ciel avec Jésus ou sur la terre avec les choses visibles et passagères ? (Luc 12. 34).

4 octobre

Deutéronome
4. 1 à 13

Une seule désobéissance a privé Moïse d'entrer dans le bon pays promis par l'Eternel. Il est donc mieux placé que quiconque pour exhorter le peuple à **obéir** aux ordonnances de l'Eternel « afin — dit-il — que vous entriez dans le pays... » (v. 1). C'est comme s'il leur disait : Qu'il ne vous arrive pas comme à moi ; écoutez et pratiquez bien les commandements de l'Eternel ! « Ce sera là votre sagesse et votre intelligence », insiste l'homme de Dieu (v. 6). En obéissant à la volonté de Dieu, nous mettons de côté notre volonté propre, nous laissons place à la sagesse **d'en haut** qui se substitue à la nôtre (Jacq. 3. 17). Il s'ensuit que garder **la Parole**, c'est en même temps « garder soigneusement **notre âme** » (v. 9). — L'autorité de cette Parole divine est confirmée ; Moïse rappelle dans quelles conditions et avec quelle solennité elle a été communiquée. — « Vous n'ajouterez rien à la parole que je vous commande, et vous n'en retrancherez rien » (v. 2 et aussi ch. 12. 32). Bien des personnes, réputées chrétiennes, **ajoutent** à l'Ecriture des traditions, des superstitions et des façons de voir humaines. D'autres **retranchent** les pages qui les gênent ou celles qu'elles ne comprennent pas. L'un est aussi coupable que l'autre (lire Apoc. 22. 18, 19).

5 octobre

Au milieu des peuples environnants, Israël devait se distinguer par sa sagesse et son **intelligence** (ch. 4. 6). Sagesse et intelligence qui consistaient à connaître le seul vrai Dieu, à l'écouter et à lui être soumis. Ces peuples voisins d'Israël adoraient des idoles. Et comme conséquence, « leur cœur **destitué d'intelligence** fut rempli de ténèbres : se disant sages, ils sont devenus fous, et ils ont changé la gloire du Dieu incorruptible en la ressemblance de l'image d'un homme corruptible et d'oiseaux et de quadrupèdes et de reptiles » (Rom. 1. 21 à 23). Aujourd'hui, sauf dans les pays païens, on ne rencontre plus guère cette forme grossière d'idolâtrie. Mais le Nouveau Testament donne ce nom à d'autres péchés : la **cupidité** par exemple, et nous prévient solennellement qu'aucun idolâtre n'héritera du royaume de Dieu (Eph. 5. 5 ; 1 Cor. 6. 9, 10). — Tout en avertissant Israël, Dieu ne lui cache pas ce qui doit arriver : le peuple se corrompra, servira des divinités païennes. Jamais la parole de Dieu ne nous laisse d'illusions sur ce que nos cœurs naturels sont capables de faire. — Moïse mentionne les petits-fils (v. 25). Un des siens nommé Jonathan, deviendra justement, au temps des Juges, sacrificateur d'une **image taillée** (Juges 18. 30).

6 octobre

Deutéronome
4. 29 à 49

Plus responsable encore qu'Israël, la chrétienté n'a pas répondu mieux que ce peuple à ce qui était attendu d'elle. Dès les temps des apôtres, son déclin a été annoncé. Mais au milieu de cette ruine de l'Eglise professante, Dieu a tracé au croyant un sentier qui a son approbation : celui de l'obéissance **individuelle**. Remarquons qu'en parlant du déclin il est dit « vous » (v. 25 à 28). Voilà ce que vous ferez en tant que masse responsable. Mais pour le réveil (v. 29 à 31) c'est le « **tu** » qui est employé. Il appartient à chacun d'entendre cette voix qui s'adresse à lui **personnellement**. C'est celle de Paul à Timothée dans les jours fâcheux de sa 2 e Epître. Elle dit : Voilà ce qu'est devenue la chrétienté dans son ensemble, « mais toi, demeure dans les choses que tu as apprises » (2 Tim. 3. 14). Dieu prend soin de rappeler souvent celles-ci à notre mémoire. « C'est pourquoi je m'appliquerai à vous faire souvenir toujours de ces choses, quoique vous les connaissiez... », écrit Pierre (lire 2 Pier. 1. 12, 13 ; 3. 1, 2). Ne nous étonnons pas de trouver dans la Bible de nombreuses répétitions. En parcourant le Deutéronome, nous en rencontrerons beaucoup. A commencer par la loi elle-même, redonnée au ch. 5 et qui justifie le nom de ce livre (Deutéronome signifie seconde loi).

7 octobre

Il s'agit maintenant pour Israël d'**écouter** les statuts et les ordonnances de l'Eternel, de les **apprendre** et de les **garder** pour les **pratiquer** (v. 1). Verbes significatifs pour chacun de nous en rapport avec l'Ecriture entière ! En tête de toutes les instructions à Israël vient naturellement **la loi**. Elle met en évidence d'une part **la perfection de Christ** qui l'a entièrement accomplie, d'autre part **la méchanceté de l'homme** capable de faire tout ce qui est ici défendu (lire 1 Tim. 1. 9). Que Dieu soit obligé de dire : « tu ne tueras pas... et tu ne déroberas pas » confirme que ces tendances au mal sont en nous. C'est pourquoi la loi a surtout un caractère négatif. Ce n'est pas « tu feras » mais « **tu ne feras pas** ». La vie chrétienne comporte elle aussi des abstentions et des défenses. 1 Pier.1. 14 ; 2. 1, 11 exhorte l'enfant de Dieu à ne pas se conformer à ses convoitises d'autrefois, à rejeter toute malice, fraude, envie..., à s'abstenir des convoitises charnelles... Mais le christianisme est également riche en commandements positifs puisque le croyant possède une vie nouvelle capable de les accomplir. Et si Dieu réclame de nous des cœurs débarrassés des diverses convoitises, c'est qu'**il nous a donné une Personne** capable de satisfaire ces cœurs, ce que la loi ne faisait pas.

8 octobre

Deutéronome
5. 22 à 33

La loi est donnée. L'Eternel n'a rien à y ajouter. C'est maintenant au peuple de répondre dans un élan joyeux et spontané. Combien ce premier amour a de prix pour Dieu ! « Oh ! s'ils avaient toujours ce cœur-là pour me craindre... », confirme-t-il à son serviteur (v. 29). Bien plus tard, au temps de Jérémie, il évoquera ce jour heureux : « Je me souviens de toi... de l'amour de tes fiançailles, quand tu marchais après moi dans le désert... ». Et il devra ajouter avec quelle tristesse ! : « Mais mon peuple m'a oublié pendant des jours sans nombre » (Jér. 2. 2, 32). — Oui, le peuple a **bien parlé** ; « tout ce qu'ils ont dit, ils l'ont bien dit » (v. 28). Mais Dieu ne se contente pas de paroles. Il nous jugera selon nos actes. « Vous prendrez donc garde **à faire** » (v. 32). Demandons au Seigneur d'opérer en nous » et le **vouloir** et le **faire** » (Phil. 2. 13). — Un chemin a été tracé dont on ne devra s'écarter « ni à droite ni à gauche » (v. 32, 33). Combien nous avons vite fait un pas hors du chemin de l'obéissance, attiré par un objet étranger ou effrayé par un obstacle ! Imitons Josias, ce jeune roi dont la piété brille au milieu des ténèbres de l'idolâtrie contemporaine. Il est le seul dont il soit dit qu'il marcha « dans les voies de David, son père, et ne s'en écarta **ni à droite ni à gauche** » (2 Chron. 34. 2).

9 octobre

L'amour de Dieu n'admet aucun partage, aucun compromis. Il est exclusif, en ce sens qu'il exige de notre part un engagement total : cœur, âme, force, notre être entier doit en être saisi. Et aucun moment de notre vie ne doit échapper à son influence. Dans la maison, à table, en nous levant, en nous couchant, au dehors, bref à tout instant de nos journées, notre cher Sauveur devrait pouvoir faire l'objet de nos pensées et de nos conversations (Ps. 73. 25). Combien nous en sommes loin ! Mais l'Evangile nous présente le parfait modèle, en qui **tout** était pour Dieu. Nous entendons Jésus citer ce « grand et premier commandement » avec l'autorité de celui qui seul l'a parfaitement accompli : « Tu aimeras le Seigneur ton Dieu de tout ton cœur, et de toute ton âme, et de toute ta pensée... » (Matth. 22. 37, 38). La Parole de Dieu était continuellement liée sur son cœur, de sorte que, quand l'Ennemi s'est présenté au désert, elle a été entre ses mains la sûre épée pour lui répondre. C'est par les v. 13 et 16 que Jésus a fermé deux fois la bouche à Satan. D'où l'importance pour nous de connaître ces versets par cœur. « **Vous les apprendrez...** », préconisait le ch. 5. 1. Le diable ne peut rien contre l'Ecriture quand nous savons la citer pour le vaincre.

10 octobre

Deutéronome
6. 16 à 25 ; 7. 1 à 6

Tenter Dieu (v. 16), c'est le mettre en demeure de prouver ce qu'il dit. Ce n'est donc rien d'autre que de **l'incrédulité**. A Massa, le peuple voulait vérifier que l'Eternel était bien au milieu de lui (Ex. 17. 7). Tandis que Jésus n'avait nul besoin de se jeter du haut du temple pour savoir que des ordres étaient donnés aux anges à son sujet (Matth. 4. 6). — D'après le v. 7 les parents avaient la charge d'inculquer les paroles de l'Eternel à leurs enfants. Notre v. 20 envisage que les fils interrogeront leurs pères. De telles **questions** sont prévues en trois autres occasions. En Ex. 12. 26 au sujet de la Pâque (quel est le moyen du **salut** ?). En Ex. 13. 14 au sujet de la mise à part qui s'ensuit (pourquoi cette continuelle **séparation du monde** ?). Enfin en Jos. 4. 6 au sujet des douze pierres retirées du Jourdain et dressées en Canaan (questions relatives à la position **céleste** du croyant et à l'unité de l'**Eglise** corps de Christ). Chaque fois les réponses se réfèrent à la délivrance dont le peuple a été l'objet (v. 21 à 25). — Israël ne devait rien épargner des Cananéens ni de leurs dieux. Non pour satisfaire l'esprit belliqueux et dominateur qui anime généralement les peuples conquérants, mais parce qu'il était un peuple saint, consacré à l'Eternel (v. 6).

Deutéronome
7. 7 à 26

11 octobre

Vous et moi, nous sommes disposés à aimer les personnes qui nous aiment, celles qui nous paraissent sympathiques, aimables (Luc 6. 32). L'amour **de Dieu** est d'une nature entièrement différente. Il s'est exercé envers Israël encore en Egypte, faible et misérable nation qui ne le recherchait pas, « le plus petit de tous les peuples » (v. 7, 8). Il s'est exercé **envers nous** alors que nous étions **sans force, impies**, encore **pécheurs, ennemis** (Rom. 5. 6, 8, 10). L'homme aime quand il trouve **chez une autre personne des motifs** à un tel sentiment ; c'est un amour de préférence. Au contraire, tous les motifs de Dieu pour nous aimer étaient **dans son propre cœur**, en sorte que cet amour s'étend à toutes ses créatures sans distinction aucune. Désormais **l'amour que Dieu attend** de l'homme n'est que la juste réponse au sien ; il a un **motif** : « nous l'aimons **parce que** Lui nous a aimés le premier » (1 Jean 4. 19). Il a aussi pour nous une **conséquence** : **l'obéissance** (v. 9). A celle-ci le cœur de Dieu répond de nouveau, mais par un sentiment particulier, celui du v. 13, qui, dans le Nouveau Testament correspond à la promesse du Seigneur Jésus : « Si quelqu'un m'aime, il **gardera ma Parole**, et mon Père **l'aimera**... » (Jean 14. 23 ; 1 Jean 5. 3). Que Dieu nous donne à tous d'en faire richement l'expérience !

12 octobre

Deutéronome
8. 1 à 20

« **Tu te souviendras**... souviens-toi ! » C'est comme le fil conducteur de ce livre. Car le cœur d'Israël, comme le nôtre, est prompt à oublier **Dieu**, ses **délivrances**, ses **promesses**, ses **commandements** (comp. Marc 8. 17...). L'Eternel avait porté son peuple « comme un homme porte son fils » (ch. 1. 31). Ici, il le **châtie** « comme un homme châtie son fils » (v. 5). Etre porté et être châtié sont deux privilèges de l'enfant de Dieu (Hébr. 12. 5...). Le second nous paraît plus difficile à accepter que le premier. Mais quel est le but de Dieu en permettant les expériences du désert ? Cela est répété par trois fois : « afin de t'**humilier** » (v. 2, 3, 16). L'homme qui a des besoins est plus disposé à se tourner vers son Créateur et c'est justement là que Dieu l'attend, car l'épreuve n'est jamais un but en soi mais un moyen « **pour te faire du bien à la fin** » (v. 16). Quel contraste entre le désert qu'Israël vient de traverser, « une terre aride où il n'y a **point d'eau** » (v. 15), et le « bon pays » rempli de ruisseaux, de sources et d'eaux profondes, dans lequel il va pénétrer ! Quel contraste aussi entre les aliments de l'Egypte (Nombr. 11. 5) et les riches et substantiels fruits du pays de Canaan dispensant force, joie, santé, douceur et évoquant le fruit de l'Esprit détaillé en Gal. 5. 22 !

Deutéronome
9. 1 à 17

13 octobre

Pour décrire la force des ennemis d'Israël, Moïse emploie les mêmes termes que les hommes incrédules qui avaient fait fondre ainsi le cœur du peuple (ch. 1. 28). Car cette puissance était réelle. Et il ne s'agissait pas de la minimiser, mais bien de mettre sa confiance en une puissance **plus grande**. L'Eternel allait passer devant eux pour abattre et détruire ce pouvoir de l'ennemi. — Contrairement aux critères habituels des hommes — quantité ou qualité — l'intervention de Dieu en faveur d'Israël n'est dictée ni par le nombre (ch. 7. 7) ni par les bonnes dispositions naturelles de ce peuple (v. 6). « Sache que ce n'est pas à cause de ta justice — rappelle Moïse — que l'Eternel, ton Dieu, te donne ce bon pays pour le posséder. » Pas plus qu'Israël, l'enfant de Dieu, n'a de justice propre à faire valoir. « Il nous sauva, non sur le principe d'œuvres accomplies en justice, que nous, nous eussions faites, mais selon **sa propre miséricorde** » (Tite 3. 5 à 7). Et pour que le peuple ne soit pas tenté d'attribuer le choix de Dieu à ses mérites personnels, l'épisode humiliant du veau d'or lui est rappelé par son conducteur. Si nous avons à nous souvenir continuellement de la fidélité du Seigneur (ch. 8), n'oublions jamais non plus combien notre cœur est faible (v. 7 ; Ezéch. 16. 30).

14 octobre

Deutéronome
9. 18 à 29

Invité à ne pas oublier ses fautes passées, Israël pouvait y associer un autre souvenir : celui du **fidèle avocat** qui s'était tenu pour lui sur la montagne. **Moïse** est spécialement mentionné au Ps. 99. 6 parmi ceux qui invoquent l'Eternel et qui crient à Lui. Quelles ferventes supplications il a su faire monter vers Dieu pour le peuple ainsi que pour Aaron son frère ! Voilà bien pour nous, deux pressants sujets de prière : d'une part l'**assemblée**, de l'autre les membres de notre **famille**. Et le même psaume 99 confirme l'efficacité de la prière de la foi : « Tu leur as répondu, tu as été pour eux un Dieu qui pardonnait » (v. 8 ; Jacq. 5. 16). Réjouissons-nous de constater comment, dans ce psaume, **Aaron** est aussi nommé. Non seulement sa faute grave lui a été pardonnée, mais il a pu ensuite devenir à son tour un intercesseur (Nombr. 16. 47). Lorsque nous avons appris une leçon à nos dépens, nous sommes capables d'être en aide à d'autres. Ce fut l'expérience de Pierre. En lui annonçant qu'Il avait prié pour lui, le Seigneur ajouta : « Quand une fois tu seras revenu, fortifie tes frères » (Luc 22. 32). — Quel bonheur, amis chrétiens, de pouvoir compter sur la présence dans le ciel d'un Intercesseur divin s'adressant au Père en faveur de chacun de nous !

15 octobre

A peine entre les mains de Moïse, les deux premières tables avaient été brisées pour que le jugement n'entrât pas avec elles dans le camp idolâtre. Aussi cette fois, l'Eternel ordonne de placer immédiatement les nouvelles tables **dans l'arche**, type de Christ qui est le garant de l'intégrité de la loi. Selon ses propres paroles, Jésus n'était pas venu pour **abolir** la loi, mais pour **l'accomplir**. Pas un iota, pas un trait de lettre auquel notre cher Sauveur n'ait parfaitement satisfait ! A ce titre aussi, il sera **le plus grand** dans le royaume des cieux (Matth. 5. 17 à 19). — 2 Cor. 3 compare les « dix paroles » inscrites jadis sur la pierre et la « **lettre de Christ** » gravée « sur les tables de chair du cœur ». Celle-ci se résume en fait à un nom, celui de **Jésus** que le Saint Esprit imprime dans le cœur de son racheté. Mais pas pour y rester caché. Une lettre est faite pour être lue. Le nom de Christ doit pouvoir l'être par ceux qui nous connaissent. Autour de nous, nombreux sont ceux qui ne lisent jamais la Bible. D'une manière indirecte ils peuvent y être contraints dans la mesure où notre conduite qu'ils observent met en pratique ses enseignements et **reflète Jésus** (1 Pier. 3. 1 fin, 2).

16 octobre

Deutéronome
10. 12 à 22

Un beau programme est placé devant les enfants d'Israël aux v. 12 et 13. Ami chrétien, le Seigneur ne demande pas autre chose « **de toi** » : crainte, fidélité, amour, renoncement, obéissance. Michée 6. 8 pose la même question et, en réponse, invite à la droiture, à la bonté, à l'humilité. Tout ceci est requis de nous dans notre propre intérêt, « pour ton bien » (v. 13) et n'est qu'une juste réponse à l'amour divin. Heureux liens réciproques ! : « l'Eternel s'est **attaché** à tes pères pour les aimer » (v. 15)... « tu **t'attacheras à Lui** » (v. 20). — La circoncision **du cœur** est demandée. Un signe extérieur prouvant qu'on a une religion ne suffit pas. Il doit exister dans le cœur la marque qu'on a jugé les prétentions de la chair et qu'on appartient à Dieu. — L'Eternel est le soutien de ceux qui sont seuls dans la vie. L'orphelin, la veuve, l'étranger sont tout particulièrement les objets de ses soins. Ce Dieu « grand, puissant et terrible » (v. 17) qui a fait des « choses grandes et terribles » (v. 21) est aussi un Dieu plein de tendresse, un Père pour les orphelins, un Juge faisant droit aux veuves (Ps. 68. 5). — « **Lui** est ta louange » (v. 21). Ce n'est pas seulement ce qu'il a fait, mais sa Personne même qui est pour le cœur et les lèvres du racheté un continuel sujet de joie et d'adoration.

17 octobre

Le peuple de Dieu est appelé à faire comme le laboureur qui, pour aligner son sillon, prend des repères derrière et devant lui. Afin de redresser ses voies, Israël regardera d'abord **en arrière** pour se souvenir de la sortie d'Egypte et de la pénible marche à travers le désert (v. 2 à 7 ; Jér. 2. 23), puis **en avant** pour contempler par la foi le riche pays de la promesse (v. 10 à 12). Nos égarements doivent nous servir d'avertissement et parler à notre conscience, tandis que la perspective de l'héritage céleste qui est devant est propre à stimuler notre cœur. Sans cesse confrontée avec un passé jalonné par la grâce et avec un avenir glorieux, notre marche tendra à être droite. — Quel contraste entre le pays de la promesse et l'Egypte, figure du monde ! Pour avoir de l'eau, même de nos jours, les Egyptiens sont obligés de la faire monter péniblement dans des canaux au moyen de norias, sorte de moulins actionnés primitivement **avec le pied** (v. 10 fin). Tandis que dans le pays de Canaan la pluie des cieux fournit une eau gratuite et abondante. Oui, quel contraste entre les pauvres **efforts de l'homme du monde** pour faire lui-même son bonheur et le terrain béni sur lequel se trouve maintenant le racheté du Seigneur, qui reçoit tout de la grâce de son Dieu !

18 octobre

Deutéronome
11. 16 à 32

« Mettez ces miennes paroles dans votre cœur et dans votre âme » (v. 18). « ... **Que mes paroles demeurent en vous...** » est le mot d'ordre que le Seigneur Jésus en partant nous a laissé. S'il en est ainsi, nous saurons comment **prier** (Jean 15. 7), comment **parler de Lui** (Ps. 45. 1 ; Matth. 12. 34), comment **fuir le mal** (Ps. 119. 11). A tout instant de la journée, nous serons occupés de ces paroles et de Celui qui les a prononcées. Nos entretiens, nos actes, notre marche en porteront l'empreinte. On pourra lire jusque sur notre visage le bonheur qu'elles procurent. Dans notre foyer, à notre lieu de travail, dans nos allées et venues, nous ornerons en toutes choses « l'enseignement qui est de notre Dieu sauveur » (Tite 2. 10). — Puis vient la conclusion de toutes les exhortations à l'obéissance : « Regarde, je mets aujourd'hui devant vous la bénédiction et la malédiction » (v. 26). Devant chacun de nous s'ouvrent ces deux chemins. L'un est le sentier étroit de l'obéissance au Seigneur, l'autre la route large de notre propre volonté. Mais à cet embranchement, Dieu a placé des poteaux indicateurs. Le chemin de l'**obéissance** conduit à la **bénédiction** ; l'autre, celui de la **volonté propre** à la **malédiction**. Lequel voulons-nous choisir et suivre ?

19 octobre

Jusqu'au ch. 4 le peuple a été invité à tirer les leçons du passé. Du ch. 4 au ch. 11 Moïse a placé sur son cœur le grand devoir de l'obéissance à l'Eternel. Nous arrivons à présent à la troisième partie du livre dans laquelle Israël va recevoir des **instructions** pour le moment où il habitera le pays. Et la **toute première** concerne l'établissement d'un lieu pour le culte de son Dieu. L'Israélite devait commencer par purifier le pays des abominations cananéennes, puis **chercher** – mais non pas **choisir** – la place où le culte serait célébré. Il n'appartient pas davantage au chrétien de décider où ni comment il rendra à Dieu la louange. Son devoir est de s'enquérir soigneusement, d'après l'Ecriture, du lieu où le Seigneur a promis sa présence. Dans l'incertitude, qu'il imite les deux disciples envoyés par le Maître pour préparer la Pâque et qui **l'interrogent** : « **Où veux-tu** que nous l'apprêtions ? » (Luc 22. 9). – C'est en ce lieu choisi par l'Eternel (v. 14) que l'Israélite apportera ses divers sacrifices, qu'il les mangera, enfin qu'il se réjouira avec toute sa maison (v. 7, 12). Image de ce que nous venons faire et recevoir dans la présence du Seigneur Jésus quand nous sommes assemblés autour de lui ! (Matth. 18. 20).

20 octobre

Deutéronome
12. 20 à 32

Par la bouche de Moïse, l'Eternel vient de rappeler que, le premier, Il a droit au service des siens. Mais il n'est jamais leur débiteur. Aussitôt qu'ils lui ont rendu ce qui lui revient, il se révèle comme un Dieu plein de bonté, qui pourvoit à leur nourriture et entre avec tendresse dans les circonstances de leur vie quotidienne. Ce qui n'autorise pas les croyants à agir à leur guise ! « Soit donc que vous mangiez, soit que vous buviez, ou quoi que vous fassiez, **faites tout pour la gloire de Dieu** » (1 Cor. 10. 31). Le Nouveau Testament confirme à l'enfant de Dieu qu'il doit s'abstenir de manger du sang et se tenir à l'écart des souillures des idoles (lire Act. 15. 20). Cette dernière défense fait partie des soins de Dieu envers son peuple. Soyons sûrs que si le Seigneur nous interdit quelque chose ce n'est jamais pour nous imposer arbitrairement une privation mais pour éviter que nous ne soyons « pris au piège » (v. 30). Ce même verset nous apprend que le premier pas dans le chemin de l'idolâtrie est souvent la **curiosité**. « Comment ces nations servaient-elles leurs dieux ? » S'intéresser au mal est un signe que notre conscience n'a pas été profondément atteinte et nous fait entrer désarmés sur le territoire de Satan.

Un faux prophète est particulièrement dangereux quand il s'élève **du milieu** du peuple de Dieu. Tous les apôtres sonnent l'alarme contre ces propagateurs de doctrines perverses qui « par de douces paroles et un beau langage... séduisent les cœurs des simples » (Rom. 16. 18 ; 2 Pier. 2. 18 ; 1 Jean 2. 19 ; Jude 4). « Tu n'écouteras pas... », enjoint le v. 3 – et au contraire : « vous marcherez après l'Eternel... vous écouterez **sa voix** » (v. 4). La sécurité pour les brebis du bon Berger consiste à bien connaître sa voix (Jean 10. 4, 5). Elles n'ont alors aucune peine à distinguer – pour la fuir – la voix d'un étranger. Un deuxième danger non moins subtil est celui que nous font courir les **mauvaises influences**, d'autant plus à craindre qu'elles proviennent de quelqu'un de plus intime. « Ne soyons pas séduits : les mauvaises compagnies corrompent les bonnes mœurs » (1 Cor. 15. 33). Ayons le courage de rompre une fréquentation qui tend à nous éloigner du Seigneur (Luc 14. 26). Enfin le mal peut prendre un caractère collectif : une ville entière pouvait en être infectée. Le croyant fidèle est appelé à se retirer de tout milieu religieux dans lequel, à la lumière de la Parole de Dieu, il aura décelé de l'iniquité (2 Tim. 2. 19).

22 octobre

Deutéronome
14. 1 à 21

Les « fils de l'Eternel » (v. 1) constituaient « un peuple saint, consacré à l'Eternel » (v. 2). A une telle position devaient correspondre une sainte conduite et une piété que les versets suivants nous montrent comment préserver. La Bible est la pierre de touche qui nous permet de distinguer entre ce qui est pur et ce qui ne l'est pas. Les mammifères purs étaient ceux qui possédaient à la fois les deux critères. Devaient être rejetés ceux qui, comme le chameau, ruminaient sans avoir le pied divisé (beaucoup de connaissance sans la marche correspondante) et inversement ceux qui, tels le porc, laissaient une empreinte irréprochable mais n'avaient pas la bonne manière de s'alimenter. Les **pharisiens** illustraient cette seconde catégorie. Extérieurement séparés du mal, ils n'étaient pas gouvernés intérieurement par la Parole de Dieu. **Jérémie** est l'exemple d'un homme réunissant les deux caractères. « Tes paroles se sont-elles trouvées, je les ai mangées... », déclare-t-il. C'est la « rumination » ! Et dans le verset suivant : « Je ne me suis pas assis dans l'assemblée des moqueurs... » (Jér. 15. 16, 17). C'est la marche séparée. — Un reptile volant était impur (v. 19). Dieu ne reconnaît pas le mélange de ce qui est céleste (pourvu d'ailes) avec ce qui est de la terre (le reptile).

23 octobre

Le service religieux pur et sans tache devant Dieu le Père, dont parle Jacques (ch. 1. 27), comporte deux côtés : « visiter les orphelins et les veuves dans leur affliction » et « se conserver pur du monde ». Hier nous avons considéré l'aspect personnel : se conserver **pur**. Aujourd'hui l'autre côté est devant nous : le **service d'amour** envers ceux qui sont dans l'affliction et dans le besoin : l'orphelin, la veuve (v. 29), comme aussi le Lévite, l'étranger, le pauvre. « Donnez l'aumône, a dit le Seigneur Jésus ; faites-vous des bourses qui ne vieillissent pas... » (Luc 12. 33). Sans doute Dieu n'a-t-il besoin de rien ; il peut sans notre aide « rassasier de pain les pauvres » (Ps. 132. 15). S'il nous invite à partager ce que nous avons, ce n'est pas à cause du besoin à pourvoir, mais **pour nous apprendre à donner**. Il sait que nos cœurs sont par nature profondément égoïstes, préoccupés de nos propres besoins et peu sensibles à ceux d'autrui. Et le Dieu d'amour se plaît à reconnaître chez les siens ce premier fruit de la vie divine : l'amour dans ses manifestations multiples. Oui, son cœur de Père se réjouit de constater chez ses enfants quelque **ressemblance avec son Fils bien-aimé**, celui qui par amour a tout donné pour eux (2 Cor. 8. 9).

24 octobre

Deutéronome 15. 7 à 23

Donner est une source de **joie** non seulement pour celui qui reçoit, mais surtout pour celui qui donne (Act. 20. 35). Joie que Dieu goûte lui-même le tout premier, lui « le Père des lumières » dont descend tout ce qui nous est donné de bon et tout don parfait ! (Jacq. 1. 17). Et, afin que les siens partagent cette joie, il place devant eux des occasions de donner. Quelle contradiction si leur cœur est **triste** en le faisant (v. 10) ! N'oublions jamais que « Dieu aime **celui qui donne joyeusement** » (2 Cor. 9. 7). — « Le pauvre ne manquera pas au milieu du pays » (v. 11). « Vous avez les pauvres toujours avec vous », disait le Seigneur Jésus (Jean 12. 8). Pour goûter la joie de donner, ne serait-ce qu'une parole de vraie sympathie, l'**occasion** est donc toujours là. Peut-être est-elle « couchée à notre porte » comme Lazare devant celle du riche (Luc 16. 20) mais nous manque-t-il **les yeux du cœur** pour la voir, le dévouement pour la saisir ! « Celui qui a **l'œil bienveillant** sera béni, car il donne de son pain au pauvre » (Prov. 22. 9). Et l'exemple du serviteur hébreu, figure de Christ, venant à la suite de ces instructions, nous rappelle que tout ce que nous ferons par amour pour un plus pauvre ou un plus petit que nous, c'est pour Jésus que nous le ferons.

25 octobre

Des sept fêtes mentionnées en Lévitique 23, ce chapitre ne retient que les trois principales : la **Pâque**, beaucoup plus détaillée ici, la fête des semaines ou **Pentecôte**, enfin celle des **Tabernacles**. A ces trois grandes occasions, chaque Israélite était tenu de monter au lieu que l'Eternel avait choisi pour y demeurer. Luc 2. 41... nous montre Joseph et Marie se rendant à Jérusalem pour la Pâque en compagnie de l'enfant Jésus. Et Luc 22. 14... relate la dernière Pâque apprêtée pour le Seigneur. Elle était un véritable besoin de son cœur. « J'ai fort désiré de manger cette pâque avec vous, avant que je souffre », dit-il à ses chers disciples. — Ces jours solennels étaient annuels, toutefois l'Eternel voulait que chacun des siens se souvienne **tous les jours de sa vie** de sa sortie d'Egypte (v. 3) et qu'il y avait été esclave. Ce n'est pas une fois par an, ni même une fois par semaine, le dimanche, que le racheté du Seigneur se rappelle d'où il a été tiré par grâce. Il doit en être reconnaissant tous les jours. Et ce souvenir le préservera de toute légèreté. Mais sans cesser d'être grave et sérieux, le chrétien est appelé par avance à goûter la joie du ciel. « Tu ne seras que joyeux ! » (v. 15). « Réjouissez-vous **toujours** dans le Seigneur », écrit l'apôtre (Phil. 4. 4 ; 1 Thess. 5. 16).

26 octobre

Deutéronome
16. 18 à 22 ; 17. 1 à 7

Différents groupes de personnes responsables sont placés devant nous jusqu'à la fin du ch. 18. Ce sont successivement : les juges, les rois, les sacrificateurs, les lévites et les prophètes en Israël. — Les **juges** et les **magistrats** sont les premiers nommés. Ils doivent juger le peuple « par un jugement juste », agir sans partialité, ne pas recevoir de présents (v. 18, 19 ; Prov. 18. 5 ; 24. 23 ; 17. 23). Jacques dans son épître met particulièrement l'accent sur les rapports sociaux du croyant : devoirs envers le prochain, relations du riche et du pauvre. Il dénonce l'acception de personnes, la partialité (ch. 2. 1...), l'égoïsme et la dureté de cœur (ch. 2. 15, 16) ; l'avarice et l'oppression (ch. 5. 1...). Et pour que nous n'oubliions jamais jusqu'où peut descendre l'injustice, il rappelle : « vous avez condamné, vous avez mis à mort le juste... » (ch. 5. 6). Non seulement Israël n'a pas poursuivi « la parfaite justice » (v. 20), mais il a rejeté et crucifié « le juste parfait » (Job 12. 4). — La nécessité de deux ou de trois témoignages pour établir une accusation ou un fait quelconque, souligne combien nous sommes faillibles et quelle distance nous sépare de Christ, le seul « témoin fidèle et véritable » (Apoc. 3. 14 ; Jean 8. 14).

Deutéronome
17. 8 à 20

27 octobre

Une sentence rendue par le sacrificateur ou par le juge faisait autorité et devait être acceptée. Paul confirme qu'il « n'existe pas d'autorité si ce n'est de par Dieu... en sorte que celui qui résiste à l'autorité résiste à l'ordonnance de Dieu » (Rom. 13. 1, 2 ; 1 Pier.2. 13 à 17). Mais celui qui détient l'autorité est responsable devant Dieu de la manière dont il l'exerce. Plusieurs recommandations importantes sont faites aux **rois** : ne pas avoir une multitude de chevaux (orgueil) ni un grand nombre de femmes (convoitise de la chair), ne pas amasser beaucoup d'argent ou d'or (convoitise des yeux), avoir la loi divine pour seul guide, enfin ne pas s'élever au-dessus de leurs frères (ce sont leurs frères, non leurs sujets). Salomon, le roi le plus brillant de l'histoire d'Israël, enfreignit tous ces commandements (1 Rois 10. 22 à 28 ; 11. 1, 4 ; 12. 4). Tandis que Josias, un de ses derniers successeurs, se distingua par l'honneur qu'il rendit au Livre de Dieu retrouvé et par les effets pratiques que la Parole eut dans sa vie (2 Chron. 34. 14...). Posséder un exemplaire du saint Livre, l'avoir auprès de soi, **y lire tous les jours de sa vie**, c'est ainsi que nous apprendrons à craindre le Seigneur, à connaître ses paroles « pour les faire » (v. 19).

28 octobre

Deutéronome
18. 1 à 22

Ce ch. 18 place devant nous les personnes assumant une position religieuse. Les **prophètes** en particulier sont des hommes chargés de parler au nom de l'Eternel. Quel terrible égarement quand ils ne sont pas fidèles ! Car sous leur caution, on est en danger de prendre pour la parole de Dieu ce qui n'est que mensonge (voir 1 Rois 22. 22). – Les v. 9 à 12 mettent le peuple de Dieu en garde contre l'activité des astrologues, mages, voyantes, spirites, diseurs de bonne aventure... toutes les formes de l'occultisme. Aujourd'hui plus que jamais des foules courent après ces pratiques abominables. Que Dieu nous donne de les avoir, comme lui, en horreur ! – Israël dans son pays a connu successivement la période des **juges**, puis celle des **rois** et des **prophètes**. Les uns et les autres ont été trop souvent des bergers infidèles. Alors l'Eternel a envoyé pour paître son peuple Celui qui, parmi ses titres de gloire est le juste **Juge**, le **Roi** des rois, le **Prophète** mentionné au v. 15 et qu'Israël attendait. Pierre, prêchant l'évangile aux Juifs pourra s'appuyer sur ces versets pour leur annoncer Jésus. Lui est **la Parole** elle-même. **Ecoutons-le** dans tout ce qu'il pourra nous dire (v. 15 ; Act. 3. 22 et 7. 37).

29 octobre

« De Dieu juste et sauveur, il n'y en a point si ce n'est moi », proclame l'Eternel (Es. 45. 21). **Juste**, il condamne le criminel (v. 11 à 13). **Sauveur**, il met à couvert l'homicide involontaire. Trois premières villes doivent être désignées pour servir d'asile, figure de l'abri que nous trouvons en Christ contre la juste colère de Dieu. Que faut-il pour en profiter ? Simplement la foi en ce moyen unique préparé par Dieu pour le salut du pécheur, lequel est coupable, avec toute l'humanité, d'avoir versé le sang innocent de son Fils bien-aimé (v. 10 à 13). Paul semble avoir devant les yeux cette image de la ville de refuge quand il parle de courir, pour gagner Christ et être trouvé **en lui**, n'ayant pas sa justice, mais celle qui est par la foi en Christ (Phil. 3. 8, 9 ; lire aussi Hébr. 6. 18 fin). — La violence n'est pas le seul moyen de nuire à son prochain ; on peut par exemple **reculer les bornes** de ses voisins (v. 14), « jouer des coudes » pour se tailler à leurs dépens une meilleure place dans le monde. Le chrétien est enseigné à être **content** de ce qu'il a présentement (Hébr. 13. 5), à être **sobre** (1 Pier. 5. 8) et en même temps à ne pas insister sur ses droits, en sorte que sa **douceur** soit connue de tous les hommes (Luc 6. 29 à 31 ; Phil. 4. 5).

30 octobre

Deutéronome
19. 15 à 21 ; 20. 1 à 9

Les sacrificateurs et les juges devaient démasquer et châtier les faux témoins (v. 18 ; Prov. 19. 5, 9). Comble de l'iniquité, lorsque Jésus comparut devant leur sanhédrin, ils **cherchèrent** de faux témoignages contre lui pour le faire mourir ! (Matth. 26. 59). Etienne, également devant le sanhédrin, eut affaire à de faux témoins (Act. 6. 13). — Le ch. 20 traite de la guerre. Qui est chargé de la préparer et de mobiliser les soldats ? On s'attendrait à ce que ce soient des officiers. Il n'en est rien ; ce sont de nouveau les sacrificateurs et les juges. Ce qu'il faut apprécier en effet, ce n'est ni la force ni l'armement des soldats, mais la **fidélité et le dévouement à l'Eternel**. Les v. 5 et suivants énumèrent les motifs de réforme et de sursis qui dispensaient un homme de prendre part à la guerre. Ils font penser aux mauvaises excuses invoquées par les invités du grand souper de la parabole : « j'ai acheté un champ... j'ai épousé une femme... » (Luc 14. 18 à 20). Mais écoutons l'avis expérimenté de quelqu'un qui avait lui-même combattu le bon combat : « Nul homme qui va à la guerre ne **s'embarrasse dans les affaires de la vie**, afin qu'il plaise à celui qui l'a enrôlé pour la guerre ». C'est à cette condition que chacun de nous pourra être « **un bon soldat de Jésus Christ** » (2 Tim. 2. 3, 4 et 4. 7).

31 octobre

Les fils d'Israël étaient autorisés à conclure la paix avec les villes **éloignées**. Par contre on ne devait avoir aucune pitié pour les cités **proches**, celles qui empêchaient le peuple de posséder son pays. En ce qui nous concerne, chrétiens, nous avons une distinction à faire dans les choses de la terre entre celles dont nous pouvons légitimement nous servir et celles que nous devons résolument rejeter parce qu'elles nous priveraient de la jouissance de notre céleste héritage. Il nous appartient de les discerner. — L'Israélite était tenu de respecter les arbres fruitiers et de ne pas les utiliser pour faire la guerre. Mise en garde qui peut avoir une application spirituelle ! On voit des chrétiens faire preuve d'un zèle aveugle et sectaire, condamnant et brandissant comme arme de guerre ce qu'après tout Dieu a peut-être donné pour le rafraîchissement et la nourriture des siens. Ces v. 19 et 20 nous mettent en même temps en garde contre le **gaspillage**. Pensons à l'exemple que nous a donné Jésus lui-même. Lui le Créateur qui pouvait à l'infini multiplier les pains — et venait d'en donner la preuve — a pris soin de faire ramasser les restes dans des paniers « afin que rien ne soit perdu » (Jean 6. 12).

1 novembre

Voici de nouveau les juges devant un cas embarrassant ! Représentons-nous Israël entré dans son pays, habitant ses villes. Un jour un cadavre est découvert dans un champ. Qui est coupable de ce meurtre ? Personne ne le sait. Pas question par conséquent de vengeur du sang, ni de ville de refuge ! Pourtant il faut un **responsable**, car tout sang versé doit être vengé (Gen. 9. 6). Alors les anciens et les juges, en mesurant, déterminent quelle est la ville la plus proche. C'est sur elle que reposera la culpabilité. Devra-t-elle être détruite ? Non ! la grâce de Dieu fournit un sacrifice en vertu duquel il peut justement pardonner. Nous avons là une figure de Christ, de son sacrifice, de sa mort. **Jérusalem** est la cité coupable, « la ville qui tue les prophètes et qui lapide ceux qui lui sont envoyés » (Matth. 23. 37). Son plus grand crime a été de crucifier le Fils de Dieu. Merveille de la grâce ! c'est cette mort qui est devenue le moyen juste par lequel Dieu peut pardonner ! En effet dans le sacrifice de la génisse, **Jésus** est aussi placé devant nous. Celui qui n'a jamais connu le joug du péché (v. 3) est descendu dans la **vallée de la mort** où coule désormais pour nous le torrent qui ne tarit pas : la **grâce** éternelle du Dieu sauveur (v. 4).

2 novembre

Deutéronome
21. 10 à 23

Grand était le privilège du **fils aîné** en Israël (v. 17). Mais que dire, en comparaison, de nos avantages si nous sommes enfants de parents chrétiens élevés selon les enseignements de la Parole ? N'est-il pas profondément triste de constater que, malgré des privilèges aussi grands, plusieurs ont suivi le chemin du fils **indocile** et **rebelle** ? Un tel chemin pour le jeune Israélite se terminait par la mort sans rémission. Il devait être lapidé sur le témoignage de ses propres parents. Or cette histoire du fils insensé, ivrogne et débauché, nous la retrouvons en Luc 15 avec une fin bien différente. Le fils prodigue n'était pas meilleur que le fils rebelle de notre chapitre. Mais **la grâce** le trouva et agit dans son cœur, le poussant à la repentance. Alors au lieu de l'accusation du père, ce sont ses bras ouverts ; au lieu de la condamnation inflexible, un plein pardon ; au lieu de la mort, la maison paternelle, le festin, la joie. — Une autre mort terrible est évoquée par les v. 22 et 23. Et celle-là, c'est le Fils **bien-aimé**, le Fils **obéissant** qui l'a subie à notre place ! « Maudit est quiconque est pendu au bois », rappelle Gal. 3. 13. Insondable mystère de la croix ! Christ y a été fait malédiction pour que la bénédiction promise à la foi parvienne jusqu'à nous.

3 novembre

L'Eternel ne condamne pas seulement le **mal** positif et grossier (ch. 21). Il réprouve toute forme d'**égoïsme**. Perdre un bœuf ou un âne est signe d'un manque de vigilance (1 Sam. 9. 3). Toutefois Dieu en profite pour m'apprendre que je n'ai pas le droit d'être indifférent à ce qui arrive à mon prochain. Il me rappelle que celui-ci est **mon frère** et m'invite à m'occuper de ce qui lui appartient aussi soigneusement que si c'était à moi. Sans son mouton pour le sacrifice, son bœuf pour labourer, son âne pour porter ses fardeaux, comment un Israélite pouvait-il servir l'Eternel et subsister ? Ne ressemblons pas à ces croyants dont Paul déplorait l'absence d'esprit de service : « Tous cherchent **leurs propres intérêts...** » (Phil. 2. 21 ; lire aussi 1 Cor. 10. 24). — Le v. 5 prend toute sa valeur dans le monde moderne où la femme tend à se faire l'égale de l'homme. C'est renverser l'ordre de Dieu dans la création. De toute manière, même si la portée de telles instructions nous échappe, gardons-nous de « contester » (1 Cor. 11. 16). Les v. 9 à 11 nous rappellent que Dieu ne veut, dans la vie et le témoignage de ses enfants, ni confusion ni mélange des réalités divines avec les principes de ce monde.

4 novembre

Deutéronome
23. 15 à 25 ; 24. 1 à 6

Considérons Jésus enseignant les disciples et les foules. A travers les commandements de Moïse que les pharisiens respectaient à la **lettre**, il veut leur faire comprendre la pensée de Dieu, sa sagesse, son amour. Ainsi par exemple quand ses disciples froissaient des épis en passant par les blés en un jour de sabbat ou quand on l'interrogeait sournoisement au sujet du divorce (Matth. 12. 1... ; 19. 3...). Appliquons-nous en lisant ces chapitres, à y découvrir la même sagesse divine, le même amour. A côté d'une **justice** absolue, brille une parfaite **bonté**. Les **droits** des propriétaires sont maintenus, sans que les **devoirs** fraternels de la **charité** y perdent rien. Seul Dieu peut établir un tel équilibre et il est bien important de le constater dans notre monde toujours prêt à verser d'un côté ou de l'autre. L'enfant de Dieu n'a pas à choisir entre différents systèmes politiques, économiques ou sociaux. Pour lui ces questions sont d'avance résolues. Il n'a pas d'autre doctrine que la soumission à la pensée de son Père et cette pensée ce n'est pas dans les journaux ni dans les livres des hommes qu'il peut la découvrir mais dans la toujours « vivante et permanente parole de Dieu » (1 Pier. 1. 23).

5 novembre

Dieu est **lumière** ; Dieu est **amour** (1 Jean 1. 5 ; 4. 8). Il se révèle de cette double manière dans les commandements en apparence les plus petits. **Lumière** : il condamne le voleur, surveille l'apparition de la lèpre (figure du péché), exige la justice de la part du prêteur et de l'employeur, apprécie la mesure de responsabilité de chaque pécheur. **Amour** : il a les yeux sur tous les opprimés : débiteurs, pauvres, étrangers, veuves, orphelins, serviteurs, et leurs cris montent à ses oreilles. C'est ce que déclare Jacques au sujet de ces riches qui frustraient de leur salaire les ouvriers qui avaient moissonné leurs champs (Jacq. 5. 4). — Le monde admire les gens puissants et riches. Au contraire les faibles et les petits l'intéressent médiocrement. Veillons, enfants de Dieu, à ne pas nous laisser gagner par cette façon de voir. Notre Maître a traversé ce monde comme un serviteur, un étranger, un pauvre. Jésus de Nazareth n'a pas été l'objet de considération. Il a été « méprisé et délaissé des hommes », on n'a eu pour lui « aucune estime » (Es. 53. 3). Vous avez méprisé « le pauvre », fait observer Jacques (ch. 2. 6). Alors que le Ps. 41 commence ainsi : « Bienheureux celui qui **comprend** le pauvre ! ».

6 novembre

Deutéronome
25. 1 à 10

Le châtiment corporel était encouru pour certains délits et devait être infligé mais avec mesure. Hébr. 12. 9 précise que c'est une prérogative de la discipline paternelle qui contribue à inculquer le **respect** (voir Prov. 23. 13, 14). Dieu prend ce châtiment de la verge comme exemple de la discipline que lui-même exerce envers ses enfants, en nous rappelant qu'« il fouette tout fils qu'il agrée ». Mais dans sa sagesse et sa connaissance de la cruauté du cœur de l'homme, il fixe une limite : le coupable ne pourra pas recevoir plus de quarante coups. Pour être certains de ne pas les dépasser, les Juifs avaient l'habitude de donner quarante coups **moins un**. Dans leur haine contre l'Evangile, Paul nous apprend qu'à cinq reprises ils lui ont fait subir ce châtiment inique (2 Cor. 11. 24). — Un autre verset de notre lecture (v. 4) évoque les travaux de l'apôtre (1 Cor. 9. 9). Enfin l'instruction concernant les devoirs du beau-frère servira aux sadducéens à tendre un piège au Seigneur Jésus au sujet de la résurrection. Mais il leur répondra : « Vous errez, **ne connaissant pas** les Ecritures... » (Matth. 22. 29). Et pour nous aussi, le moyen de ne jamais nous égarer, c'est de bien connaître la Parole de notre Dieu et de nous appuyer sur elle.

Parmi toutes les expériences humiliantes du désert, il en est une encore dont Israël doit **se souvenir** et nous avec lui. Amalek avait lâchement profité de la fatigue du peuple pour se jeter sur les faibles et les retardataires. Faisons-y attention ! Le diable n'ose guère s'attaquer aux chrétiens dont la marche est confiante et assurée. Par contre les « **traînards** » sont pour lui des proies toutes désignées. Nous savons ce qui arriva à Pierre qui suivait Jésus **de loin** (Luc 22. 54). — Le ch. 26 nous introduit de nouveau dans le pays. Mais le passé n'est pas oublié pour autant. L'Israélite, béni dans ses récoltes, venant au lieu choisi par l'Eternel, devait rappeler à la fois son origine misérable et la puissance divine qui l'avait délivré pour l'introduire dans ce bon pays. Puis, comme une preuve de la bonté de son Dieu, il devait poser devant Lui le fruit de sa corbeille et se prosterner le cœur plein de joie et de gratitude. Belle illustration du culte des rachetés venant rappeler leur glorieux salut et offrir à Dieu « le fruit des lèvres qui confessent son nom » (Hébr. 13. 15). Comme s'il disait au Seigneur avec adoration : « Tous les fruits exquis, nouveaux et anciens : mon bien-aimé, je les ai gardés pour toi ! » (Cant. des C. 7. 13).

8 novembre

Deutéronome
26. 12 à 19

L'invitation d'Hébr. 13. 15 à offrir sans cesse à Dieu des sacrifices de louanges, est aussitôt suivie de cette exhortation : « Mais n'oubliez pas la bienfaisance, et de faire part de vos biens ». Ici aussi, nous trouvons le sujet des **dons** traité immédiatement après celui des offrandes de prémices à l'Eternel (v. 1 à 11). Les dîmes faisaient partie du culte en Israël et le v. 11 nous apprend pourquoi : il fallait que le Lévite et l'étranger puissent **se réjouir** avec l'Israélite. Ainsi nous sommes invités à faire part de nos biens, non pour en retirer quelque reconnaissance ou considération, mais pour que celui à qui nous donnons rende grâces **au Seigneur** avec nous des biens dont nous jouissons ensemble (2 Cor. 9. 12). Au ciel la bienfaisance n'aura plus sa raison d'être, tout besoin ayant évidemment disparu. Mais sur la terre l'Esprit de Dieu lie ce service à la louange comme pour nous donner l'occasion de prouver notre amour au Seigneur autrement que par des paroles. Et n'oublions pas le touchant motif qui devrait nous suffire : « Dieu **prend plaisir** à de tels sacrifices » (Hébr. 13. 16) ! — Une seule chose élevait Israël « en louange et en renommée et en beauté, au-dessus de toutes les nations », c'était l'**obéissance** aux commandements de son Dieu (v. 18, 19).

Deutéronome
27. 1 à 19

9 novembre

Ecrite « bien nettement » sur de grandes pierres enduites de chaux, éclatantes de blancheur, la loi sera placée en évidence sur une montagne, en témoignage à tout Israël. Personne ne pourra alléguer ne pas la connaître. Nous qui possédons entre nos mains la Bible tout entière, sommes encore plus responsables. — Ce monument pour glorifier **la loi** nous fait penser au magnifique Ps. 119 qui déploie dans ses 176 versets les merveilles de la Parole de Dieu et ce qu'elle est pour le fidèle. Et ce psaume commence en proclamant la **bénédiction** de « ceux qui marchent dans la loi de l'Eternel ». « Tu mettras la bénédiction sur la montagne de Garizim, et la malédiction sur la montagne d'Ebal », avait-il été ordonné (ch. 11. 29). Hélas ! nous n'entendrons pas les tribus prononcer la bénédiction. En effet, le peuple est « sous la loi » et « tous ceux qui sont sur le principe des œuvres de loi sont sous **malédiction** » (Gal. 3. 10). Maudit,... maudit,... maudit,... est la sentence qu'Israël devra entendre douze fois (v. 15 à 26). Mais le même passage des Galates annonce que « Christ nous a rachetés de la malédiction de la loi » en la prenant sur lui (Gal. 3. 13). Dorénavant nous ne sommes plus sous la loi, mais **sous la grâce** (Rom. 6. 14).

10 novembre

Deutéronome 28. 1 à 14

Ce chapitre fait le pendant du ch. 26 du Lévitique. Ensemble ils constituent un double et solennel témoignage, avertissant Israël des conséquences de son obéissance ou de sa désobéissance (Job 33. 14). « Si tu **écoutes**... » (v. 1, 2, 13). Bien des fois déjà dans ce livre a retenti l'appel : « **Ecoute Israël** ! » Que chacun de nous mette son propre nom à la place de celui d'Israël et prête l'oreille aux commandements du Seigneur ! « Parle, car ton serviteur écoute », répondra le jeune Samuel (1 Sam. 3. 10). Et Christ lui-même pourra dire par l'Esprit de prophétie : « Le Seigneur... réveille mon oreille pour que j'écoute comme ceux qu'on enseigne » (Es. 50. 4). A ce fait d'écouter la Parole, de la garder et de la mettre en pratique sera toujours liée **la bénédiction du Seigneur** (Apoc. 1. 3). Elle réjouira et enrichira nos âmes partout et continuellement, « à la ville ou dans les champs ». Notre vie de famille et « tout ce à quoi nous mettrons la main » en porteront la marque (v. 8). Nous irons de victoire en victoire (v. 7). Enfin cette surabondance de prospérité spirituelle (v. 11) ne pourra passer inaperçue et **son origine** sera évidente à tous : elle vient **du Seigneur** auquel nous appartenons et dont le nom sera ainsi glorifié (v. 10).

11 novembre

D'ici, à la fin de ce long chapitre, l'Eternel énumère toutes les **malédictions** qui attendent Israël s'il n'écoute pas. Hélas ! l'Ecriture, ainsi que l'histoire de ce peuple, confirment qu'en effet « ils ont ouï dur de leurs oreilles » et que, comme conséquence, toutes ces épreuves leur sont arrivées. Quant à nous qui sommes sous la grâce, notre responsabilité est encore plus grande, c'est pourquoi il nous est dit : « Prenez garde que vous ne refusiez pas **Celui qui parle** » (Hébr. 12. 25). Nous ne refuserions pas seulement des **paroles**, mais **la Personne** qui les a prononcées. — Alors, si nous sommes restés sourds à la voix de sa bonne Parole, il faut bien qu'il emploie un autre langage infiniment plus pénible et plus sévère : celui des **épreuves**. Tant que nous persisterons dans le chemin de **notre** volonté propre, nous rencontrerons nécessairement la volonté **du Seigneur** contre nous. Apprenons à la discerner derrière les instruments de sa discipline. Et que le Seigneur nous préserve d'avoir à faire toutes sortes de fâcheuses expériences avant de comprendre que nous ne pouvons être heureux loin de lui ! Le fils de la parabole nous enseigne cette leçon sans que nous ayons besoin pour l'apprendre de le suivre dans « un pays éloigné » (Luc 15).

12 novembre

Deutéronome
28. 33 à 53 et 69

« Les misères de ceux qui courent après un autre seront multipliées » (Ps. 16. 4). Ce verset (qui prophétiquement s'applique au culte de l'Antichrist), peut servir de titre aux v. 15 à 68 de notre chapitre. Celui qui parle au Psaume 16, c'est Christ qui, en contraste avec Israël, n'a jamais cessé de se confier en Dieu, de se proposer l'Eternel devant Lui. Aussi pouvait-il compter sur son Dieu pour être gardé, pour conserver son lot, pour ne pas être ébranlé (Ps. 16. 1, 5, 8). Jésus est notre modèle dans le chemin de la foi. Mais Dieu est obligé de nous montrer aussi l'exemple inverse et ses conséquences tragiques. L'effroyable menace du v. 53 s'est littéralement accomplie dans l'histoire d'Israël (2 Rois 6. 29). Quant à sa liberté, le peuple l'a pratiquement perdue depuis les jours de sa transportation à Babylone. — « Servez l'Eternel **avec joie** », invite le Ps. 100. 2. Précisément Israël n'a pas servi son Dieu « avec joie et de bon cœur » (v. 47), s'exposant ainsi à subir le joug de fer de ses ennemis. Moralement il en est toujours ainsi. En refusant de servir le Seigneur, nous nous replaçons pratiquement sous l'esclavage de Satan et du péché (Jean 8. 34). Que Dieu nous apprenne à Le servir joyeusement, imitant Celui qui trouvait ses délices à faire Sa volonté ! (Ps. 40. 8).

13 novembre

Tout Israël est rassemblé pour entendre les paroles de l'alliance. La puissance et l'amour de l'Eternel ont opéré pour lui de grands miracles. Le peuple les a vus (v. 1) mais pas avec les yeux **du cœur** (v. 4 ; Eph. 1. 18). Les signes accomplis en sa faveur n'ont pas eu d'effet moral sur sa conscience. Il en fut de même aux jours du Seigneur Jésus sur la terre. « Plusieurs crurent en son nom, contemplant les miracles qu'il faisait. Mais Jésus lui-même ne se fiait pas à eux... » (Jean 2. 23, 24). Et nous risquons de leur ressembler chaque fois que nous nous contentons d'une connaissance **intellectuelle** de la vérité. — Pourtant le v. 4 affirme que Dieu n'avait pas donné à Israël des oreilles pour entendre jusqu'à ce jour. Etait-ce alors la faute de ce dernier s'il n'a pas écouté ? Certainement oui ! L'apôtre Paul rend ce peuple pleinement responsable d'avoir volontairement fermé ses oreilles de peur d'entendre et de se convertir (Act. 28. 27, 28). « Sachez — poursuit-il — que ce salut de Dieu a été envoyé aux nations, et **eux écouteront** ». Le Seigneur veuille que ce ne soit pas en vain et qu'aucun de nous n'endurcisse son cœur **aujourd'hui** en entendant sa voix (Hébr. 3. 7, 15 ; 4. 7). Remarquons la fréquente répétition de ce mot « aujourd'hui » tout au long des derniers chapitres de ce livre.

14 novembre

Deutéronome
29. 18 à 29

Jusqu'ici il a été question du peuple dans son ensemble. Les v. 18 à 21 s'adressent à l'individu, homme ou femme qui se détourne de l'Eternel. L'absinthe (v. 18 fin) est une plante au jus amer et toxique qui croît dans les lieux incultes. Si notre cœur est spirituellement à l'état sauvage, ne nous étonnons pas qu'il s'y développe de telles racines d'amertume, empoisonnant notre esprit de toutes sortes de ressentiments, jalousies, animosités. Le remède préventif, selon Hébr. 12. 15 : ne pas manquer de jouir de la **grâce de Dieu**. — Le chapitre s'achève sur un verset consolant. Notre histoire comme celle d'Israël comporte un côté apparent : celui de notre responsabilité, et un côté caché : celui de la grâce, dont Dieu seul a pleinement connaissance. Certaines tapisseries se brodent à l'envers. Tant que dure le travail, on ne voit sur le canevas que des nœuds et des fils embrouillés ; seul l'artisan s'y reconnaît. Mais en retournant l'ouvrage terminé, le dessin final apparaît dans toute sa perfection et sa beauté. « Les choses révélées » correspondent à l'envers visible du travail divin. Epreuves, échecs, discipline, nous paraissent parfois aller à l'encontre du plan de Dieu. Mais bientôt, dans la magnificence du Saint Lieu, nous admirerons l'autre face et « nous comprendrons tout Son amour ».

Deutéronome
30. 1 à 14

15 novembre

La grâce de Dieu tient en réserve des « choses cachées » (ch. 29. 29) dont ce beau chapitre nous entretient. « Non seulement l'Eternel rassemblera les siens, les ramènera, les multipliera, et agira en puissance en leur faveur, mais il opérera **en eux** une puissante œuvre de grâce d'une valeur bien plus grande qu'aucune prospérité extérieure » (C. H. M.). Dans un temps futur, Dieu agira sur le cœur de son peuple pour y produire l'obéissance et l'amour envers Lui (Hébr. 8. 10). Il l'invite depuis si longtemps : « Si tu reviens... reviens à moi » (Jér. 4. 1 ; lire Os. 14. 1, 2). Eh bien, tout ce patient travail n'aura pas été vain ! « Et toi tu reviendras... » (v. 8). — Le ch. 10 des Romains cite les v. 12 à 14 en les appliquant à « quiconque croit ». Christ, la Parole vivante, est venu du ciel où l'homme ne pouvait monter, afin de révéler le cœur de Dieu qui **veut que tous les hommes soient sauvés** (1 Tim. 2. 4). Ami, ne dites pas que ce salut est trop merveilleux et vous trop misérable (v. 11). Si loin que vous soyez, Jésus est tout près de vous. Ouvrez-lui maintenant votre cœur ! — Quant à nous chrétiens, prenons conscience que si la Parole est dans notre bouche ou dans notre cœur, ce n'est pas pour rester sans fruit, mais **pour être pratiquée** (v. 14 ; lire Jean 13. 17).

16 novembre

Deutéronome
30. 15 à 20 ; 31. 1 à 6

Voici de nouveau la bifurcation rencontrée au ch. 11. 26. Deux chemins seulement s'ouvrent devant Israël comme ils s'ouvrent devant tout homme : l'un mène à la **vie** et au **bonheur** ; il consiste à aimer l'Eternel, à écouter sa voix, à s'attacher à lui (v. 20). Tel est le secret d'une vie heureuse déjà sur la terre. L'autre chemin, plein d'attrait peut-être au départ, conduit infailliblement à la **mort** et au **malheur** (v. 15, 19 ; comp. Jér. 21. 8). Et le choix nous appartient. Ecoutons la voix amie qui murmure à nos oreilles : « C'est ici **le chemin**, marchez-y » (Es. 30. 21). — Moïse est âgé de cent vingt ans. Lui aussi avait dû choisir, quatre-vingts ans plus tôt. Il avait refusé les honneurs, les richesses et les plaisirs de la cour du Pharaon, préférant être « dans l'affliction avec le peuple de Dieu » et partager « l'opprobre du Christ » (Hébr. 11. 25, 26). Dans la certitude qu'il ne s'était pas trompé, il peut exhorter à présent Israël, exhorter en fait tous ceux qui ne se sont pas encore décidés : « Regarde... choisis la vie ». **Jésus est** le chemin, la vérité et **la vie** (Jean 14. 6). Choisir la vie, c'est le choisir lui-même. Il se chargera ensuite de notre bonheur. Cher ami, choisis la vie, choisis Jésus ! Fais-le aujourd'hui même ! Demain ne t'appartient pas.

17 novembre

Après avoir enjoint à tout Israël de se fortifier et d'être ferme (v. 6), Moïse adresse les mêmes paroles à Josué (v. 7). La source du courage est la même dans les deux cas : **l'Eternel qui marche avec eux**. — Moïse a rédigé la loi. Encore faut-il qu'elle soit lue ! Aussi une dernière instruction est-elle donnée, relative à la lecture périodique des commandements divins devant tout Israël rassemblé : hommes, femmes et enfants. Dans quel but ? « Afin qu'ils **entendent** et afin qu'ils **apprennent**, et qu'ils **craignent** l'Eternel, votre Dieu, et qu'ils **prennent garde à pratiquer** toutes les paroles... » (v. 12). C'est aussi pour ces motifs que nous avons des réunions d'assemblée où la parole de Dieu est lue et méditée. Et ce v. 12 montre bien que les enfants y ont leur place avec leurs parents. Ne négligeons pas ces rassemblements « comme quelques-uns ont l'habitude de faire » (Hébr. 10. 25). — Pourquoi, après avoir promis à Israël de ne pas l'abandonner (v. 6), l'Eternel annonce-t-il : « je les abandonnerai, et je leur cacherai ma face » (v. 17) ? Parce que, entre-temps, c'est le peuple qui aura abandonné son Dieu et rompu son alliance (v. 16 fin). Mais une ultime promesse sera formulée par la bouche du prophète Osée : « **Je guérirai leur abandon de moi**, je les aimerai librement » (Os. 14. 4).

18 novembre

Deutéronome
31. 19 à 29

Une même phrase annonce les bénédictions que l'Eternel réserve à son peuple et l'inqualifiable trahison de celui-ci se tournant vers d'autres dieux (v. 20). Averti du sombre avenir que se prépare Israël, Josué est cependant exhorté à **se fortifier** (v. 23). Car ce n'est pas dans le peuple qu'il puisera sa force, mais **en l'Eternel**. Sans doute, chers jeunes gens, constatez-vous bien des faiblesses et des manquements chez les chrétiens que vous connaissez. Vos aînés sont loin de vous donner toujours le bon exemple. Les réunions auxquelles vous assistez ne vous apportent parfois que peu d'édification. N'y a-t-il pas souvent de quoi vous décourager ? Dites-vous qu'en regardant aux personnes il ne peut en être autrement. Mais si vos regards sont **dirigés sur Jésus**, vous ne risquez aucune déception. En lui se trouvent d'inépuisables provisions de grâces et de perfections capables de suppléer à toutes nos insuffisances. — Moïse, Josué, Paul... savaient ce que deviendrait leur œuvre ici-bas. « Car **je sais** qu'après ma mort vous vous corromprez... » dit Moïse (v. 29). « Moi **je sais** qu'après mon départ il entrera parmi vous des loups redoutables... » annonce Paul (Act. 20. 29). Mais ils savaient aussi **qui** ils avaient cru, et leur confiance était en sa puissance à Lui (2 Tim. 1. 12).

Deutéronome
31. 30 ; 32. 1 à 14

19 novembre

Ainsi que l'Eternel lui en a donné l'ordre, Moïse va maintenant enseigner un cantique aux fils d'Israël. Prenant à témoin les cieux et la terre, il exalte la parole de Dieu descendant « comme une pluie fine sur l'herbe tendre (la jeunesse), et comme des ondées sur l'herbe mûre » (v. 2). Il attribue la grandeur à Dieu, célèbre **ce qu'Il est** : fidèle, juste, droit (v. 4). Le **Rocher** est son nom, assurant aux siens le refuge, l'habitation, l'ombre bienfaisante, l'eau vive (Ps. 31. 2 ; 71. 3 ; Es. 32. 2 et bien d'autres passages) ainsi que le miel et l'huile (v. 13). Le cantique exalte ensuite **ce que Dieu fait** : une œuvre **parfaite** ! (v. 4). Tout le déploiement de cette œuvre envers Israël est exposé dans les v. 8 à 14. Il l'a choisi (v. 8), trouvé, pris en charge, gardé (v. 10), porté (v. 11), conduit (v. 12) et finalement élevé en haut (v. 13). « Qu'y avait-il encore **à faire**... que je n'aie pas fait » ? demandera plus tard l'Eternel à propos de sa vigne d'Israël (Es. 5. 4). A plus forte raison, enfants de Dieu, sommes-nous en droit de nous écrier avec le cantique : « Du Rocher de Jacob, toute l'œuvre est parfaite... ! » — « Car ceux qu'il a préconnus, il les a aussi prédestinés..., il les a aussi appelés..., il les a aussi justifiés..., il les a aussi glorifiés » (Rom. 8. 29, 30).

20 novembre

Deutéronome
32. 15 à 33

Le cantique qu'enseigne Moïse aux fils d'Israël n'a malheureusement pas qu'une seule strophe ! Celle que nous avons apprise hier avec le peuple, excepté le v. 5, célébrait le côté de **Dieu**. Voyons à présent le côté de **l'homme** ! Les riches dons de l'Eternel à son peuple, énumérés au v. 14, n'ont servi à ce dernier qu'à s'engraisser lui-même (v. 15). Au lieu de s'attacher davantage au « Rocher de son salut », de lui offrir la graisse des agneaux et les libations de vin (v. 14), Israël l'a **abandonné, méprisé, provoqué** et finalement **oublié** (v. 15, 16, 18). Quelle ingratitude ! Et pourtant ne ressemblons-nous pas parfois à ce misérable peuple ? Nous nous « engraissons » volontiers de l'abondance dont nous comble notre Père. Nous faisons prospérer nos affaires terrestres en oubliant de donner au Seigneur la place qui lui appartient dans notre vie. A ceux qui sont « riches dans le présent siècle », il est ordonné « qu'ils ne mettent pas leur confiance dans l'incertitude des richesses, mais dans le Dieu qui nous donne toutes choses richement pour en jouir » (1 Tim. 6. 17). Si les fils d'Israël avaient été sages, ils auraient considéré **leur fin** (v. 29). Que le Seigneur nous accorde la sagesse de gérer ses dons **comme ayant à lui en rendre compte** au moment de son retour !

21 novembre

Les versets qui terminent le cantique de Moïse rappellent que Dieu est souverain, qu'il est « le Même » et que par conséquent on peut s'attendre à ce qu'il ait le dernier mot. Quel est ce mot final ? La vengeance pour ses ennemis longtemps impunis mais aussi **le pardon** pour son peuple avec lequel les nations se réjouiront durant le millénium (v. 43). — Moïse achève ses enseignements par une dernière exhortation à l'obéissance : « Appliquez votre cœur » à cette parole, à cette loi, « **c'est votre vie** » (v. 46, 47 ; Es. 55. 3 ; Prov. 4. 13 et 7. 2). Certains jeunes pensent que, pour « vivre leur vie », ils doivent **s'affranchir de toute tutelle** et surtout de celle de Dieu. Ces versets affirment, et notre expérience confirme, que **se plier au joug béni du Seigneur**, c'est en fait saisir « **ce qui est vraiment la vie** » (1 Tim. 6. 19). — Les instructions de Moïse sont terminées. Vrai **médiateur**, il a parlé **du** peuple à l'Eternel et **de** l'Eternel **au** peuple. Il va à présent quitter celui-ci. Hébr. 13. 7 nous exhorte à nous souvenir des fidèles conducteurs qui nous ont annoncé la parole de Dieu. Beaucoup d'entre eux ne sont plus là. Mais, ajoute l'auteur de l'épître : « **Jésus Christ est le même**, hier, et aujourd'hui, et éternellement » (comp. v. 39).

22 novembre

Deutéronome
33. 1 à 12

Sur le point de quitter le peuple, l'homme de Dieu laisse parler ses affections. L'heure n'est plus aux exhortations ; il prend congé de ceux qu'il aime et son dernier message est une **bénédiction** (comp. Luc 24. 50). Moïse est le digne représentant d'un Dieu qui « aime les peuples » et tient tous ses saints « **dans sa main** » (v. 3). Assurance complétée par la promesse du Seigneur Jésus : « **Personne ne peut les ravir de la main de mon Père** » ! (Jean 10. 29). — En comparant cette bénédiction de Moïse à celle de Jacob en Gen. 49, nous relevons quelques différences pleines d'instruction pour nous. D'après le témoignage de son propre père, Lévi était un homme violent, cruel. Dieu à cause de la fidélité de ses fils (Ex. 32. 26) en fait « l'homme de sa bonté » et lui confie les charges du sanctuaire. De son côté Benjamin était appelé « un loup qui déchire » (Gen. 49. 27). Par grâce, il devient « le bien-aimé de l'Eternel », et ce « loup » va occuper la place de la brebis trouvée, car il est dit : « il habitera entre ses épaules » (v. 12 ; Luc 15. 5). Si complète est la transformation que l'Evangile produit en celui qui le reçoit ! Ce fut l'expérience d'un Saul de Tarse qui appartenait précisément à cette tribu de Benjamin et qui, d'ardent persécuteur, devint fidèle témoin et serviteur du Seigneur (1 Tim. 1. 12, 13).

Deutéronome
33. 13 à 29

23 novembre

Tout ce qu'il y a de « **plus précieux** » doit être pour Joseph, figure de **Christ**. Cinq fois nous trouvons cette expression. Mais rien n'est « plus précieux » pour le Seigneur Jésus que l'amour de son Eglise, de son racheté. « Celui qui a été mis à part de ses frères » (Gen. 49. 26) reste « à part de ses frères » (v. 16). Au titre de ses souffrances dans la fosse et dans la prison, puis de sa gloire en Egypte, Joseph occupe de droit cette place particulière. C'est celle de Jésus. Personne ne pouvait l'accompagner dans le terrible chemin du Calvaire. Il fut seul sur la croix. Aussi Dieu lui a-t-il donné pour toujours **une place à part** ; il l'a haut élevé, il lui a donné « un nom **au-dessus de tout nom** » ; il l'a oint d'une huile de joie **au-dessus de ses compagnons** » (Phil. 2. 9 ; Ps. 45. 7). — Comme en un tableau splendide, le règne millénaire de Christ est évoqué par les **bénédictions** des tribus. Contrairement à celle qu'a prononcée Jacob, elles ne contiennent aucun blâme, aucune restriction. Cette seconde liste comporte toutefois un absent ; l'avez-vous remarqué ? C'est **Siméon**, jadis associé à Lévi dans une même condamnation (Gen. 49. 5). Lévi, objet de la grâce, est richement béni. Mais Siméon, où est-il ? Sérieuse question ! Votre nom est-il dans le livre de vie ?

24 novembre

Deutéronome
34. 1 à 12

Moïse avait passé quarante ans chez le Pharaon, quarante ans chez Jéthro à l'école de Dieu, quarante ans enfin dans le désert, conduisant Israël. Il avait eu au commencement la « **grande vision** » du buisson. Il avait ensuite, par la foi, tenu ferme « comme **voyant Celui qui est invisible** » (Hébr. 11. 27). D'un œil qui n'est pas affaibli (v. 7), l'homme de Dieu, achevant sa course, contemple l'admirable panorama du pays d'Emmanuel. — Puis vient le moment où, selon ses propres paroles au Ps. 90. 3, **sur l'ordre de Dieu** l'homme retourne à la poussière. Mais l'Eternel honore son cher serviteur en s'occupant lui-même de sa sépulture (v. 6). Moïse fait partie désormais des témoins de la foi qui attendent la gloire promise, tout en jouissant déjà de la présence de Celui qui est sa parfaite « rémunération » (Matth. 17. 3). Qu'est la perte du pays en comparaison de ce gain-là ? A la fin de cette partie de la Bible constituée par les cinq livres de Moïse (ou Pentateuque), puisse chacun de nous avoir fait aussi un gain positif dans la connaissance du Seigneur ! « **Moïse a écrit de moi** », dira Jésus aux Juifs (Jean 5. 46). N'est-ce pas en effet Lui-même que nous avons découvert à travers tant d'ombres et de figures dans cette riche portion de la parole de Dieu ?

25 novembre

Le livre de Josué nous fait entrer avec Israël dans le pays de la promesse pour en prendre possession. Un nouveau conducteur remplace Moïse : **Josué** que nous connaissons pour l'avoir vu, jeune homme, **combattant** (Ex. 17. 9, 10), **apprenant** (Ex. 33. 11), **servant** (Nombr. 11. 28), **rendant témoignage** (Nombr. 14. 6...). Formé par les longues années de désert, il est appelé maintenant à de grandes responsabilités. Au moment d'y faire face, il est encore une fois encouragé par l'Eternel (v. 6, 7, 9) et par ses frères (v. 18), avec cette exhortation : « Que ce livre de la loi (pour nous toute la Parole de Dieu) ne s'éloigne pas de ta bouche, et médite-le jour et nuit... ». Tel sera le secret de sa prospérité spirituelle... et de la nôtre (v. 8 fin). — Le livre de Josué illustre les vérités développées dans les « Ephésiens ». De même que les fils d'Israël pour la conquête de Canaan, les chrétiens ont des combats spirituels à livrer pour la possession des lieux célestes. Et il leur est dit comme à Josué : « Fortifiez-vous dans le Seigneur... tenez donc ferme... » (Eph. 6. 10, 14). **Moïse** représentait Christ conduisant les siens hors du monde. **Josué** personnifie l'Esprit de **Jésus** (c'est le même nom hébreu) les introduisant dans le ciel avec Lui.

26 novembre

Josué
2. 1 à 13

Deux grands obstacles s'opposent à l'entrée du peuple en Canaan. En premier lieu le **Jourdain** qui constitue la frontière. Ensuite, sur l'autre rive, la forteresse redoutable de **Jéricho**. Josué y envoie ses deux espions. Leur mission semble s'être bornée à cette visite chez Rahab et à prendre connaissance non de la puissance de l'ennemi mais de celle de Dieu opérant dans le cœur de cette femme. Rahab a **entendu** ce que Dieu avait fait pour son peuple. Elle a **cru** en Lui. Enfin la voici qui **agit**, car « la foi sans les œuvres est morte », et Jacques la prend comme exemple de cette vérité, elle, cette misérable Cananéenne, en compagnie d'Abraham lui-même (Jacq. 2. 25). Aux yeux des hommes, l'acte de cette femme — une trahison — est parfaitement répréhensible. Mais il n'en fait ressortir que mieux la différence entre une œuvre **de foi**, agréable à Dieu, et une « bonne œuvre » louée par les hommes. Ce que fait un croyant est loin d'être toujours compris et approuvé par le monde. — La foi de Rahab lui vaudra une place d'honneur dans deux listes remarquables du Nouveau Testament : la généalogie de Jésus Christ (Matth. 1) et l'énumération des fidèles témoins du ch. 11 des Hébreux où elle sera la seule femme nommée avec Sara. —

27 novembre

Le fait que Rahab était non seulement une **ennemie** mais une personne **peu recommandable** souligne la profondeur de la grâce divine. Comme une autre Cananéenne au temps du Seigneur, sa foi la fait participer spirituellement aux « miettes » qui tombent de la table des enfants d'Israël (Matth. 15. 22...). Le moyen par lequel sa maison va être protégée nous rappelle la pâque et le sang de l'agneau sur les portes et fait de Rahab une vraie fille d'Israël. En prévision du jugement qui va tomber sur Jéricho, elle et les siens sont invités à se placer sous la protection du cordon d'écarlate. Remarquons que celui-ci est **aussitôt** attaché à la fenêtre. Se mettre sans tarder à l'abri du sang rédempteur, voilà ce que Rahab nous enseigne, si nous ne l'avons pas encore fait, car le jugement vient sur le monde aussi sûrement qu'il est tombé sur Jéricho. Cette femme proclame sa certitude que le Dieu d'Israël remportera la victoire et elle se fie à la promesse qu'elle reçoit de sa part. — Le compte rendu des deux espions est bien différent de celui des dix éclaireurs du ch. 13 des Nombres. « **Oui**, l'Eternel **a livré** (non pas livrera) tout le pays en nos mains. » Ce v. 24 est l'accomplissement textuel de ce que déclarait quarante ans plus tôt le cantique de la mer Rouge (Ex. 15. 15 fin).

28 novembre

Josué
3. 1 à 13

La mer Rouge barrait à Israël **la sortie** d'Egypte ; le **Jourdain** lui ferme à présent **l'accès en Canaan**. Et la traversée de ce fleuve va nous apprendre une nouvelle vérité de toute importance : celle de **notre mort avec Christ**. Dès ici-bas l'enfant de Dieu est invité à **posséder le ciel** par la foi et à en jouir. A cela correspond **l'entrée en Canaan**. Mais de même que pour y pénétrer, il fallait traverser le Jourdain, fleuve de la mort, de même un chrétien ne peut entrer en possession du ciel et en goûter actuellement les joies sans avoir réalisé qu'il est **mort avec Christ**. La croix où mon Sauveur a laissé sa vie frappe et condamne ma volonté naturelle corrompue, ce vieil homme qui veut sans cesse reprendre le contrôle de ma vie et qui pourtant n'a aucun droit d'entrée dans le domaine céleste. Que de tourments il me cause ! Mes efforts pour le corriger sont inefficaces. Comment le mettre hors d'état de nuire, le faire mourir ? Eh bien, j'apprends avec bonheur que c'est ce qui a été accompli **une fois pour toutes à la croix** et qu'il me suffit de l'accepter aussi simplement que le pardon de mes péchés ! Jésus n'a pas seulement été crucifié **pour** moi. Je suis, moi, crucifié **avec** lui (Gal. 2. 20). Telles sont les **merveilles** que Dieu a faites en notre faveur (v. 5).

29 novembre

L'arche, la première, pénètre dans les eaux et ouvre un passage au peuple. L'entrée de Christ dans la mort nous fraye un chemin par lequel nous n'avons « pas passé ci-devant », un chemin nouveau et vivant (v. 4 ; Hébr. 10. 20). Avant la croix, personne n'était définitivement sorti de la mort après y être entré. Mais Christ l'a fait, en sorte qu'à présent nous la traversons **avec lui** sans en connaître l'amertume. « Ils passèrent le fleuve à pied, là nous nous réjouîmes en lui » (Ps. 66. 6). Nous constatons que l'arche est restée dans le lit du fleuve jusqu'à ce que toute la nation ait achevé de passer (v. 17). Merveilleuse garantie de la sécurité du peuple ! La mort ne peut nous engloutir. Christ s'y est tenu à notre place. Mais pensons à ce que cela fut pour le Prince de la vie que de livrer lui-même son âme à la mort. Le livre de Jonas 2. 4... mentionne toutes les terribles vagues qui ont passé sur Lui dans leur pleine réalité. Les eaux l'ont environné jusqu'à l'âme... (voir aussi Ps. 42. 7). Cher Sauveur ! Pour lui la souffrance et la mort ; pour nous la délivrance, la vie, le bonheur. Les eaux n'ont pu éteindre, le fleuve n'a pu submerger l'amour fort comme la mort qui l'avait conduit dans ces flots afin de nous en arracher (Cant. des C. 8. 6 et 7).

30 novembre

Josué
4. 9 à 24

Sur l'ordre de l'Eternel, Josué a fait retirer douze pierres du fond du lit du fleuve pour en faire un monument à Guilgal (v. 20). Dans le Jourdain, il en dresse douze autres que les eaux vont recouvrir (v. 9). « Que signifient **pour nous** ces pierres ? » (v. 6). L'épître aux Romains traduit leur langage. Elles représentent les croyants identifiés avec Christ **dans sa mort** (au fond du fleuve) ainsi que **dans sa résurrection** (sur la rive du pays — Rom. 6. 5). — Et l'unité du peuple est proclamée par ces **douze** pierres (douze tribus) qui constituent ensemble un seul monument. Car cette œuvre puissante a été accomplie **en faveur de tous les rachetés**, même si beaucoup n'en ont pas conscience. Le double mémorial l'atteste pour toujours. — Ainsi la croix m'a valu trois grandes délivrances qu'illustrent la Pâque, la mer Rouge et le Jourdain. La **Pâque** m'apprend que je suis délivré du **jugement de Dieu**. La **mer Rouge** m'enseigne que je suis libéré de mes ennemis extérieurs : **Satan et le monde**. Le **Jourdain** enfin m'annonce que j'ai le droit de tenir pour morte **la chair**, ce tyrannique ennemi intérieur. Les deux premières vérités sont saisies au moment de la nouvelle naissance. La troisième correspond à ce qu'on appelle **l'affranchissement**.

1 décembre

Et nous voici sur cette rive de la résurrection ! Qu'y trouvons-nous ? Pénible découverte ! D'abord les ennemis **extérieurs** qui ont reparu. Mais courage ! Ils sont sans force (v. 1), déjà vaincus par Christ à la croix (Col. 2. 15). L'ennemi **intérieur**, la chair, est là également. N'a-t-elle donc pas été déclarée morte, ensevelie dans les profondeurs du Jourdain ? Assurément ! Aux yeux de Dieu, c'est là sa place. Mais il faut que nous nous tenions **nous-mêmes** pour morts au péché (Rom. 6. 11), ne lui reconnaissant aucun droit de se manifester. La circoncision correspond à ce **jugement** que nous avons à porter sur chaque réapparition de la chair en nous. Quand il est pratiqué, alors nous découvrons les ressources et les joies qui nous attendent sur ce « rivage » des lieux célestes. En premier lieu le **vieux blé** du pays qui vient remplacer la manne : image d'un Christ glorifié dont le racheté se nourrit. Puis vient **la Pâque** ; elle peut être célébrée sous les murs mêmes de Jéricho. « Tu dresses devant moi une table, en la présence de mes ennemis » (Ps. 23. 5). Enfin voici **l'Ange** promis par l'Eternel dès les premiers jours de l'Exode (Ex. 23. 23). Jésus est **pour nous** dans le ciel et dirigera nos combats si nous lui en laissons la direction.

2 décembre

Josué
6. 1 à 14

Comme un gardien redoutable veillant à l'entrée de Canaan, se dresse la puissante forteresse de Jéricho barrant le chemin du peuple. Obstacle terrifiant ! A quoi correspond-il pour nous ? Quand le nouveau converti, passé depuis peu de la mort à la vie, s'apprête à vivre sa foi, Satan cherche aussitôt à l'effrayer. Il place devant lui de grosses difficultés : Un témoignage à rendre devant des camarades moqueurs, l'abandon d'une habitude, un aveu ou des excuses à faire à quelqu'un qu'on a offensé. Bien plus, dans certains pays ceux qui se déclarent chrétiens ont à affronter de vraies persécutions. Comment faire face à ces réactions inévitables de l'Ennemi ? En laissant le Seigneur tout diriger à sa manière. A nous, il demande une pleine **confiance** en lui, du **zèle** (voyez-les se lever de bonne heure), un **témoignage** bien clair auquel correspondent les sept trompettes. Puis encore la persévérance ! Sept jours et sept fois le septième jour ! La patience doit avoir son œuvre parfaite (Jacq. 1. 4). Et enfin la condition principale : il faut réaliser **la présence du Seigneur** avec nous dans notre marche quotidienne. L'arche qui s'était tenue **pour** Israël dans le Jourdain est maintenant **avec** lui pour lui donner la victoire (v. 6).

Josué
6. 15 à 27

3 décembre

Elle devait paraître bien dérisoire et inoffensive aux habitants de Jéricho, la ronde de ces sonneurs de trompettes autour de leurs murailles. Avait-on jamais vu un siège entrepris de telle façon ? Les moqueries n'ont pas dû manquer ! Mais « Dieu a choisi les choses faibles du monde pour couvrir de honte les choses fortes » (1 Cor. 1. 27). A côté des puissants moyens visibles dont l'homme se prévaut, **la foi** agit à sa manière invisible. Selon la promesse du Seigneur, si nous en avons comme un grain de moutarde, Dieu ôtera de notre chemin les obstacles les plus effrayants (Matth. 17. 20). « Les armes de notre guerre ne sont pas charnelles, mais puissantes par Dieu pour la destruction des forteresses » (2 Cor. 10. 4). Faisons usage de cette arme invincible : **la prière**. S'il y a des « Jéricho » sur notre route, apprenons comme Israël à en faire le tour avec le Seigneur (l'arche) en élevant nos voix vers Dieu. Quand son moment sera là, nous verrons tomber les murailles comme celles-ci tombèrent le septième jour. — Israël a reçu une instruction entendue de tous : la ville sera anathème, maudite. Seule Rahab est épargnée avec les siens, en réponse à sa foi. Le cordon d'écarlate, facile à localiser lors des 13 tours de la ville, était à sa place.

4 décembre

Josué
7. 1 à 15

Après Jéricho, voilà Aï, une ville de petite apparence. Il semble vraiment facile d'en venir à bout sans déranger tous les hommes de guerre ; trois mille suffiront. Contre toute attente Israël est battu. C'est au tour du cœur du peuple de se fondre comme s'était fondu peu avant le cœur de ses ennemis (ch. 5. 1). Josué, découragé, tombe sur sa face et se lamente. Mais l'Eternel l'invite à se lever et à comprendre la raison de la défaite. L'anathème, autrement dit le péché, empêche Dieu de combattre en faveur des siens. Grande leçon pour chacun de nous ! Notre conscience est comme le camp d'Israël. Une faute que nous cachons, que nous refusons de confesser aux hommes et **à Dieu**, nous prive de sa **communion** sans laquelle un chrétien est battu d'avance. Chose plus grave encore : il s'agit du **grand nom** que nous portons (v. 9), celui de Christ, qui sera déshonoré par notre défaillance. « **Que feras-tu pour ton grand nom ?** » est une prière intelligente. Celui qui parle ainsi sait faire passer la gloire de Dieu avant ses propres intérêts. « Aide-nous, ô Dieu de notre salut ! **à cause de la gloire de ton nom** ; et délivre-nous, et pardonne nos péchés **à cause de ton nom** », demandera Asaph au Ps. 79. 9.

5 décembre

Pour le jugement comme pour le combat, Josué se lève de bonne heure. L'affaire doit être réglée sans retard. Quand Dieu a éclairé notre conscience, il ne faut pas laisser traîner les choses. On procède au tirage au sort et le filet se resserre autour du malheureux coupable. Enfin le doigt de Dieu se dirige vers lui. « Acan... fut pris » (v. 18). Quoi de plus terrible que d'être démasqué ainsi par Dieu lui-même ? Lors du dernier souper avec ses disciples, Jésus leur désigna le traître en tendant à Judas le morceau après l'avoir trempé (Jean 13. 26). — « Mon fils — dit Josué — donne gloire à l'Eternel ». La gloire de Dieu exige toujours la vérité entière. Alors Acan raconte sa triste histoire. C'est celle de toutes les convoitises, telles que Jacques nous en montre l'engrenage funeste (ch. 1. 14, 15) : Les **yeux**, puis le **cœur**, enfin les **mains** pour saisir et cacher. « J'ai péché... » — avoue Acan — : J'ai **vu** tel et tel objet... « je les ai **convoités** et je les ai **pris** ; et voilà... » Le beau manteau de Shinhar (Babylone), l'argent, l'or étaient bien cachés dans la tente où Dieu seul les avait vus. — Mais n'oublions pas la conclusion : « le péché étant consommé produit la **mort** ». Pénible devoir : le méchant doit être ôté du milieu de l'assemblée d'Israël ! (comp. 1 Cor. 5. 13).

6 décembre

Josué
8. 1 à 13

Le péché caché était la principale raison de la sévère défaite essuyée par Israël. Mais celle-ci avait aussi un autre motif. La victoire de Jéricho avait manifestement donné au peuple confiance **en lui-même**. Chose d'autant plus surprenante qu'il s'agissait alors d'un miracle ! Quelle était la part d'Israël dans la destruction de la terrible forteresse ? Mais que de fois nous ressemblons à ce peuple ! Quand le Seigneur nous a délivrés d'une situation difficile, au lieu de nous appuyer davantage sur lui pour l'épreuve suivante, nous cessons d'éprouver le besoin de son secours. Et c'est la chute ! D'autre part notre cœur est ainsi fait que, si pour de grandes difficultés nous sommes prêts à nous confier en Dieu, pour les petites nous estimons souvent pouvoir nous en tirer tout seuls. L'histoire de la prise d'Aï nous apprend que nous avons un besoin continuel du Seigneur. — Que de peine il va falloir maintenant pour remporter la victoire ! Au lieu des trois mille soldats prévus, il en faut dix fois plus avec une manœuvre compliquée. La **restauration** est souvent une opération longue et **pénible**. A Jéricho, le peuple devait apprendre à connaître la **puissance de Dieu** ; à Aï, il est nécessaire qu'il fasse l'expérience de **sa propre faiblesse**.

7 décembre

« Que feras-tu pour ton grand nom ? » avait demandé Josué (ch. 7. 9). Maintenant que le péché est ôté, qu'Israël s'attend à Lui, Dieu répond en donnant la victoire. Et l'artisan de cette victoire, celui dont le nom revient continuellement dans notre récit, c'est **Josué**, ici de nouveau figure de Christ, conduisant les siens dans leurs combats. Par son javelot étendu vers la ville, sur l'ordre de l'Eternel, Josué montre **qui** dirige la manœuvre, et rappelle qu'il existe un plan d'ensemble, une stratégie, dont lui seul a connaissance. Eh bien, voilà ce que Jésus est pour nous ! C'est lui qui connaît le rôle que doit remplir chaque soldat, lui qui place chacun à son poste, lui enfin qui donne le signal de chaque mouvement. En regardant à Christ, comme le combattant à l'étendard de son chef, nous saurons ce que nous avons à faire, **nous prendrons courage**. Et puis, sachons-le, nous ne sommes pas seuls à livrer bataille ; nous avons des frères et des sœurs qui soutiennent les mêmes luttes. Toutefois ce ne sont pas comme au temps de Josué des combats publics, glorieux et spectaculaires. Nos victoires, en général, nous les remporterons à genoux dans notre chambre ; le Seigneur seul en sera témoin.

8 décembre

Josué
8. 24 à 35

Aï est conquise puis brûlée, ses habitants massacrés, son roi pendu, son butin préservé au profit du peuple « selon la parole que l'Eternel avait commandée » (v. 27). Ayant payé chèrement le prix de la propre volonté, Josué et Israël se conforment cette fois strictement aux instructions divines. Deut. 21. 22, 23 défendait de laisser le cadavre d'un pendu sur le bois pendant la nuit et Josué obéit aussi (v. 29), preuve qu'il considère déjà la terre comme à eux. Appliquons-nous à justifier le plus possible notre comportement **par l'Ecriture**. Quelle force aurait notre témoignage si nous pouvions répondre à toute question, concernant notre conduite, notre tenue : c'est ce que le Seigneur demande, **me** demande, dans sa Parole. Contemplons Jésus sur la croix. A l'ultime instant de sa vie d'homme obéissant, il dit encore « **afin que l'Ecriture fût accomplie** : J'ai soif » (Jean 19. 28). — La scène qui suit (v. 30 à 35) répond, elle aussi, aux instructions du Deutéronome (ch. 11. 29 ; 27. 11...). Hommes, femmes, enfants, tout le peuple est réuni, y compris l'étranger (donc Rahab s'y trouve probablement) au lieu désigné pour y écouter la loi. Et le centre de ce rassemblement, c'est l'arche sainte, type de Christ. L'adoration et la joie s'expriment par les holocaustes et sacrifices offerts.

9 décembre

Tandis que le peuple de Dieu puise **sa force dans la dépendance du Seigneur**, le monde recherche la sienne dans l'association. Son proverbe : **l'union fait la force** est à la base de groupements de tout genre, y compris religieux. Voyez ici tous les peuples ennemis se rassembler « pour faire la guerre à Josué et à Israël, d'**un commun accord** » (v. 2). Quand il s'agit de combattre la vérité, des hommes naturellement en inimitié les uns contre les autres savent se retrouver sur un même terrain. Hérode et Pilate **réconciliés** se sont **assemblés contre Jésus** « avec les nations et les peuples d'Israël » (Luc 23. 12 ; Act. 4. 27). — Pendant que la conjuration se forme, absorbant l'attention d'Israël, l'ennemi va surprendre celui-ci par une habile supercherie. Lorsque Satan ne parvient pas à ses fins par la force, il essaie d'autres artifices. Les avances, les flatteries sont souvent le piège dans lequel nous tombons quand nous avons négligé de consulter le Seigneur (v. 14). L'Ennemi, derrière ses agents, voit d'un bon œil une coopération avec les enfants de Dieu et saura se faire aimable pour les tromper sur ses véritables intentions (Esdr. 4. 2). Soyons sur nos gardes, car une telle alliance est d'abord une **désobéissance**, ensuite la porte ouverte à beaucoup d'**infidélités** (Ex. 34. 12, 15, 16).

10 décembre

Josué
9. 17 à 27

Précédemment devant Aï, le peuple s'était estimé **assez fort**. En présence des Gabaonites, il s'est cru **assez sage**. Il n'a pas éprouvé le besoin de consulter l'Eternel (v. 14). Quelle confusion lorsque, trop tard, la vérité est découverte ! Il faudra dorénavant supporter ces Cananéens, et nous les retrouverons plus tard, fâcheusement liés à l'histoire d'Israël (2 Sam. 21). Les Gabaonites expliquent pourquoi ils ont agi de la sorte. Et nous nous demandons peut-être ce qu'ils auraient pu faire d'autre, sinon se laisser exterminer par les Israélites. Eh bien, l'exemple de Rahab prouve qu'il était encore temps de venir se mettre **avec foi** et en reconnaissant leur caractère d'ennemis, sous la protection du Dieu d'Israël dont ils avaient entendu la renommée ! (v. 9 fin). Mais les gens de ce monde ressemblent à ces Gabaonites. Ils espèrent se soustraire au jugement en liant extérieurement leur sort à celui du peuple de Dieu. Ils voudraient échapper à la colère qui vient, obtenir une assurance pour la mort qu'ils redoutent, mais **sans confesser leur état**, sans se mettre au bénéfice de la pure grâce de Dieu. Aussi, à la différence de Rahab qui devint la femme de Salmon, prince de Juda (Matth. 1. 5), les Gabaonites demeurent dans l'esclavage : coupeurs de bois et puiseurs d'eau.

11 décembre

De nouveaux ennemis surgissent. Ils ont pour chef le roi de Jérusalem, **Adoni-Tsédek** (seigneur de justice). Quelle différence entre ce personnage et un de ses prédécesseurs **Melchisédec** (roi de justice), roi de Salem (Gen. 14. 18 à 20). Ce dernier avait béni Abram puis béni le Dieu Très-haut qui avait livré les ennemis entre les mains du patriarche. Adoni-Tsédek se place au contraire à la tête des ennemis du peuple d'Abraham. Il réunit ses alliés contre Gabaon qui, de son côté, fait appel à son nouvel allié. Fâcheuse conséquence de l'infidélité du ch. 9 ! Ayant l'Eternel avec lui, le peuple avait-il besoin d'une autre alliance ? Elle ne fait qu'accroître le danger. — Mais Dieu va donner malgré cela la victoire. Israël part de Guilgal, lieu de la circoncision, figure du jugement de la chair. L'épître aux Colossiens nous en fait comprendre la portée spirituelle. Morts et ressuscités avec le Christ, nous avons aussi à **mortifier** nos membres (ch. 2. 20 ; 3. 1, 5). A cela correspond le retour à Guilgal, grand secret de la victoire. Pour triompher, le combattant de la foi doit d'abord réaliser qu'il est sans force. Il est ainsi préparé à laisser Dieu seul agir. L'Eternel combat lui-même des cieux en faveur de son peuple Israël.

12 décembre

Josué
10. 12 à 27

A la prière de Josué, l'Eternel arrête le soleil et la lune environ un jour entier. Il montre ainsi à ces peuples païens **qui** est le Dieu qui combat pour Israël, en même temps qu'il montre **aux siens** jusqu'où il peut aller en réponse à leurs prières (Marc 9. 23). Mais n'est-ce pas un miracle bien plus grand encore que **Dieu prolonge** depuis deux mille ans déjà **le jour de sa grâce** ? Et, au lieu que ce soit comme ici pour permettre le jugement et la **vengeance**, son but actuel est la **conversion** des pécheurs. Il use de patience envers le monde (peut-être envers vous ?) et « fait lever **son** soleil sur les méchants et sur les bons » (Matth. 5. 45). Chacun trouve cela naturel, mais pensons souvent, en voyant paraître un nouveau jour, à cette longue patience de Dieu. — Le soleil ne se couchant pas, les ennemis fuient la lumière et cherchent les ténèbres, essayant de se cacher (v. 16 ; Jean 3. 19 à 21 et Apoc. 6. 15 à 17). Mais la victoire est remportée et les cinq rois sont tirés de la caverne. Approchez-vous — dit Josué à ses capitaines — ne craignez point ! « Mettez vos pieds sur les cous de ces rois ! » (v. 24). C'était le signe du triomphe, anticipation du moment proche où le Dieu de paix brisera Satan sous nos pieds (Rom. 16. 20 ; Ps. 110. 1).

13 décembre

Elles tombent l'une après l'autre, ces villes formidables, « grandes et murées jusqu'aux cieux » (Deut. 1. 28). Leurs rois, leurs géants, tous leurs habitants, sont frappés irrésistiblement par « **Josué et tout Israël** ». Remarquons la répétition continuelle de cette dernière expression. Elle évoque l'union indissoluble de **Christ et des siens**. Celle-ci implique que nos ennemis sont aussi et d'abord ceux du Seigneur. Nul ne peut s'attaquer à moi sans avoir affaire à mon Chef. En le laissant passer le premier, je ne puis qu'être vainqueur. Au contraire, sans lui j'ai perdu la bataille. C'est pourquoi l'Ennemi s'efforce de me priver du contact (ou de la communion) avec mon Sauveur. Il sait que « séparés de lui nous ne pouvons rien faire », même si nous de notre côté nous l'oublions souvent (Jean 15. 5). Quelle page triomphante s'inscrit ici ! Puisse-t-il y avoir dans l'histoire de ma vie chrétienne une liste semblable de victoires remportées secrètement avec le Seigneur ! Victoire pour la vérité, victoire pour la pureté, victoire sur telle ou telle tentation... Jeune homme, jeune fille, votre âge est tout spécialement celui des combats. Faites-vous partie de ceux à qui l'apôtre Jean peut écrire : « Je vous écris, jeunes gens, parce que **vous** avez vaincu le méchant » ? (1 Jean 2. 13).

14 décembre

Josué
11. 1 à 11

A Gabaon, au ch. 10, la confédération des rois du **Sud** a été taillée en pièces. A présent le **Nord** du pays se rassemble autour de Jabin roi de Hatsor, un peuple innombrable, pour faire la guerre contre Israël. « Tous ces rois-là se donnèrent rendez-vous » (v. 5). « Les rois de la terre se lèvent, et les princes consultent ensemble contre l'Eternel et contre son Oint », annonce le Psaume 2 en parlant des temps à venir. — Que dit l'Eternel à Josué ? « Ne les crains point,... je les livrerai tous tués devant Israël » (v. 6). Et la victoire est suivie d'une destruction qui n'épargne personne. Nous avons de la peine à comprendre ces terribles jugements. Ne sommes-nous pas les disciples d'un Maître qui recommande : « Aimez vos ennemis ; faites du bien à ceux qui vous haïssent... » ? (Luc 6. 27). Ne sommes-nous pas les enfants d'un Père qui exhorte : « Si donc ton ennemi a faim, donne-lui à manger ; s'il a soif, donne-lui à boire... » ? (Rom. 12. 20). Mais s'il y a un temps pour la **grâce** (c'est le nôtre), il y aura de même un temps pour la **colère**. Elle atteindra ceux qui auront refusé la grâce. Le jugement des Cananéens après les siècles de la patience de Dieu en est une illustration solennelle.

15 décembre

Les ennemis qu'Israël vient de combattre et de vaincre représentent ceux qui font la guerre aux chrétiens, autrement dit Satan et ses anges. Notre lutte est « contre les principautés... contre la [puissance] spirituelle de méchanceté qui est **dans les lieux célestes** » (Eph. 6. 12). Beaucoup de personnes s'imaginent que le diable et les démons sont actuellement en enfer. Mais la Bible nous montre Satan encore dans le ciel, ou se promenant sur la terre pour nuire aux hommes (Job 1. 6, 7). Sans doute, si nous sommes croyants, l'Ennemi ne peut nous ravir notre salut (Jean 10. 28). Par contre il s'efforce, en nous faisant la guerre, de nous empêcher de jouir de nos bénédictions célestes ; il essaye de nous ravir le terrain que des victoires précédentes nous ont permis d'occuper. C'est pourquoi le même chapitre 6 des Ephésiens nous exhorte non seulement à combattre et à tout surmonter, mais ensuite à **tenir ferme**. La Parole nous rappelle aussi dans de tels moments que nous sommes les bien-aimés du Seigneur. Elle affirme que ni principautés, ni puissances, ne pourront nous séparer de l'amour de Dieu. Au contraire, dans toutes ces choses, nous sommes **plus que vainqueurs** par celui qui nous a aimés » (Rom. 8. 37 à 39).

16 décembre

Josué
12. 1 à 24

Le livre de Josué se divise en deux parties de chacune douze chapitres. La première, que nous terminons aujourd'hui, retrace la **conquête** de Canaan par Israël ; la seconde (ch. 13 à 24) décrit principalement le **partage** du pays entre les tribus. La conclusion de la première partie : « et le pays se reposa de la guerre » (ch. 11. 23), est suivie au ch. 12 de la longue énumération des rois abattus. **Deux** l'ont été de l'autre côté du Jourdain : Sihon et Og ; **trente et un** ont été vaincus dans le pays même. Il est encourageant de voir Dieu faire lui-même cette récapitulation. C'est la preuve qu'il n'a perdu le souvenir d'aucune victoire que nous avons remportée avec le Seigneur et sait ce que chacune représente d'efforts, de renoncements. Courage donc, soldats de Jésus Christ ! Dans nos combats, un souverain **Arbitre** « marque les points » sans erreur possible : le roi de Hébron, **un** ; le roi de Jarmuth, **un** ; le roi de Lakis, **un** ;... — Que le Seigneur nous fasse la grâce d'être, chacun à son poste, de fidèles combattants ! Le moment viendra bientôt de déposer les armes pour goûter près de Jésus le repos céleste. Oui, qu'il nous soit permis de dire alors avec l'apôtre : « j'ai combattu le bon combat », et de recevoir la couronne promise **« à celui qui vaincra »** (2 Tim. 4. 7 ; Apoc. 2 et 3).

Josué
13. 1 à 14

17 décembre

L'Eternel rappelle à Josué qu'il reste un **très grand pays** à posséder. Les frontières lui avaient été indiquées (ch. 1. 4). Elles sont faciles à retenir. Au sud : un grand **désert** ; au nord : une grande **montagne**, le Liban ; à l'orient : un grand **fleuve**, l'Euphrate ; enfin au couchant : une grande **mer**, la Méditerranée. Le pays à occuper par la foi a également ses frontières qui sont celles du monde tel qu'il se présente pour nous : aride, sans fruit pour Dieu (le désert) — plein d'orgueil et de vanité (la montagne) — prospère et affairé (le fleuve) — impétueux, sans cesse agité (la mer — Jude 13 ; Es. 57. 20). Gardons-nous, chers enfants de Dieu, de franchir ces frontières. Beaucoup l'ont fait par entraînement ou simple curiosité, et la plupart n'en sont jamais revenus. Par contre il reste à l'**intérieur des limites** « un très grand pays à posséder ». Les trésors inépuisables de la Parole, les richesses insondables de Christ attendent que nous nous en emparions, « afin que — selon la prière de l'apôtre — nous soyons capables de comprendre avec tous les saints quelle est la **largeur** et la **longueur**, et la **profondeur** et la **hauteur**... et de connaître l'amour du Christ... » (Eph. 3. 18, 19). Chrétiens, voilà les dimensions infinies de notre héritage en Lui !

18 décembre

Josué
13. 15 à 33

Les fils de Ruben, de Gad et la demi-tribu de Manassé ont reçu leur part d'héritage avant tous leurs frères. Cette part, nous nous souvenons qu'ils l'ont **eux-mêmes** choisie, sans attendre que Dieu la leur attribue. (Nombr. 32) Importante leçon pour chacun de nous ! Que de fois, comme eux, nous n'avons pas su attendre. Nous nous sommes laissés conduire par les circonstances (la région de Basan et de Galaad convenait à l'**élevage** et ces tribus avaient des troupeaux). Nous avons choisi la solution la plus facile ou bien, par prudence, la première qui se présentait, alors qu'avec un peu de **patience** nous aurions obtenu une part meilleure : **celle que Dieu avait préparée pour nous**. — Ces tribus nous apprennent encore une autre leçon : en choisissant les premiers ce qui leur paraissait le meilleur (comme Lot avec Abraham — Gen. 13), les Rubénites et les Gadites montrent leur égoïsme vis-à-vis de leurs frères : Moi d'abord ! En effet, ils se sont servis les premiers et leur portion d'héritage, ils la reçoivent avant tous les autres. Mais elle est loin d'être la meilleure comme ils l'avaient pensé. Les **premiers** deviendront les **derniers**. Ainsi, le meilleur c'est toujours **ce que Dieu nous donne**, même s'il nous faut l'attendre un peu.

Josué
14. 1 à 15

19 décembre

L'Eternel avait désigné par leur nom ceux qui auraient la charge de partager le pays entre les tribus (Nombr. 34. 16 à 29). Les fils de Juda s'avancent à présent vers eux pour recevoir leur lot et **Caleb** prend la parole. Pendant plus de quarante ans, il a attendu ce moment. Sans se plaindre d'un châtiment qu'il n'a pas mérité personnellement, il a marché dans le désert avec le peuple, soutenu par son espérance. Il s'est appuyé sur les promesses de Dieu et maintenant les rappelle à Josué. « Donne-moi cette montagne dont l'Eternel a parlé » (v. 12). Exemple magnifique de la persévérance de la foi ! Mais il y a encore autre chose à admirer chez cet homme : Ma force, dit-il, n'a pas changé. A quatre-vingt-cinq ans je suis aussi fort qu'à quarante. Quel était son secret ? Es. 40. 31 le révèle : « **Ceux qui s'attendent à l'Eternel** renouvelleront leur force... ils marcheront et ne se lasseront pas ». Par cette **force divine**, Caleb, un vieillard par l'âge, un jeune homme par la vigueur, va maintenant s'emparer d'Hébron et abattre la **force humaine** des fameux Anakim, ces géants qui avaient autrefois tant effrayé le peuple. Oui, « bienheureux l'homme dont la force est en toi... Ils marchent de force en force » (Ps. 84. 5, 7).

20 décembre

Josué
15. 1 à 19

Après l'attribution du lot de Juda, voici un autre exemple de foi hardie et courageuse. Et c'est de nouveau dans la famille de **Caleb** que nous la trouvons. Auprès de celui-ci, Othniel son neveu et Acsa sa fille avaient été à bonne école. Jour après jour, pendant les longues années du désert, ils avaient pu **l'entendre**, appliquant l'instruction de Deut. 6. 7, leur parler du bon pays qu'il avait visité, du fruit miraculeux qu'il en avait rapporté. Jour après jour aussi, ils avaient pu **le voir**, fidèle dans sa marche persévérante, puis dans ses combats pour la pleine possession de ce pays. De telles paroles, un tel exemple, ont porté leurs fruits. Ce pays de Canaan, centre des pensées et des affections de leur père, Othniel et Acsa ont eux-mêmes **appris** peu à peu **à l'aimer**. Et, le moment venu, la foi apparaît. Celle d'Othniel s'empare de Kiriath Sepher. Celle d'Acsa réclame une portion supplémentaire de la terre de Canaan. Quelle joie pour Caleb qui avait dit à Josué : « **Donne-moi** cette montagne » (ch. 14. 12), d'entendre sa fille lui réclamer : **Donne-moi... donne-moi encore...** ! (v. 19 ; comp. Matth. 11. 12). Avec une telle préparation et une femme digne de lui, Othniel se qualifiera pour exercer plus tard les fonctions de juge en Israël (Jug. 3. 9 à 11).

Le moment tant attendu est arrivé où Israël peut prendre possession de son héritage. Juda est le premier à recevoir son lot, détaillé ville par ville comme pour souligner l'intérêt que l'Eternel attache à chaque parcelle de ce pays qui est le sien. Ayons, nous aussi, une vision toujours **plus large** du peuple de Dieu, en particulier pour l'embrasser dans nos **prières**. — Hélas ! à la fin de chaque délimitation nous allons trouver une restriction, un **mais**. La victoire n'est pas complète. Juda ne parvient pas à déposséder les Jébusiens (v. 63). Jusqu'au règne de David, ceux-ci conserveront une place forte à Jérusalem : la forteresse de Sion (2 Sam. 5. 6). Ephraïm n'est pas davantage capable de déposséder le Cananéen de Guézer (ch. 16. 10). Asservis au tribut, ces vaincus ne sont-ils pas bien inoffensifs ? Au contraire, comme l'a annoncé Moïse, ils vont constituer des pièges au milieu d'Israël, entraînant celui-ci au mal et à l'idolâtrie. Qu'en est-il de notre cœur, chers enfants de Dieu ? Est-ce que nous n'y tolérons pas certains « ennemis » qui ne nous semblent pas dangereux ? Nous sommes habitués à leur présence ; il nous en coûterait de les juger. Que le Seigneur nous en donne le courage pour que **lui soit seul à régner sur notre cœur** ! (Rom. 6. 12...).

22 décembre

Josué
17. 1 à 18

Manassé reçoit son lot et aussitôt reparaissent les cinq filles de Tselophkhad avec leur belle ténacité. Se réclamant du commandement de l'Eternel à Moïse, elles revendiquent l'héritage longtemps attendu. La moitié de leur tribu a opté pour l'autre côté du Jourdain, mais pour elles la question ne se pose pas. C'est en Canaan, **au milieu de leurs frères** qu'est leur héritage. Et rappelons à cette occasion que si les femmes chrétiennes ne sont pas appelées à certains services publics tels que la prédication, leur part céleste, leur jouissance des bénédictions d'en haut, ne sont nullement inférieures à celles de leurs frères. — D'une manière générale, remarquons avec quel soin l'Eternel trace les limites de chaque tribu. L'une après l'autre, chacune reçoit son lot avec en premier lieu l'indication du **contour**, puis la liste des villes qui s'y trouvent. Dieu attend des siens, en retour, de l'empressement pour se les approprier. Or voyez Ephraïm ! Sa montagne ne lui plaît pas ; elle lui demande trop d'efforts ; il réclame un autre lot, non par foi mais par paresse. Que de pertes nous faisons, comme cette tribu, par manque d'énergie, notamment dans le domaine qui nous est toujours dévolu : celui de la prière (Jacq. 4. 2 fin) !

Josué
18. 1 à 11 ; 19. 49 à 51

23 décembre

Sept tribus n'ont pas encore reçu leur héritage. Josué fait procéder alors à un relevé cadastral du pays et distribue les différents lots par tirage au sort. Naturellement Dieu dirige le sort selon sa volonté. Le hasard n'existe pas et un chrétien ne devrait jamais invoquer la chance ni la malchance. — Dans le Psaume 16, nous entendons quelqu'un (par avance Christ lui-même), qui déclare : « Les cordeaux sont tombés pour moi en des lieux agréables ; oui, un bel héritage m'est échu » (v. 6). Exerçons-nous à découvrir la beauté et la richesse de tout ce que Dieu nous a donné en Christ. Et soyons **reconnaissants** (Col. 3. 15) ! Josué qui appartient à la tribu d'Ephraïm donne l'exemple à ses frères en choisissant son héritage dans la montagne qu'eux avaient dédaignée (ch. 17. 16). Et cet héritage porte un nom significatif : Thimnath-Sérakh veut dire « **portion abondante** ». — Les longues listes de villes nous rappellent que nous, « chrétiens des nations », étions « **sans droit de cité en** Israël ». Mais maintenant, « approchés par le sang du Christ », nous sommes devenus « **concitoyens** des saints » (Eph. 2. 12, 13, 19). « Notre bourgeoisie est dans les cieux » (Phil. 3. 20). Bientôt nous habiterons la cité céleste.

24 décembre

Josué
20. 1 à 9 ; 21. 1 à 3

De l'autre côté du Jourdain, trois villes de refuge pour l'homicide ont déjà été établies par Moïse (Deut. 4. 41 à 43). Trois autres le sont à présent dans le pays même, au nord, au centre et au midi. Chacune d'elles est située sur une montagne (v. 7), nous rappelant cette parole du Seigneur Jésus : « Une ville située sur une montagne ne peut être cachée » (Matth. 5. 14). Vue de tous et en particulier du malheureux coupable qui courait pour s'y réfugier, la cité de refuge était un rappel constant de la grâce de Dieu. La première de ces villes, **Kédesh** se trouvait en **Galilée**, contrée chère à tout enfant de Dieu. C'est là que Jésus de Nazareth a vécu trente années, là qu'il a servi, guéri, enseigné les disciples et les foules. **Sichem** en Ephraïm est souvent identifiée avec cette « ville de la Samarie, nommée Sichar, près de la terre que Jacob donna à Joseph son fils » (et de ce fait incluse dans le lot d'Ephraïm fils de Joseph : ch. 24. 32). Elle aussi évoque le divin Voyageur, lassé du chemin, qui s'assit un jour auprès de sa fontaine (Jean 4. 5...). Enfin **Hébron**, citadelle de la mort vaincue, qui devient lieu d'asile, haute retraite. — Le ch. 21 est consacré au lot des Lévites. Quarante-huit villes leur sont attribuées, réparties sur le territoire des autres tribus.

25 décembre

En contraste avec les Lévites dont **l'Eternel** était la portion, nous retrouvons les deux tribus et demie qui, elles, sont fermement attachées à leurs **biens terrestres**. Comblés des trésors pris à l'ennemi, bénis par Josué, il semble que tout aille bien pour ces hommes de Ruben, de Gad et de Manassé. Eh bien non ! ils vont faire une grande perte en repassant le Jourdain jadis traversé de manière si remarquable. L'**arche** cette fois n'est plus avec eux pour le passage. Elle demeure en Canaan. On dira peut-être : Que devaient-ils faire ? Leurs familles se trouvaient de l'autre côté ! Le v. 19 du ch. 22 prouve qu'il était temps encore de les faire venir dans le pays. D'ailleurs le Seigneur Jésus ne dit-il pas : « celui qui aime fils ou fille plus que moi n'est pas digne de moi... » ? (Matth. 10. 37). Hélas, beaucoup de jeunes chrétiens après avoir bien commencé, bien combattu, se sont éloignés du Seigneur ainsi que du reste du peuple de Dieu. Et souvent, c'est à cause du foyer qu'ils ont fondé selon leur pensée, sans respect des droits de Dieu. Il nous semble entendre la question attristée du Seigneur à ses disciples : « Et vous, voulez-vous aussi vous en aller ? » (Jean 6. 67). Lecteur, s'il vous posait aujourd'hui la même question, répondriez-vous comme son disciple Pierre ?

26 décembre

Josué
22. 7 à 20

« Partagez le butin avec vos frères », enjoint Josué à ceux qui s'en vont (v. 8). Qu'il s'agisse de vérités bibliques ou d'expériences chrétiennes, le Seigneur nous invite à faire part à d'autres des richesses spirituelles amassées dans le pays de la promesse. De même que ces hommes ont pu raconter à leurs familles la traversée mémorable du Jourdain et les victoires glorieuses de Josué, un enfant de Dieu parlera volontiers des « merveilles » accomplies pour lui par le Seigneur ou découvertes dans sa Parole (ch. 3. 5). — Au moment de se séparer, les guerriers de Ruben, Gad et Manassé dressent sur la rive du Jourdain « un autel de grande apparence ». Leurs frères des autres tribus s'inquiètent aussitôt, prêts à intervenir. Que signifie cet acte ? Un défi à l'Eternel ? Une proclamation d'indépendance ? Quoi qu'il en soit, voilà une première difficulté qui n'aurait pas été soulevée si ces tribus étaient entrées en Canaan. L'enquête est conduite par **Phinées**, sacrificateur qui dans une autre heure critique de l'histoire du peuple a fait la preuve de son zèle. Jaloux de la jalousie de l'Eternel (Nombr. 25. 11), il joint l'amour **pour Dieu** à l'amour **pour ses frères**. Deux sentiments qui sont d'ailleurs inséparables ! (1 Jean 4. 20, 21).

Josué
22. 21 à 34

27 décembre

Les fils de Ruben, de Gad et de Manassé s'expliquent sur leurs intentions, et leur sincérité est reconnue par leurs frères. Mais à quoi bon cet autel imposant ? N'y avait-il pas déjà près du Jourdain un monument autrement représentatif : le monceau de **douze pierres**, symbole de l'unité du peuple dans sa position céleste (Josué 4) ? Mais précisément les deux tribus et demie ont perdu (comme tant de chrétiens) la pleine jouissance de leurs privilèges. Dans la chrétienté ont été édifiés beaucoup « d'autels » qui ont grande apparence. Echafaudés par l'imagination des hommes, au lieu de témoigner de l'unité de l'Eglise, ils proclament plutôt son morcellement. Et la légitime indignation des neuf tribus et demie nous montre combien nous avons à prendre au sérieux la division du peuple de Dieu. Eriger et mettre en avant de grands principes, même s'ils sont conformes à l'Ecriture, ne saurait remplacer la réalité de la jouissance du « pays ». Le croyant qui a fait l'expérience de celle-ci n'est pas toujours en mesure de donner aux autres beaucoup d'explications. Mais il peut les inviter : « venez et voyez » (Jean 1. 40, 47). « Si... **vous avez goûté que le Seigneur est bon** — dit l'apôtre Pierre — duquel vous approchant... vous êtes édifiés une maison spirituelle... » (lire 1 Pier. 2. 3 à 5).

28 décembre

Josué
23. 1 à 11

A son tour Josué termine sa carrière. « Fortifiez-vous beaucoup pour garder et pour pratiquer tout ce qui est écrit... », dit-il aux chefs du peuple (v. 6). C'était la parole que l'Eternel lui avait dite au commencement (ch. 1. 7), ce que Moïse avait maintes fois répété. Et c'est encore aujourd'hui l'enseignement qui nous convient. Bien des personnes trouvent l'Evangile vieilli, démodé. Elles ont « des oreilles qui leur démangent » pour entendre des nouveautés (2 Tim. 4. 3). Remercions le Seigneur de nous avoir donné des serviteurs qui ne se **lassent** pas de répéter les mêmes vérités et les mêmes exhortations. « Vous écrire les mêmes choses n'est pas pénible pour moi — affirme Paul aux Philippiens — et c'est votre sûreté » (Phil. 3. 1). Ne nous **lassons** donc pas, nous, de les écouter ! — **Faire mention** des dieux des nations est un premier pas qui amène à jurer par eux, puis à les servir, enfin à se prosterner devant eux (v. 7). C'est pourquoi, l'épître aux Ephésiens nous enjoint de **ne pas même nommer** les choses impures, folles et malséantes du monde « comme il convient à des saints » (ch. 5. 3, 4). Peut-être ne prenons-nous pas toujours assez soin de notre **langage**. Que ce dernier nous fasse reconnaître comme disciples de Jésus ! (Matth. 26. 73 en contraste avec le v. 74).

29 décembre

Par la bouche de Josué, l'Eternel prévient les chefs du peuple des conséquences désastreuses d'un **retour en arrière** (v. 12). Plusieurs images suggèrent au v. 13 les dangers qui menacent inévitablement ceux qui mondanisent. Le **filet** commence par faire tomber ; le **piège** attrape et retient ; **le fouet** est l'emblème de la servitude. Enfin **les épines dans les yeux**, c'est l'aveuglement cruel. Ainsi Samson, pris au piège, perdra succcessivement avec son nazaréat, ses forces, sa liberté, sa vue et sa vie. — Au ch. 24 Josué convoque tout Israël et commence par rappeler les grands moments de son histoire. Il est pour cela nécessaire qu'il remonte à un lointain passé, non seulement par une référence flatteuse à Abraham dont Israël se réclamait volontiers (Jean 8. 33, 39), mais jusqu'au père de celui-ci, **Térakh** qui avait servi des idoles. Josué veut leur dire par là : l'idolâtrie n'est pas seulement le propre des populations arriérées qui vous entourent ; elle est **dans votre nature**. Vous n'êtes pas meilleurs que les autres. Encore une fois, laissons parler l'épître aux Ephésiens (ch. 2) : « Vous étiez morts dans vos fautes et dans vos péchés, dans lesquels **vous avez marché autrefois**, selon le train de ce monde... et nous étions par nature des enfants de colère, **comme aussi les autres** ».

30 décembre

Josué
24. 6 à 15

Si nous nous sommes reconnus parmi ces misérables trouvés « au-delà du fleuve », servant les idoles de ce monde, relisons et admirons maintenant ce qu'a fait pour les siens le Dieu « qui est **riche en miséricorde** » (Eph. 2. 4...). Car nous sonderons les profondeurs de la grâce de Dieu dans la mesure où nous comprendrons à quel point nous en avions besoin. Les adieux de Josué au peuple nous font penser à ceux de Paul aux anciens de l'assemblée d'Ephèse (Act. 20. 17...). Le fidèle apôtre rappelle lui aussi la grâce et la puissance de Dieu qui donne un **héritage** à tous les sanctifiés (v. 32). Il souligne la responsabilité qui s'ensuit et exhorte à prendre garde, à veiller... (v. 28, 31). Et il peut invoquer son propre exemple : il a servi le Seigneur (v. 19) et il n'a d'autre désir que d'achever ce service reçu de lui (v. 24). C'est aussi la conclusion de Josué. Son ministère paraît terminé. « Moi et ma maison, **nous servirons l'Eternel** », déclare-t-il pourtant dans une inébranlable décision de cœur. Ce « **moi et ma maison** nous servirons » ne répond-il pas d'une manière toute naturelle au « tu seras sauvé **toi et ta maison** » d'Actes 16. 31 ? Le croyant et les siens sont **sauvés pour servir**. Imitons Stéphanas et sa famille qui s'étaient voués au service des saints (1 Cor. 16, 15).

Josué
24. 16 à 33

31 décembre

A l'exhortation de Josué, à l'exemple qu'il donne personnellement, Israël répond par une prompte profession de foi. Il s'engage à servir l'Eternel. Mais les bonnes intentions ne suffisent pas. Et le v. 16 montre leur aveuglement, car les dieux étrangers sont toujours là, (v. 23) en sorte que Josué est obligé de leur dire tant qu'il en est ainsi : « vous ne pourrez pas servir l'Eternel » (v. 19). « **Nul ne peut servir deux maîtres** », confirme le Seigneur (Luc 16. 13). — Les bonnes dispositions d'Israël dureront tant qu'il aura de pieux conducteurs : Josué, Eléazar, Phinées... (comp. 2 Chron. 24. 2). C'est l'occasion de nous interroger une fois encore : Sommes-nous attachés à Christ par une foi vivante et personnelle ? Ou bien nous sommes-nous contentés jusqu'ici de suivre par entraînement et imitation ceux qui nous ont enseignés ? En ce cas que ferons-nous quand ils nous auront quittés ? — Josué termine sa course. Fidèle conducteur, il a marché dans le désert **la marche de la foi**. Il a combattu ensuite **le combat de la foi**. Nous avons reconnu en lui quelques traits du grand Conducteur, du Vainqueur du monde, du **Chef et consommateur de la foi**. Demandons à Dieu qu'il nous apprenne, dans la marche comme dans le combat, à **fixer les yeux sur Jésus** (Hébr. 12. 2).

Ouvrages recommandés pour accompagner l'étude de la Bible

(Genèse à Josué)

Notes sur le Pentateuque, par C. H. Mackintosh
    Notes sur la Genèse
    Notes sur l'Exode
    Notes sur le Lévitique
    Notes sur les Nombres
    Notes sur le Deutéronome I et II

L'appel de Dieu, Abraham et Lot, C. H. Mackintosh

Jacob ou la Discipline, par H. Rossier

Méditations sur le livre de Josué, par H. Rossier

Etudes sur la Parole, par J. N. Darby
    Première Partie : Pentateuque
    Deuxième Partie : Josué à 2 Samuel

Les Patriarches, par J. G. Bellett

Série pour les jeunes croyants, par G. André
    Le Tabernacle et le Service des Lévites
    Une seule offrande — Divers sacrifices
    Les sept Fêtes de l'Eternel
    Joseph
    Moïse, homme de Dieu
    La marche au désert (Entretiens sur les Nombres)
    Jacob
    Josué, serviteur de l'Éternel